太极拳典藏

微言大義

道

【太极拳解秘谱汇宗】

何欣委 编著

人民体育出版社

一代宗师张三丰先生自画像

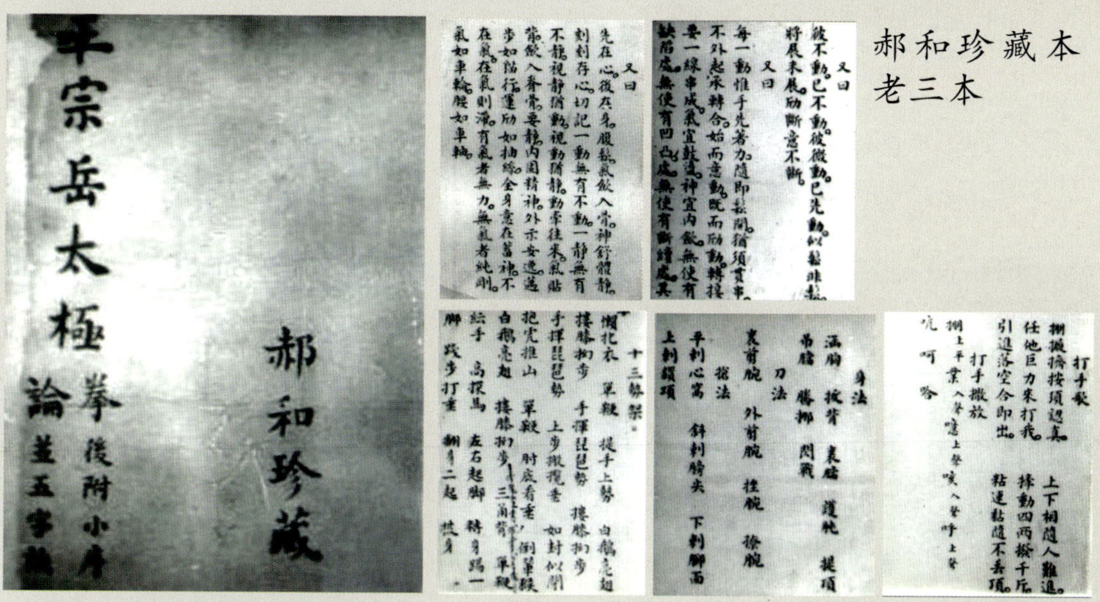

郝和珍藏本
老三本

《郝氏太极拳谱》

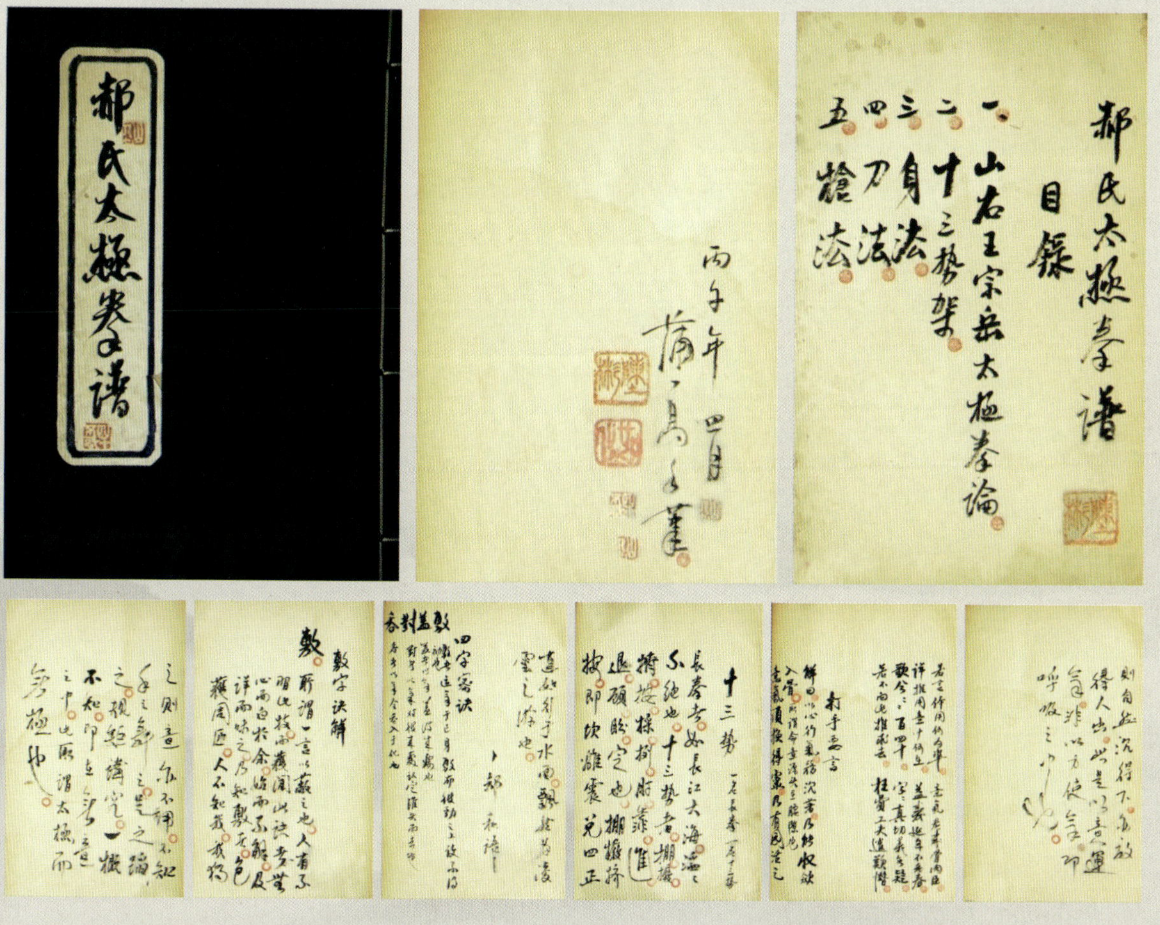

《永年太极拳谱》

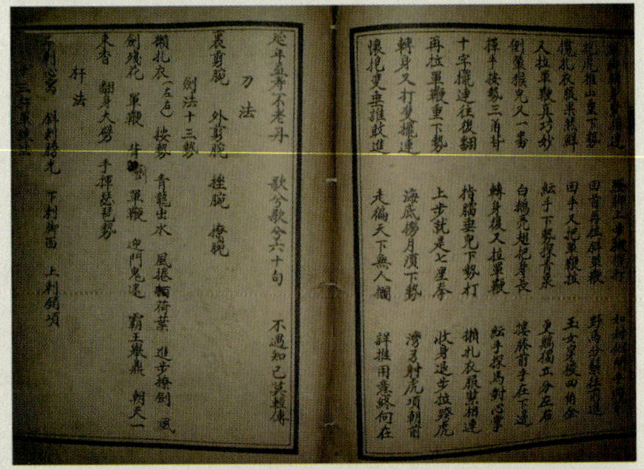

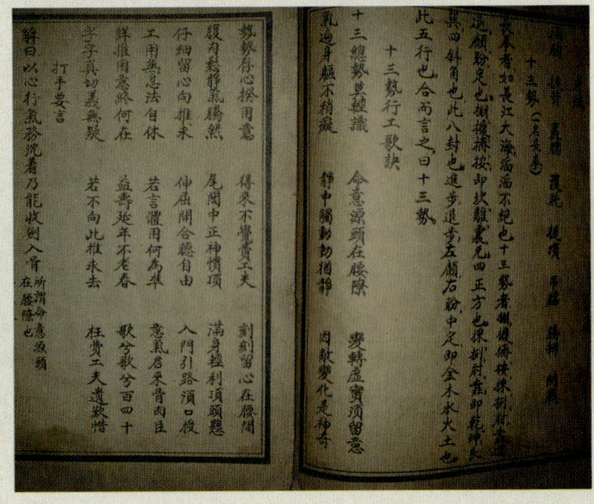

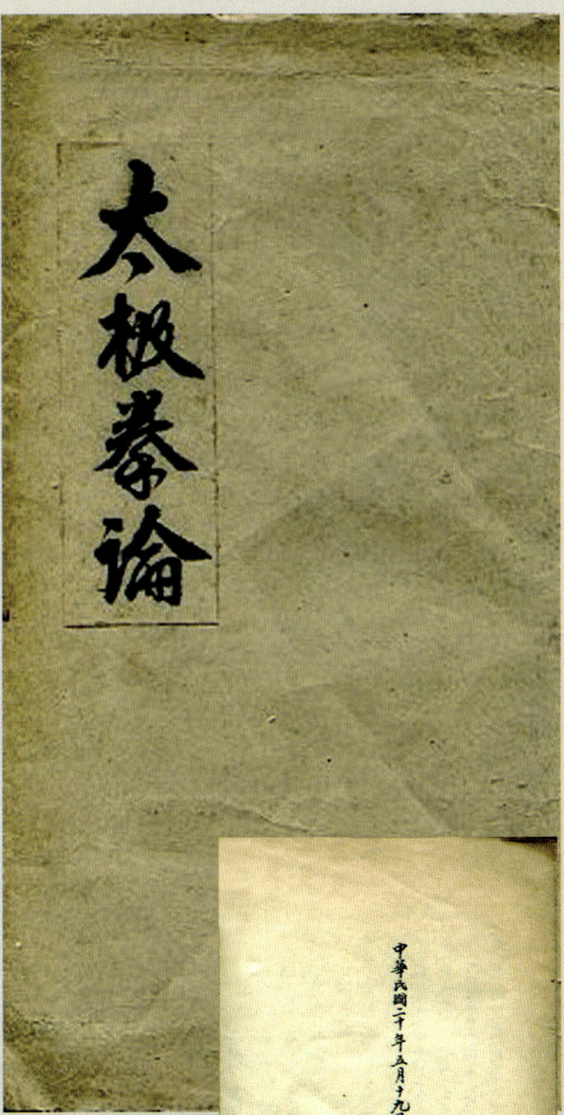

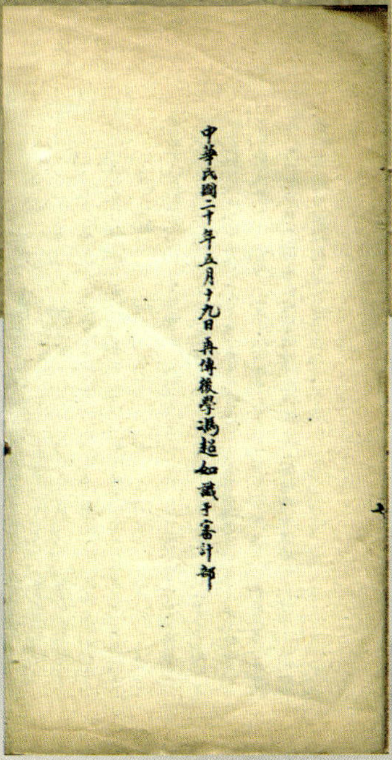

冯超如手抄李亦畬老三本拳谱

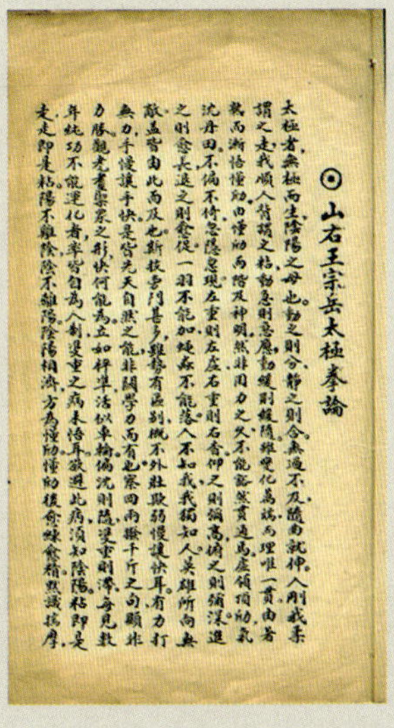

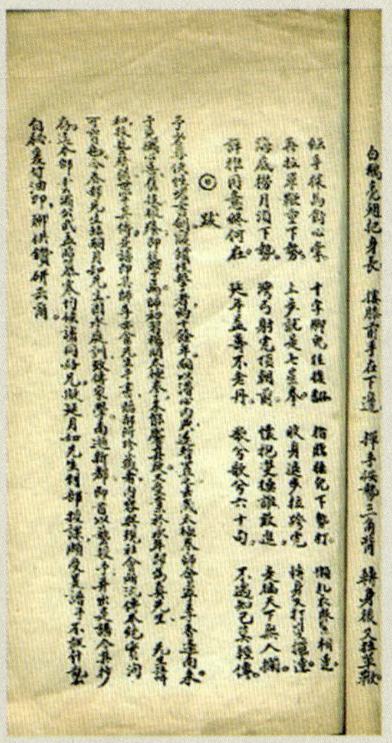

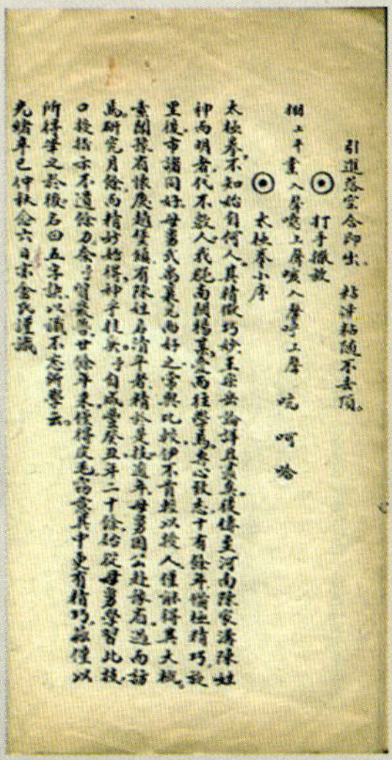

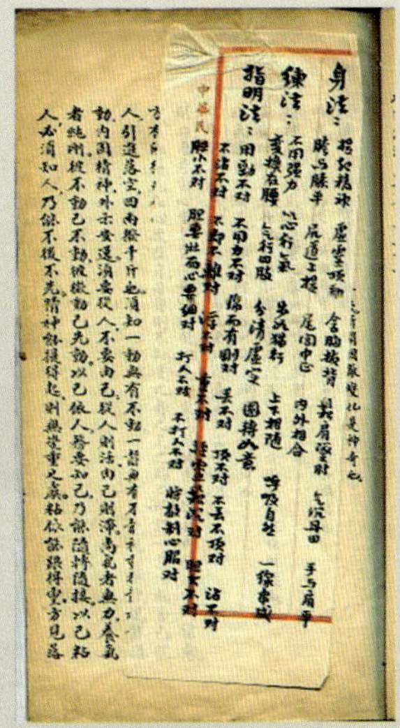

手抄拳谱《太极拳述要》

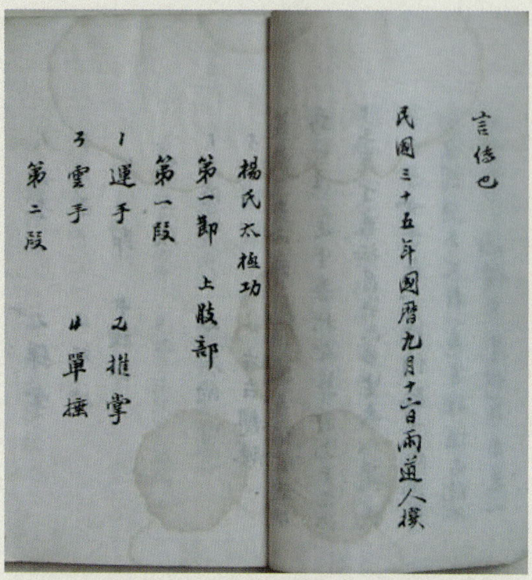
言傳也
民國三十五年國曆九月十六日雨道人撰
楊氏太極功
第一節 上肢部
第一段
1 運手 2 推掌
3 雲手 4 單鞭
第二段

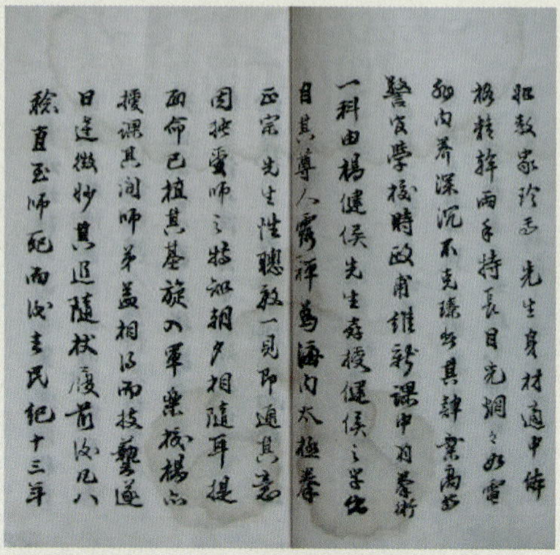

先生太極拳述要

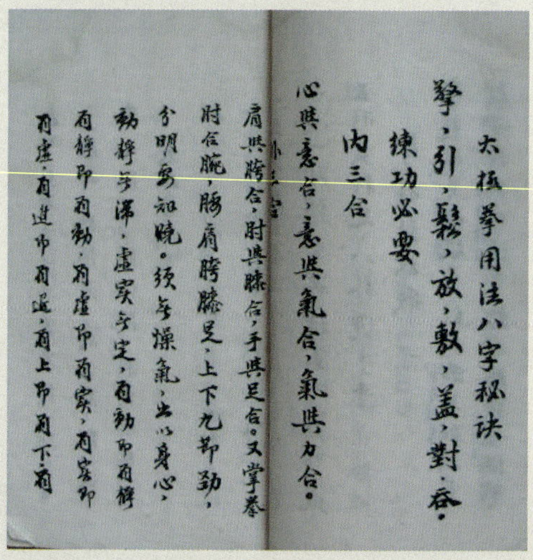
太極拳用法八字秘訣
拏、引、鬆、放、數、蓋、對、吞。
練功必要
內三合
心與意合，意與氣合，氣與力合。
外三合
肩與胯合，肘與膝合，手與足合。

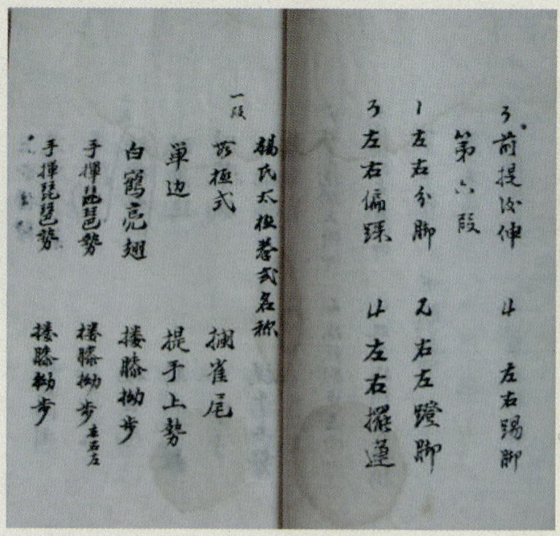
3 前提後伸 4 左右踢脚
第六段
1 左右分脚 2 右左蹬脚
3 左右偏踩 4 左右擺蓮
楊氏太極拳式名稱
一段
太極式 攬雀尾
單边 提手上勢
白鶴亮翅 摟膝拗步
手揮琵琶勢 摟膝拗步
手揮琵琶勢 摟膝拗步

武汇川版《太极拳谱》

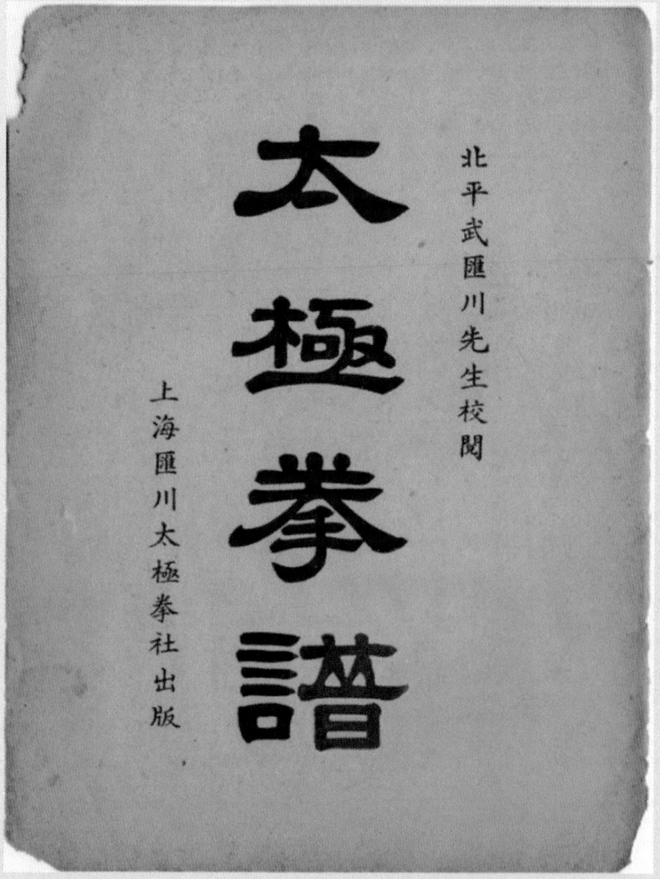

太極拳譜

北平武匯川先生校閱

上海匯川太極拳社出版

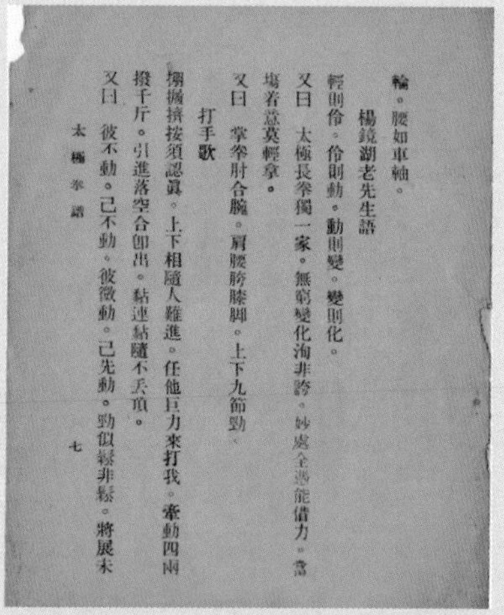

輪。腰如車軸。

楊鏡湖老先生語

輕則佮。佮則動。動則變。變則化。

又曰 太極長拳獨一家。無窮變化洵非誇。妙處全憑能借力。當塲若意莫輕拿。

又曰 掌拳肘合腕。肩腰胯膝脚。上下九節勁。

打手歌

掤攦擠按須認眞。上下相隨人難進。任他巨力來打我。牽動四兩撥千斤。引進落空合卽出。粘連黏隨不丟頂。

又曰 彼不動。己不動。彼微動。己先動。勁似鬆非鬆。將展未

太極拳譜 七

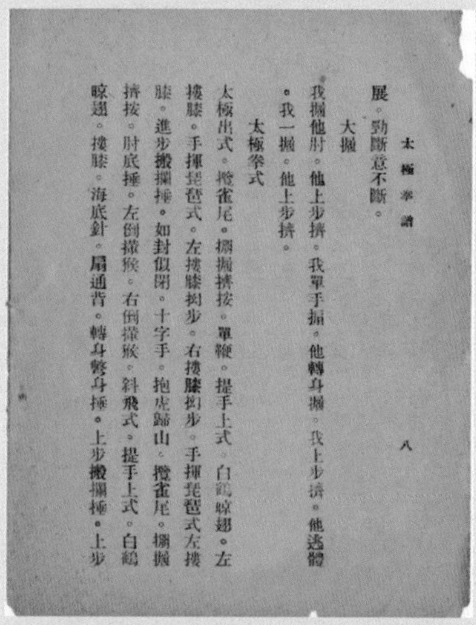

太極拳譜 八

展。勁斷意不斷。

大攦

我攦他肘。他上步擠。我單手掮。他轉身攦。我上步擠。他透體。我一攦。他上步擠。

太極拳式

太極出式。攬雀尾。掤攦擠按。單鞭。提手上式。白鶴晾翅。左摟膝。手揮琵琶式。左摟膝拗步。右摟膝拗步。手揮琵琶式左摟膝。進步搬攔捶。如封似閉。十字手。抱虎歸山。攬雀尾。掤攦擠按。肘底捶。左倒攆猴。右倒攆猴。斜飛式。提手上式。白鶴晾翅。摟膝。海底針。扇通背。轉身撇身捶。上步搬攔捶。上步

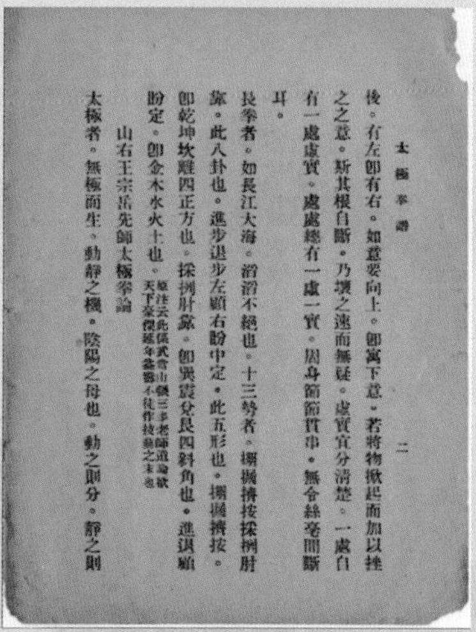

太極拳譜 二

後。有左卽有右。如意要向上。卽寓下意。若將物掀起而加以挫之之意。斯其根自斷。乃壞之速而無疑。虛實宜分清楚。一處自有一處虛實。處處總有一虛一實。周身節節貫串。無令絲毫間斷耳。

長拳者。如長江大海。滔滔不絕也。十三勢者。掤攦擠按採挒肘靠。此八卦也。進步退步左顧右盼中定。此五形也。掤攦擠按。卽乾坤坎離四正方也。採挒肘靠。卽巽震兌艮四斜角也。進退顧盼定。卽金木水火土也。（原注云此係武當山張三丰老師遺論欲天下豪傑延年益壽不徒作技藝之末也）

山右王宗岳先師太極拳論

太極者。無極而生。動靜之機。陰陽之母也。動之則分。靜之則

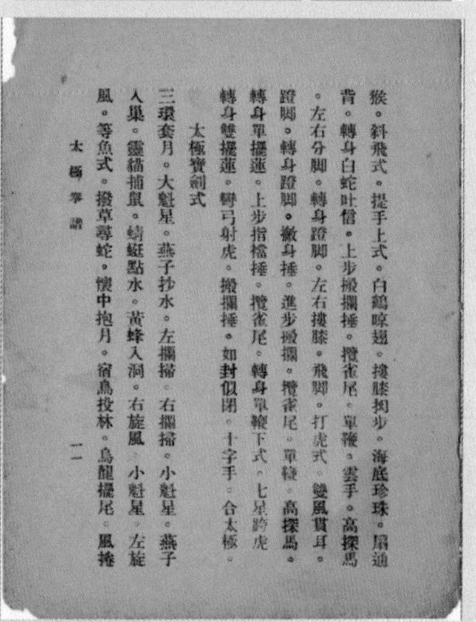

猴。斜飛式。提手上式。白鶴晾翅。摟膝拗步。海底珍珠。扇通背。轉身白蛇吐信。上步搬攔捶。攬雀尾。單鞭。雲手。高探馬。左右分脚。轉身蹬脚。左右摟膝。飛脚。打虎式。雙風貫耳。蹬脚。轉身蹬脚。撇身捶。進步搬攔。攬雀尾。單鞭。高探馬。轉身單擺蓮。上步指襠捶。攬雀尾。轉身單鞭下式。七星跨虎。轉身雙擺蓮。彎弓射虎。搬攔捶。如封似閉。十字手。合太極。

太極寶劍式

三環套月。大魁星。燕子抄水。左攔掃。右攔掃。小魁星。燕子入巢。靈貓捕鼠。蜻蜓點水。黃蜂入洞。右旋風。小魁星。左旋風。等魚式。撥草尋蛇。懷中抱月。宿鳥投林。烏龍擺尾。風捲

太極拳譜 一一

《李氏太极拳谱》

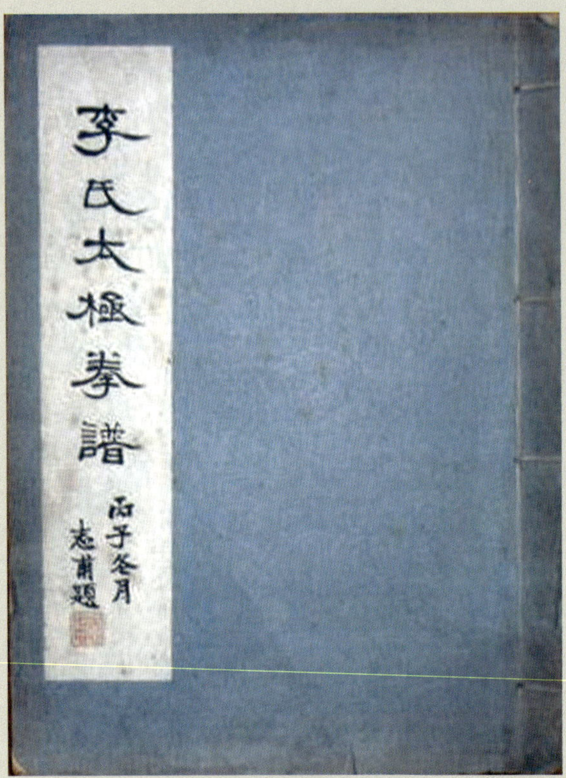

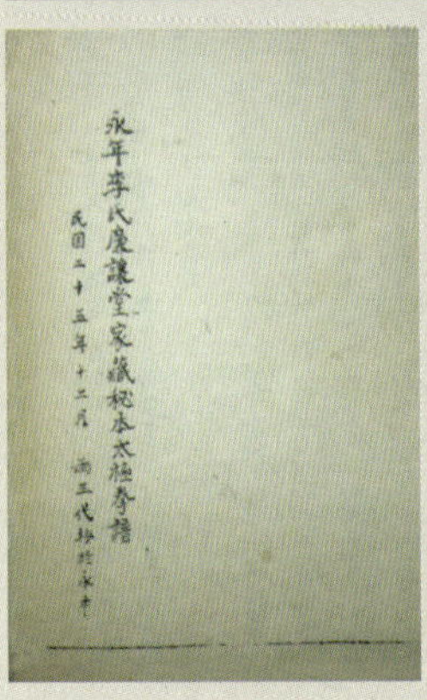

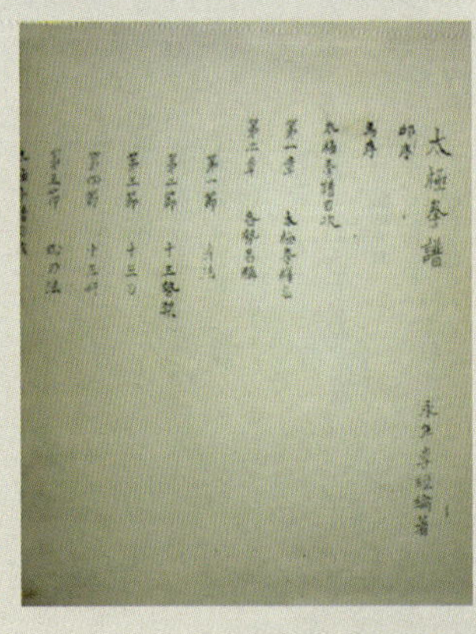

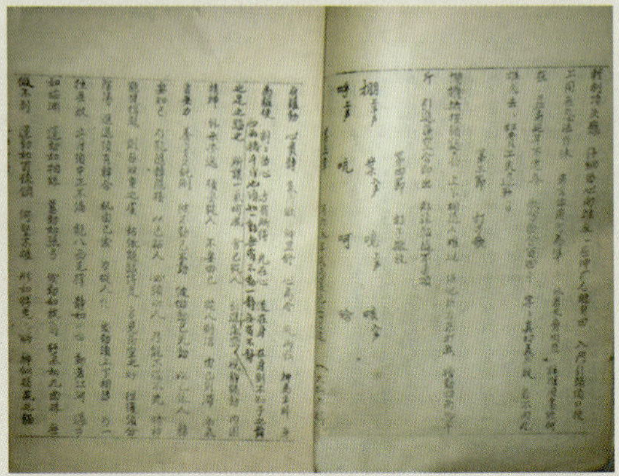

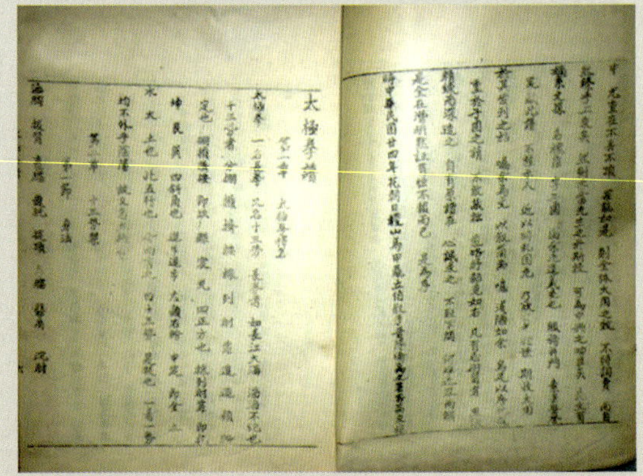

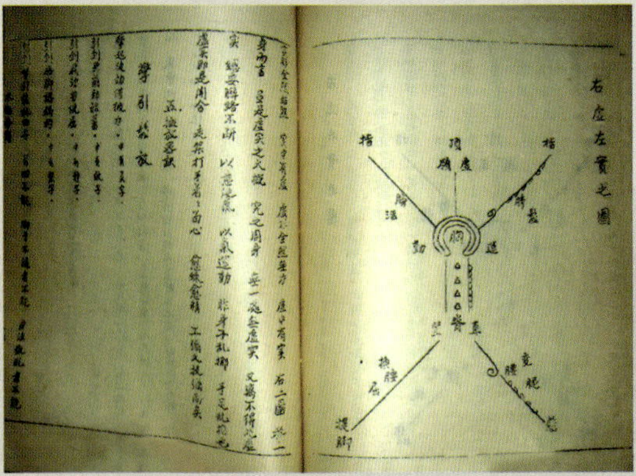

太极拳典藏

微言大义

太极拳解秘谱汇宗

何欣委 编著

人民体育出版社

序

太极拳为我国最为著名的内家拳之一，具有极好的养生与技击效果。其既是拳术，又是道功，历来为武术爱好者、文人乃至道门中人所喜爱，时于今日，更成为大众养生健身之法宝。

太极拳源自太上玄门，肇始于三丰祖师，流传于陈家沟，后经杨露禅宗师弘扬于京师，始广为世人所知。其后再经武禹襄、李亦畬二位宗师发明理法，可谓圆满无暇。

太极拳传承至今，已有数百年之历史。在漫长的传承发展过程中，形成了陈、杨、武、吴、孙、赵堡等众多流派，其派别、架势虽然众多，但莫不遵循“以柔克刚、运柔成刚”之理，这其中太极拳论的导向作用是显而易见的。

试观各派太极，从其渊源流别上可以看出太极拳的形成、演化过程。陈式太极是较为古老的一个流派，依然保存着大量少林和长拳的影子，比如震脚、跌叉、蹿蹦跳跃等，体现了中国武术由外家向内家的过渡状态。这是太极拳形成和发展的第一个里程碑。

杨式太极拳，源于陈式太极，经过三代人的传承、定架，形成了注重松沉、舒展、绵柔的特点，其行功平缓、匀速，劲力如绵里裹铁，且剔除了跳跃、震脚等外形较为刚猛的动作，改大枪架为虚实相间的虚步与弓步，迈步如猫行，可谓太极拳发展的第二个里程碑。

武式太极拳，则素以法度严谨、架势小巧、转换灵活、外小内大著称，较之各家太极，更注重理论之参究，例如传世之《十三式行功要解》《太极拳解》《十三势行功心解》《五字诀》《撒放秘诀》等，皆出自武、李之手。武式太极对于太极拳理法之完备，可谓厥功甚伟，是太极拳发展的第三个里程碑。

其后，再由杨式太极演化出偏于柔化的吴式太极拳，由武式太极拳演化出融太极、八卦、形意为一体的孙式太极拳，太极大家庭可谓百花齐放，百家争鸣。

在太极拳数百年的演变中，各派历代宗师留下了丰富的拳理拳论著作，其文约、其义深，且多为经验之谈，可谓研习太极之宝贵教程。然各家拳论历来散见于各类书籍而少见汇集，实不便太极修行者查阅、研修。今有武式太极拳葛顺成一脉之门人何君欣委，匠心独具，以大愿力，历经数载，收集太极各派之拳理、拳论善本、古本，复历数月之善巧汇集、严谨校对，修正其中舛误，始成今日之《太极拳经秘谱汇宗》《太极拳论秘谱汇宗》和《太极拳解秘谱汇宗》三部曲。此三部曲，可谓将民国至新中国建国以前之各派拳论著作收罗殆尽，堪为太极拳之百科辞典。

何君欣委，治学严谨，其于道学、佛学乃至易筋洗髓经皆有较深研究，此次汇总之历代《太极拳经、论、解秘谱汇宗》，则更显其修为。此三部曲，既可作为太极爱好者练习之理论依据，又可成为太极研究者收藏研究之宝贵资料。是书之出，或可成为太极爱好者人手一本之必备参考书。

最后，希望此三部鸿篇巨著能为广大太极爱好者带来帮助，为太极拳界添一异彩。是为序。

武式太极拳第六代传人
程氏八卦掌第七代传人　杨光（理赜）
全真龙门伍柳仙宗传人

2013 年 5 月 13 日

自序一

术可传乎，必得之于明师，身教言传，庶几可得其真意。艺可成乎，必勤于苦练，方可如春起之苗，未见其增，日有所长。道可证乎，必印之于先贤，按图索骥，理法方可通融无碍，不至于趋入旁径。

太极拳者，体阴阳，运五行，察八卦，顺乎自然之理，合乎虚无之妙，后天逆运，返乎先天之神技也。历来皆口授身教，罕有文字问世。窃察其因，则有二端：其一，历来习武者少能通文，是以虽心中默识，下笔则难以成文，故无法言其精微，此其一也；另古人保守，惜艺如金，拳论乃先贤毕生之心得，非遇载道之器则不轻易示人，知音者稀，自然传之不广，此其二也。如是者，斯技拳论历来皆罕有传播者，及至武派太极开山祖师武禹襄先生将得之河北永年盐店之王宗岳拳论公之于世，方是太极拳有系统文字之始，亦造就了太极拳别开生面之春。

考武禹襄宗师乃学富五车之饱学之士，喜文更好武，先得赵堡陈清萍授以真诀，同时又参以王宗岳拳论遗文，潜心默识，孜孜以求，精研斯技，融而化之，功夫遂臻入化境，终成一代太极宗师。是以效仿先贤，将一生精研之心得撰以成文，流传后世，可谓厥功至伟也。后习太极者，不论门派，均将其拳论奉为圭旨，研而习之，宝而珍之。宗师后传之李亦畬、李启轩诸公则接续其道脉，进一步对拳论扩而充之，增演妙谛，以广流传。而其他各流派宗师亦多有拳论传世，殚精竭虑，阐述斯技之精微，各有得力，功莫大焉。

拳论乃前辈先贤一生体悟之结晶，历代宗师结集时无不精益求精，字字珠玑，点滴均从身体力行中感悟而来，可谓慎重至极，无一浮词，是以一字不可妄加，一字不可妄改。吾遍观坊间诸谱，亥豕鲁鱼，错讹百出者有之，次第颠倒者有之，胡乱篡改者有之，是以碎金珠玉难成牟尼宝珠一串。殊不知，技艺之精微妙义，差之虽毫厘，失之已千里，可不谨而慎乎？

无奈年代久远，原传谱文在历代传抄授受中均有散失，欲求其正，何其难也。但若顺其自然，长此下去，历代先贤凝聚心血之精论，必将愈传愈歧，最终会流散于无，诚可惜也。

有鉴于此，愚不惧资质鲁钝，广搜各派秘谱，并参以坊间流传之较精版本，相互比对参照，改其错讹，厘其次第，经数月精校，终至雅而可观，特结集成册，出版印行，以永流传。得斯谱加以勤学善悟，则如有祖师亲授，按图索骥，潜心默识，理法并举，日久功深则必臻大成，斯不负历代宗师之拳拳苦心于万一。是为序。

武式太极拳第六代传人
达摩易筋洗髓经内功传人 何欣委
2011年10月20日

自序二

历时三年，此套太极拳经、论、解丛书终至汇集成册，蔚然可观，作为一个太极拳的传承者和习练者，想到能为太极拳的发展做出自己力所能及的微薄贡献，心中甚感欣慰。

中华武术，博大精深，门派林立，各有千秋，武林中人对本门功法大多皆讳莫若深，秘而不宣，但随着时代的进步、资讯的发达，人们的保守意识也已逐步放开，很多以前只在门内秘传的拳论，如今则大都得以公开流传于世，此乃思想进步之征也，更是太极拳发展之大幸也。

传统文化的传承最贵得真，最宜广传，而一门武学精髓的体现主要就是其核心指导思想，用现代的话来说，也就是武学的DNA，这也是作为一门武学的最核心特质。而保持DNA的纯正，须具备正知、正见、正信，也只有在这个大前提下所产生的理论方可称其为正论，也就是所谓的拳论。

拳论，是一个拳种的理论指导核心，因其立意于实用，立言于心得，是以皆言简意赅，不尚浮夸；而其内容则微言大义，无一浮词，皆自身体力行中感悟而来，其对后学之指导作用则更非浅鲜，颇类禅宗之当头棒喝，具有明心见性之功效，所谓得其一而万事毕也。精研拳论，身体力行，日久功深，则顿悟全旨，而收事半功倍之效，自不易误入旁径，此即谓得其真传正法也。

太极拳作为一门特别注重理论参究的拳种，其理法基础根植于我国传统文化的沃土，契合传统文化中的天人合一、阴阳、五行思想，特别和道家思想有很深的渊源，其内涵丰富、深远、博大，涉及到传统哲学、心理学、生理学、力学、医学、运动生理学、物理力学等学科。

由于其理法过于细腻精微，学人初次接触则多有高山仰止之感，所以一直以来太极拳都是非常难学的一个拳种，既需要明师指点妙窍，同时还须具有极高的悟性，再加以勤学善思、潜心揣摩，朝夕悟于心、体于身，行持无间，体用俱化方可克臻大成，殊为不易。

而笔者则认为，其难学之处，主要在于观念，而非拳术本身。盖因其拳理多与人惯有之思维行为相左，如“舍己从人”“以弱胜强”“无中生有”“无为而为”“随人不随己”“柔软胜坚刚”等理论，初看多觉矛盾重重，不知所云，对于人们已建立的知识参照系来说，是一个具颠覆性的理念冲击和全新的身心体验，所以很难让学人一学即晓，当下即悟。

此外，太极拳作为中华文化之瑰宝，其理法则完全体现了中华文化之内涵，其与道家文化水乳交融，与《道德经》以及一些佛家经典亦多有相契，因此对于学人的传统文化修养要求较高，此亦其难学之处也。

对于广大学习太极拳的学者来说，要想体悟太极拳之真意，必须要特别重视理论之参究，习拳即是悟道的过程，思想的超脱和转换非常重要，只有悟道与学拳并举，方可事半而功倍。所以在习练太极拳时，自身观念的转变，以及对自我的扬弃，思想认识的再造和升华，身、心、灵的蜕变和转换，精、气、神的凝聚和收放，内心的历练和成熟，均是每日修炼之功。可以说习练太极拳就是一个自我身心的再造工程，而太极拳之所以为世人所喜爱，其魅力亦在于斯。既如此，其历代先贤用心血经验凝炼之精论，岂可忽哉？岂可不参哉？

纵观我们身边的太极拳练习者，很多人都是捧着似是而非的理论，或是混合着外家拳的观念来习练内家拳，看着外形虽然是太极，而其路数则完全与太极毫无关涉；我们再看看各类太极拳的交流活动中，很多习练者所谓的推手，看起来简直可以说是摔跤不像摔跤，柔道不像柔道，一个个如顶牛式的对抗拉扯，哪里还能看到一点点太极拳应有的的“粘、黏、连、随”“引进落空”“四两拨千斤”这些特质？所看到的都是“顶、匾、丢、抗”“断、接、俯、仰”，举动间更是毫无太极之拳意，一门技艺，若其理法不正，则失之真传亦已远矣。

笔者目鉴于此，实感忧虑，若长此下去，太极拳这一门精妙的武技也必将会随着时间的推移而名存实亡。诚然，造成这些情况的原因很多，但我想主要还是因为随着如今社会经济的高度发展，人们生活节奏的加快，人心亦大多趋于浮躁，很少有人能够沉下心来、平心静气地去参究拳论，体悟拳理故不能领受祖师之教义，而迷失本真，失其根本而流于枝叶，以至于造成如今太极拳发展之种种现象。正所谓“操练不按体中用，修到终期艺难精”，

"武艺虽精窍不真，费尽心机枉劳神"。内家拳首重理法，理法不明，则练拳必然走偏，所谓差之虽毫厘，谬之已千里万里矣。

所以，此套太极拳经、论、解丛书的出版，可以在很大程度上使这些问题得到有效的解决。读者只要能悉心研究和体认先贤之精论，悟于心，体于身，则如有祖师亲授而收事半功倍之效，从而能够更好地领会到太极拳之真传妙谛，扶危救偏，树立正信、正知、正见。

我们有理由相信，此套太极拳经、论、解丛书的出版，对于太极拳的传承和发展都将会起到积极的促进作用，而太极拳这一凝聚历代宗师智慧和心血的优秀的拳种，也必将随着人们对先贤拳论、拳经的重视和研究而重放异彩，继而发扬光大，使太极拳这一精微妙技，在新的历史发展时期，焕发出勃勃的生机，从而更好地为习练者的健康服务，造福于全人类，光耀于全世界。

武式太极拳第六代传人
达摩易筋洗髓经内功传人　何欣委
2014 年 1 月 20 日

内容简介

本套丛书共三本，分为经、论、解三编，分别是《妙谛传心——太极拳经秘谱汇宗》《神运无方——太极拳论秘谱汇宗》《微言大义——太极拳解秘谱汇宗》。

经

所谓经，路径也，方法也，规矩准绳也。此编主要汇集了太极拳历代宗师所传承授受之口诀秘谱，其内容大多言简意赅，而其意蕴则微言大义，理法兼备；斯编广纳博收，抉微索引，所集内容之广，前所未有。此编命名为《妙谛传心——太极拳经秘谱汇宗》。

论

所谓论，论述也，阐发也，引申也。此编主要收录了各派名家对太极拳之理法、体用所阐发的论述，这些精辟的论述均自实证实修、身体力行而来，乃历代宗师一生经验之结晶，可谓是字字千金，弥足珍贵；这些太极拳精论，对于广大的太极拳爱好者来说，必将有醍醐灌顶、提携引路之真实妙用。此编命名为《神运无方——太极拳论秘谱汇宗》。

解

所谓解，分解也，释义也，乃先贤对拳经之解悟也。历代传承之拳经、拳论，大多皆言简意赅、直指真诠，其中之微言大义不经解释，后学难明；但未经证悟，所解又未必得真，很多时候仅从文字义来理解，不一定即是太极之真意。本编汇集之拳经论解，皆是历代公认之太极拳宗师所阐述，以求其符合正知、正见、正论之诉求。此编命名为《微言大义——太极拳解秘谱汇宗》。

意　义

理法共参

该套太极拳经、论、解汇集，三编一体，层层递进，从点、线、面、体，多角度，分层次立体来解构太极拳的核心修炼秘旨，使太极拳之理、法、诀、用，皆可通过本套丛书得以全景式的立体呈现，从而还原太极拳之本来面目；使广大太极拳爱好者，有理可循，有法可依，有据可查，在日常练习中不至于蒙昧无依，趋入旁径。

另外，此经、论、解三编，虽为一体，但各有侧重，分别从不同角度深入剖析太极拳之理法、练法、修法，使之显明而直指，澈见其本体。同时，将各派先贤之拳论汇集一编，亦可供读者逐一进行比对研究，互参互证，使太极拳之核心内涵更加见幽显微、透彻明晰，可谓是法诀俱全，真机毕现，实乃日常必备之资料，堪为习拳悟道之圭旨。

挽救资料

此套太极拳经、论、解丛书，抉微索隐，勾沉起轶，将散在各个论著里的历代太极拳宗师拳论均进行了细致入微的整理分类，汇集为三册；通过条分缕析的分类汇集整理，使历代先贤之拳论资料得以眉目分明，理法兼备，显明而直指，读者无论是查阅检索抑或是研究参悟，均可展卷而尽览，一目而了然。

其次，从保护传统文化的角度来讲，此经、论、解三编将历代宗师之拳论整理汇集成册，可以在很大程度上有效地挽救和保存历史资料，使这些珍贵的太极拳文字资料不至于随着时间的久远而散失，这也是太极拳在传承发展过程中非常迫切的一件现实工作。所以，整理和汇集前贤之精论，对于太极拳文字资料的历史留存，刻不容缓，意义重大。

结 语

中华武术，博大精深，源远流长，虽门派各别，但均各有得力。而太极拳作为一门内外兼修、炼养结合的优秀拳种，其拳理根植于我国传统文化的沃土，伴随着历代前贤的传承发扬，业已成为我国传统文化的重要组成部分，一直以来都深受各界人士所推崇和喜爱。其影响力之巨，适应人群之众，传播范围之广，可谓古今罕见，如今更是作为中华传统武术的代表拳种，早已走出国门，广泛传播于世界各地。

纵观历史，任何一个拳种，能够经受住岁月的洗礼而流传下来，最终成为一个知名的武术流派，最重要的根源和核心就是其背后的理法体系。而其理法体系的形成，不仅仅取决于修炼者的勤学苦练，更体现在修炼者对这门武学的体认经验与专业素养，并在此基础上不断地提炼总结，继而才能形成一套针对这一拳种的正确理论体系，并以此为基，最终浓缩为可堪参考借鉴的拳论。

然而，随着时代的变迁、历史的久远，太极拳这一优秀的拳种，和其他拳种一样，在其传承接续的过程中，也逐渐偏离了其固有的发展轨迹，以至形成如今门派林立、拳架万别、理法芜杂之局面。究其原因，固然有其历代传承接续过程中保守的一面，更多的则是一直以来其正确的理论体系，大多仅流传于门内师徒之间的身传口授，很少行诸于文字，即或有，亦皆深为秘惜，外人则更是难得一窥，是以碎金珠玉，难成牟尼宝珠一串。而在传承接续的过程中，大量的先贤精论亦多有散失，以至于造成如今太极拳的发展似已进入了几乎停滞不前的状态：既无继承，更无发展，虽爱好者众，但大多仅流于枝叶而失其根本，渐迷其宗，渐失其真，只知其养生之效，而不知其搏击之功，更难窥其入道之门。

而笔者则认为，圣人无二心，太极无二道，天下太极是一家，本无二无别。所谓分别者，后人之错用心也。理法芜杂，必然会造成学艺不精。习拳者若其武学思想不能与祖师之论心有相契，则必难得真，所得亦必非正法，正所谓差之虽毫厘，缪之已千里也。

而现今去古圣甚远，又何以求其正呢？愚以为，自然应是以古圣先贤之语言为纲，字字体贴，细心体悟，以理指导其练，以练体悟其理，庶不至失其真蕴。

基于此，笔者承担起了汇集整理历代太极拳宗师经、论、解之重任，利用如今资讯发达的便利条件，广纳博收，抉微索引，厘其次第，证其错讹，汇为三编，以为广大太极拳爱好者参考学习之助，亦为防止这些珍贵历史资料的散失，维护和挽救传统文化的传承接续，尽一点微薄之力。

整理汇编此套丛书，工程可谓异常庞大，要从浩如烟海的前贤著作中，厘出其精华，校正其错讹，其所涉资料之多，录入工作之繁重，所费精力之巨，实非常人所能感受。有幸的是笔者在整理此书过程中，得到了很多热心朋友的无私帮助，才使得录入工作变得轻松一些。在此书即将付梓之际，特对帮助过我的这些朋友致以诚挚的感谢！他们（所列名字不分先后）是：江苏无锡：陈道忠，浙江宁波：闻捷，湖北恩施：程鏖，湖南株洲：文志华，山西大同：陈越，四川自贡：林邦鑫，上海：徐强，杭州：唐净皓，江西吉安：陈小鸿，湖南永兴：周和平，浙江金华：卢金龙，广东：李春霖、李金霖，武汉：杨帆，广州：杨镇泽，四川宜宾：余成，广州：冯文斌，河北保定：李佳佳，上海嘉定区：王永保，合肥：张智勇，长春：刘兴鹏，合肥：吴强，河南南阳：贾国栋，江西赣州：郭小林，河北：张立强、孙利民、王峥，以及网友 sufu、随风巽、素风、浪打云等。

另外，在这里也要特别感谢我的太极拳授业恩师宋保年先生，感谢他一直以来对我的辛勤教诲，也正是由于先生的悉心传授，才使我得以一窥太极拳之真传正法。从先生所学，收获良多，概难言表，值此书出版之机，特致铭谢！

汇集说明

1. 此套丛书广纳博收，收录范围从晚清民国跨越至新中国成立以前，是目前所见到的太极拳出版物中内容最系统、收集最完善的太极拳经、论、解汇编丛书。此套丛书的出版发行，无论对于太极拳习练者和研究者来说，都是非常实用的日常必读丛书和学习参考工具书。

2. 为保证本套丛书的含金量，其所收内容皆是历史上公认之太极拳名家论述，均为正知、正见、正论。若读者悉心钻研，加以勤学善悟，则如有祖师亲授，自可得窥太极之真谛。

3. 本套丛书所收资料中，很多都是以前拳家秘而不宣之门内传抄秘谱和资料，且不少资料都是首次公开，极富历史价值和学术研究价值。

4. 本套丛书将历代太极拳宗师之论述分为经、论、解三编，层层递进，体用皆赅，条分缕析，理法兼备。使历代散于各类资料中的太极拳经、论、解，均得到条理化、系统化的全景呈现，读者无论是查阅抑或是参考学习，均会大有助益。

5. 为了不悖原著之本意，对于一些古体字和异体字，则尽可能不做修改，以求不失其原意，但对于一些已经形成约定俗成用法的字，则做了一定的修改，如“著”同“着”、“劤”通“劲”、“體”通“体”，有心之读者可比对参考研究。

6. 新中国成立以前之拳家，大多诚笃务实，不重名利，亦肯平心下气地踏实练功，所以其拳论、拳理大多从身体力行中感悟而来，立足实用，不尚浮词。所以本套丛书大多以选择新中国成立之前的太极拳家论述为主，以求达到使读者能够真实受用之目的。

7. 对于一些有争议的优秀拳论，本套丛书则不设立场、不涉考据，秉承“依法不依人”的宗旨，只收录其内容，不参与发表过多的个人立场和看法，仅在拳论之后做出特别说明，以利于读者自行了解辨析。

8. 太极拳论过去大多在门内以手抄本的形式流通，辗转抄写，其间错讹实在所难免，对于一些难以定夺孰对孰错之字，均在其后括号内附有其他抄本之对照文字，以利读者对照参考研究。

9. 本套丛书为了更加便于读者参研，虽在部分内容上按派别来分卷，但在收录立场上则本着不分派别、天下太极是一家的原则和共参共融的理念来进行汇集整理，所以只要是有深度、有见地的优秀拳论，均予收录，以求其内容之精博。

10. 本套丛书虽经笔者严谨校勘，但限于客观条件和本人的学识水平，加以手头可供查阅资料的不足，所以在汇集整理的过程中，难免会有各种各样的错误，敬请广大读者朋友予以批评和指正，以利于再版时改正，以臻完美。

目 录

第一卷 太极拳经拳论名家注解汇集 …………（1）
王宗岳太极拳经解 …………（1）
歌诀一 …………（1）
歌诀二 …………（2）
歌诀三 …………（2）
歌诀四 …………（3）
歌诀五 …………（4）
歌诀六 …………（4）
武澄清太极拳论解 …………（5）
释原论 …………（5）
杨露禅拳经拳论注解 …………（6）
太极拳论解 …………（7）
许禹生拳经拳论注解 …………（8）
许禹生注《太极拳论》…………（9）
王新午拳经拳论注解 …………（17）
王新午太极拳论“附注” …………（18）
董英杰拳经拳论注解 …………（22）
《太极拳论》注解 …………（23）
王宗岳原序解明 …………（28）
《行功口诀》详解 …………（33）
陈微明拳经拳论注解 …………（35）
《太极拳论》注解 …………（36）
《十三势说略》注解 …………（39）

十三势行功心解 …………………………………………………… (40)
打手歌 ……………………………………………………………… (43)
李先吾拳经拳论注解 ………………………………………………… (44)
《十三势说略》注释 ………………………………………………… (44)
《太极拳论》注释 …………………………………………………… (46)
《行功心解》注释 …………………………………………………… (48)
打手歌 ……………………………………………………………… (50)
黄元秀拳经拳论注解 ………………………………………………… (51)
王宗岳先师拳论注解 ………………………………………………… (52)
《十三势说略》注解 ………………………………………………… (55)
十三势行功心解 …………………………………………………… (57)
打手歌 ……………………………………………………………… (60)
徐震拳经拳论注解 …………………………………………………… (61)
《太极拳论》注释 …………………………………………………… (62)
《十三势行功歌诀》注释 …………………………………………… (68)
打手要言 …………………………………………………………… (70)
打 手 歌 …………………………………………………………… (70)
十 三 势 …………………………………………………………… (71)
《太极拳讲义》之拳论注释 ………………………………………… (72)
《十三势说略》注释 ………………………………………………… (72)
《太极拳经》注释 …………………………………………………… (73)
《十三势行功心解》注释 …………………………………………… (77)
李寿籛太极拳经拳论注解 …………………………………………… (79)
张三丰祖师太极拳经解 ……………………………………………… (80)
王宗岳先师《太极拳论》…………………………………………… (81)
太极拳八字诀 ……………………………………………………… (85)
太极拳虚实行功法歌诀 ……………………………………………… (86)
太极拳十三字行功法 ………………………………………………… (87)
姚馥春、姜容樵拳经拳论注解 ……………………………………… (89)
太极拳谱释义 ……………………………………………………… (91)

歌诀一 …………………………………………………………（91）
歌诀二 …………………………………………………………（92）
歌诀三 …………………………………………………………（93）
歌诀四 …………………………………………………………（94）
歌诀五 …………………………………………………………（96）
十三势 …………………………………………………………（96）
《十三势歌诀》注释 ……………………………………………（97）
二十字诀 ………………………………………………………（98）
《十三势行功心解》注释 ………………………………………（101）
吴孟侠、吴兆峰《太极拳九诀》注解 …………………………（104）
《全体大用诀》注释 ……………………………………………（105）
《十三字行功诀》注释 …………………………………………（112）
《十三字用功诀》注释 …………………………………………（114）
《八字法诀》注释 ………………………………………………（116）
《虚实诀》注释 …………………………………………………（117）
《乱环诀》注释 …………………………………………………（117）
《阴阳诀》注释 …………………………………………………（119）
《十八在诀》注释 ………………………………………………（121）
《五字经诀》注释 ………………………………………………（123）
吴志青拳经拳论注释 ……………………………………………（127）
太极正宗十三字行功法 …………………………………………（127）
太极正宗八字诀 …………………………………………………（131）
太极正宗虚实行功法 ……………………………………………（132）
太极正宗十三势总劲 ……………………………………………（133）
内功八法歌诀 ……………………………………………………（134）

第二卷　太极拳名词术语悟解汇集 ……………………………（137）

李先吾解三十七式释名与效用 …………………………………（137）
三十七式释名与效用 ……………………………………………（137）

陈炎林论太极拳诸劲 …………………………………… (146)
详论太极拳诸劲 …………………………………… (146)
十三势解 …………………………………… (161)
太极拳中节拿抓闭解 …………………………………… (162)
喻润川论太极拳之劲 …………………………………… (163)
劲与力之区别 …………………………………… (163)
太极拳之劲 …………………………………… (163)

第三卷 太极拳源流考略及名家轶事录 …………………………………… (171)

杨家小传 …………………………………… (171)
太极拳之流派 …………………………………… (174)
太极拳源流考略与太极拳名人录 …………………………………… (176)
太极拳源流考略 …………………………………… (176)
太极拳名人录 …………………………………… (180)
太极拳术源流及名人轶事 …………………………………… (183)
张真人传 …………………………………… (183)
太极拳术源流 …………………………………… (184)
太极拳名人轶事 …………………………………… (185)
先王父廉泉府君行略 …………………………………… (188)
李公兄弟家传 …………………………………… (189)
历代太极拳名家珍闻录 …………………………………… (193)

第一卷　太极拳经拳论名家注解汇集

王宗岳太极拳经解

武当张三丰著　山右王宗岳解

歌诀一

顺项贯顶两膀松，
束敛下气把裆撑。
威音开劲两捶争，
五趾抓地上弯弓。

注解

顺项贯顶两膀松，

虚灵顶劲，气沉丹田。两背松，然后窒。

束敛下气把裆撑。

提顶吊裆，心中力量。

威音开劲两捶争，

开合按势怀中抱，七星势视如车轮，柔而不刚。彼不动，已不动；彼微动，而已意先动。

五趾抓地上弯弓。

由脚而腿，由腿而身，练如一气。如转鹘之鸟，如猫擒鼠。发动如弓发矢，正其四体，步履要轻随，步步要滑齐。

歌诀二

举步轻灵神内敛，
莫教断续一气研。
左宜右有虚实处，
意上寓下后天还。

注解

举步轻灵神内敛，

一举动，周身俱要轻灵，尤须贯串。气宜鼓荡，神宜内敛。

莫教断续一气研。

勿使有凸凹处，勿使有断续处。其根在脚，发于腿，主宰于腰，形于手指，由脚、而腿、而腰，总须完整一气。向前退后，乃得机得势，有不得机得势处，身便散乱，其病必于腰腿求之。

左宜右有虚实处，

虚实宜分清楚，一处自有一处虚实，处处总此一虚实。周身节节贯串，勿令丝毫间断耳。

意上寓下后天还。

上下、前后、左右皆然。凡此皆是意，不在外面。有上即有下，有前即有后，有左即有右。如意要向上，即寓下意，譬之将植物掀起，而加以挫折之力，其根自断，损坏之速乃无疑。

歌诀三

拿住丹田练内功，
哼哈二气妙无穷。
动分静合屈伸就，
缓应急随理贯通。

注解

拿住丹田练内功，

拿住丹田之气，练住元形，能打哼哈二气。

哼哈二气妙无穷。

气贴背后，敛入脊骨。静动全身，意在蓄神，不在聚气，在气则滞。内三合，外三合。

动分静合屈伸就，

太极者，无极而生，阴阳之母也。动之则分，静之则合。无过不及，随曲就伸。

缓应急随理贯通。

人刚我柔为之走，人背我顺为之黏。动急则急应，动缓则缓随。虽变化万端，而理为之一贯。由招熟而渐悟懂劲，由懂劲而阶及神明。然非用力之久，不能豁然贯通焉。

歌诀四

忽隐忽现进则长，
一羽不加至道藏。
手慢手快皆非似，
四两拨千运化良。

注解

忽隐忽现进则长，

不偏不倚，忽隐忽现。左重则左虚，右重则右杳。仰之则弥高，俯之则弥深。进之则愈长，退之则愈促。

一羽不加至道藏。

一羽不能加，蝇虫不能落。人不知我，我独知人。英雄所向无敌，盖皆由此而及也。

手慢手快皆非似，

斯技旁门甚多，虽势有区别，概不外壮欺弱，慢让快耳。有力打无力，手慢让手快，是皆先天自然之能，非关学力而有为也。

四两拨千运化良。

察四两拨千斤之句，显非力胜。观耄耋能御众之形，快何能为。立如枰准，活似车轮。偏沉则随，双重则滞。每见数年纯功，不能运化者，率自为人所制，双重之病未悟耳。欲避此病，须知阴阳。黏即是走，走即是黏。阴不离阳，阳不离阴，阴阳相济，方为懂劲。

懂劲后，愈练愈精，默识揣摩，渐至从心所欲。本是舍己从人，多误舍近求远。所谓差之毫厘，谬以千里，学者不可不详辨焉。

此论句句切要，并无一字陪衬。非有夙慧之人，未能悟也。先师不肯妄传，非独择人，亦恐枉费工夫耳。

歌诀五

极柔即刚极虚灵，
运若抽丝处处明。
开展紧凑乃缜密，
待机而动如猫行。

注解

极柔即刚极虚灵，

极柔软，然后极刚坚。能呼吸，然后能灵活。气以直养而无害，劲以曲蓄而有余。

运若抽丝处处明。

全身意在精神，不在气。有气者无力，无气者纯刚。气如车轮，腰似车轴。似松非松，将展未展，劲断意不断，藕断丝亦连。

开展紧凑乃缜密，

心为令，气为旗，腰为纛。先求开展，后求紧凑，乃可臻于缜密矣。

待机而动如猫行。

牵动往来气贴背，敛入脊骨。内固精神，外示安逸。迈步如猫行，运劲如抽丝。

歌诀六

掤捋挤按四方正，采挒肘靠斜角成。
乾坤震兑乃八卦，进退顾盼定五行。

长拳者，如长江大河，滔滔不绝也。

十三势者，掤、捋、挤、按、採、挒、肘、靠，此八卦也。进步、退步、左顾、右盼、中定，此五行也。合而言之，曰十三势。掤、捋、挤、按，即坎、离、震、兑，四正方也；採、挒、肘、靠，即乾、坤、艮、巽，四斜角也。进、退、顾、盼、定，即水火金木土也。

以上系三丰祖师所著，欲天下豪杰延年益寿，不徒作技艺之末也。

武澄清太极拳论解

武澄清

武澄清（1800—1884），字霁宇，号秋瀛。进士出身，曾任河南舞阳县知县。武式太极拳创始人武禹襄的胞兄，载有《太极拳论》《十三势行功歌》等文章的太极拳经抄本，就是他在舞阳时发现的。原习家传武艺，后亦习太极拳，他于舞阳县北舞渡盐店获得山西王宗岳所传之《太极拳谱》，将之赠与幼弟禹襄带回永年研究。可以说王宗岳所传之《太极拳谱》的发现，对于武禹襄以后创立武式太极拳是功不可没的，同时此谱对整个太极拳发展的推动力也是不言而喻的，所以非常珍贵。

武澄清在太极拳研究上，亦有深刻独到的见解，学术水平很高，并结合练拳，有自己深刻的体悟。他先后著有《释原论》《打手论》等文，其中《释原论》更是最早解释王宗岳《太极拳论》之作，其学术意义重大，很值得爱好太极拳的后学去体悟参研。

释原论

动之则分，静之则合。

分，谓阴阳分；合，谓阴阳合；太极之形，如此分合，皆谓己而言。

人不知我，我独知人。

懂劲之谓也，揣摩日久自悉矣。

引劲落空，四两拨千斤；

合即拨也，此字能悟，真有夙慧者也。

左重、右重、仰之、俯之、进之。

是谓人也。

左虚，右杳，弥高，弥深，愈长。

是谓己，亦谓人也。虚、杳、高、深、长，人觉如此，我引其落空也。

退之则愈促。

乃人退我进，促迫彼无容身之地，如悬崖勒马，非懂劲不能走也。

偏沉则随，双重则滞。

是比活似车轮而言，乃己之谓也。

一边沉则转，两边重则滞；不使双重，即不为人制矣，是言己之病也。

硬则如此，软则随。

随则舍己从人，不致胶柱鼓瑟矣。

杨露禅拳经拳论注解

杨露禅

杨露禅（1799—1872），名福魁，又名福同，字露禅，“禅”亦作“蝉”，别号禄缠。河北省永年县人。幼时家贫，约10岁到河南温县陈家沟陈德瑚家为僮，著名武师陈长兴每晚至陈德瑚家前厅教授族中弟子，杨露禅殷勤伺候，窥习拳艺，功力大进。

由于其聪明善悟，遂逐渐引起陈之注意，陈命杨与诸徒决，其徒则尽皆败北，陈始惊杨为天才，喜其敏慧，遂尽授其秘术焉。而据《近今北方健者传》记载，杨露禅亦曾从学于赵堡陈清萍升华其拳艺，同时又曾访武当而得秘谛，先后转益多师，融而汇之，方成就其独步武林之太极绝技，非独仅学于陈长兴之一家拳艺也。艺成后，杨归故乡，传授同里之人，从学者甚众。当时称杨拳为化拳，或曰绵拳，以其动作绵而能化，故名之。

后杨至北平（昔北京）教拳，清代王公贝勒等从其学者颇多。之后杨成为清朝旗营之武术教师，并将其拳术传于凌山、万春、全佑，民间有“凌得其筋，万全其骨，全得其皮”之说。光绪皇帝的老师翁同龢大学士在观看其精妙的武艺后，大加赞赏曰：“杨进退神速，虚实莫测，身似猿猴，手如运球，犹太极浑圆一体也。”并书赠对联“手捧太极震寰宇，胸怀绝技压群英”相祝贺；自此，他所创之杨式太极拳遂名满天下，从而使太极拳从民间武术登上了华夏武术的大雅殿堂，成为了国粹而流传至今。

杨露禅性格刚强，无论何门何派，均喜与比试。经常身背一把小花枪和一小包裹，遍游华北诸省，凡所至之地，闻有艺高者则必拜访与之较量，即便有人自认不敌，亦必强与之较，但未尝伤人，其武德得到时人之盛赞。因其武艺高超，所向无敌，故被世人称为“杨无敌”而名满天下。

杨生有三子，长曰锜，早亡；次曰钰，三曰鉴，皆能传父业，可谓一脉相传，后继有人矣。

太极拳论解

一举动，周身俱要轻灵，尤须贯串。

练拳时，不用莽力，方能轻灵，十三式须一气串成。

气宜鼓荡，神宜内敛。

气不滞，则如海风吹浪；静心凝神，斯为内敛。

无使有缺陷处，无使有凹凸处，无使有断续处。

练拳宜求圆满，不可参差不齐，宜缓慢而不使间断。

其根在脚，发于腿，主宰于腰，形于手指。由脚、而腿、而腰，总须完整一气，向前退后，乃能得机得势。

练法须上下相随，劲自跟起，行于腿，达于腰，由脊而膊，而行于手指，周身一气；用时进前、退后，其劲乃不可限量矣。

有不得机、不得势处，身便散乱，其病必于腰腿求之。上下、前后、左右皆然，凡此皆是意，不在外面。

病不在外而全在意，意不专则神不聚，即不能得势矣。

有上则有下，有前则有后，有左则有右。如意要向上，即寓下意。若将物掀起，而加以挫之之意，斯其根自断，乃坏之速而无疑。

此言与人对敌搭手时，先将彼摇动，犹树无根，立脚不定，则自然倒下矣。

虚实宜分清楚，一处有一处虚实，处处总此一虚实。

与人对敌，每式前虚后实。如放劲，则前足坐实，后足蹬直。总使虚实清楚，则变化自能如意矣。

周身节节贯串，无令丝毫间断耳。

周身骨节顺合，气须流通，意无间断。

许禹生拳经拳论注解

许禹生

许禹生（1879—1945），字龗厚，太极拳名家，著名武术活动家。自幼热衷武术，受杨健侯、陈发科太极拳理法，并研习多家技艺。

毕业于晚清译学馆，后任北平教育部专门司主事。为雪“东亚病夫”之耻，建议在学校设置国术课，以增强青少年体质，并成立体育学校，首次将武术列入学科考试科目。

1912年11月，许禹生邀集北平武术界著名人士吴鉴泉、赵鑫洲、耿诚信、郭志云、葛馨吾、纪子修、恒寿山等创办北平体育研究社。社长由北平市长兼任，他任副社长。该社以“普及武术运动、研究武术理论和拳史、培养武术人才、达到强民报国”为宏旨，盛极一时。京师各校渐向该社聘请教员，教授武术，一时形成北平各校延聘武术教师的一种风气。1916 年，又由许禹生倡导，作为该社的附设机构成立了北平体育讲习所，除自任课外，还延聘吴鉴泉、杨健侯、杨少侯、杨澄甫、孙禄堂、刘恩绶、张忠元、佟连吉、姜登撰、纪子修、刘彩臣等名家任教。讲习所以培养大、中、小学校武术师资为目标，其术科以国技为主，包括徒手和器械。徒手包括太极、形意、八卦、少林等各类拳术，以及长拳短打、擒拿格斗诸术；器械包括刀、枪、剑、棍、钩、锏、戟等。

1929 年 12 月，许禹生顺应时变，在该社的基础上成立了北平市国术馆，市长兼馆长，他任副馆长，并主编发行《体育月刊》。该馆仿效中央国术馆的机构设置，设教务、编审、总务等处，总管全馆工作；下设高级研究部、普通研究班、专修班、民众练习班，培养武术师资，审定武术教材，传习各类武术技艺和理论。

1937 年上海“八一三”事变后（亦说 1931 年“九一八”事变），该馆成立刀术速成班，传授刀术，为抗击日寇输送将士。

许禹生著述颇丰，先后著有《少林十二式》《罗汉行功法》《太极拳势图解》《神禹剑》《陈式五路太极拳》《中国武术史略》等。

许禹生一生致力于武术的研究和推广，为我国武术的继承和发扬做了很多卓有成效的工作，对于武术的推广和挖整亦做出了杰出的贡献，可以说他本人除了是一位著名的武术家，更是一位杰出的武术活动家、教育家。

许禹生注《太极拳论》

太极者，无极而生。

太，大也，至也。极者，枢纽根柢之谓。太极为大地万物之根本，而太极拳则为各拳之极致也。

无极而生者，本于无极也。此拳重在锻炼精神，运劲作势，纯任自然，不甚拘于形式。以虚无为本，而包罗万象。故曰“无极”。

然初学者究当就有形之姿势入手学习，久之着熟懂劲，融会贯通，始能入于神化之境。

按周濂溪《太极图说》“无极而太极”，注云：上天之载，而声无臭，而实造化之枢纽，品汇之根柢也。故曰“无极而太极”，非太极之前复有无极也。此云“无极而生”，究有语病。

动静之机，阴阳之母也。

变易物体之位置，或动体进行之方向，曰“动”。保存或维持其固有之位置或方向，曰“静”。机者，征兆也，如《阴符经》“天发杀机”之“机”。夫动静无端，阴阳无始。太极者，其枢纽机关而已。

太极拳当行功时，中心泰然，抱元守一，未尝不静。及其静也，神明不测，有触即发，未尝无动。于动时存静意，于静中寓动机。一动一静，互为其根，合乎自然。此太极拳术之所以妙也。

万物之生也，负阴而抱阳，莫不有太极。有太极斯有两仪，故太极为阴阳之母。太极拳着着势势均含一“○”环形。其动而阳，静而阴，及刚柔进退等，均与易理无异。故得假借易理以说明之，非强为附会也。

中国旧日学说，诸凡事物均以阴阳喻之。故阴阳无定位，太极拳之为阴阳亦然。如拳势之动者为阳，静者为阴；出手为阳，收手为阴；进步为阳，退步为阴；刚劲为阳，柔劲为阴；发劲为阳，收敛为阴；粘劲为阳，走劲为阴；手足关节之伸为阳，曲为阴；分为阳，合为阴；开展为阳，收敛为阴；身躯之仰为阳，俯为阴；升为阳，降为阴。凡此所喻，无论遇如何变化，内皆含一“○”环形。故动静不同时，阴阳不同位，而太极无不在焉。

动之则分，静之则合。

动，变动也。动之则分阴分阳，两仪立焉。静之则冲漠无征，而阴阳之理已悉具其中矣。

太极拳术当行功时，其各姿势，一动一静相间。其拳势之动者，前后、左右、上下，均有阴阳虚实可循，故曰“动之则分”。其静的姿势，虽无痕迹可指，然阴阳虚实已见其中，故曰“静之则合”。

若作运劲解，则太极之阳变阴合，即物理力学分力、合力之理也。太极拳术遇敌欲制我时，则当分截其劲为二，使敌力不能直达我身。（背劲）所谓“动之则分”是也。若将敌粘起用提劲，阳之变也。及起，须静以定之，使不得动；或敌劲落空，稍静即发，利用合劲，阴之合也。

倘敌欲发我，则应中心坦然，审然应机，静以俟之，微动即应，所谓“后人发先人至”也。

夫道一而已矣。当混沌未判，鸿蒙未辟，本无动静，何有阴阳？故以虚无为本者，无不合道。天地如是，太极如是。太极拳习至极精处，亦如是也。然此指先天而言，指习拳术功深进道者而言。初学之士，骤难语此也。及乾坤既定，两仪攸分，有阴阳斯有动静，则言太极者，不能不就有形象者以讲求之。太极拳之分合动静，合乎阴阳。如动势须求开展，运劲务明虚实。刚则化之，故曰“分”。柔则守之，故曰“合”。坤在静中求动，无为始而有为终，必须伏气。乾则动中求静，有为先而无为了，只要还虚。盖万物之理，以虚而受，以静而成。天地从虚中立极，静中运机。故混沌开而阖辟之局斯立，百骸固而无极之藏自主，无不从虚静中来也。

重阳子曰：“此言大道之原，而功先于虚静。虚则无所不容，静则无所不应。”由是观之，习太极拳者，倘以虚静为本，则分合变化自无不如意也。

无过不及，随曲就伸。

过，逾也。不及，未至也。随，无逆也。就，即之也。过与不及，皆为失中。失中则阳亢阴睽，未能有合也。

太极拳于曲伸分合等处，运劲过则生顶、抗等病。不及则有丢、偏等病。欲求不即不离，则应随之而曲，就之而伸。随机应变，毋固毋我。因力于敌，以中为主，而粘、黏、连、随以就之，自无不合。所谓“君子而时中也”。案初学此拳者，每失之过，迨稍懂劲，则每失之不及。学者宜审慎之。

人刚我柔谓之走，我顺人背谓之粘。

人者，敌也。刚，指刚强有力而言。柔者，无抵抗也。走者，化也。柔以承之，变化敌力之方向，不为所制，故曰“走”。顺者，自由便利也。背者，不自由不便利也。粘者，取制敌人之力也。遇敌施刚力时，我惟顺应其势，取而制之，使俯就我之范围，如以胶着物，故曰“粘”。

太极拳常以小力敌大力，无力御有力。弱胜强、柔胜刚，为其主旨。但以常理言之，小固不可以敌大，弱固不可以胜强，柔固难期以制刚。然云“敌之”“胜之”“制之”者，必有其所以制胜之理在。盖敌力须加吾身，方生效力，苟御制得道，趁其用刚发动之始，审机应变，采取擒获，使还制其身。则我虽弱，常居制人地位。敌虽强，常居被制地位，难于自由发展，力虽巨奚益?！此老聃“齿敝舌存”之说也，颇合太极拳刚柔之义。然非好学深思之士，未足以语此。

动急则急应，动缓则缓随。虽变化万端，而理为一贯。

此言己动作之迟速，当随敌动作迟速之程度而异。但欲识敌之迟速程度，须先体察敌力之动机，方能因应咸宜。

何谓动机？周濂溪《通书》有云，动而未形有无之间者曰“机”。又曰：“机微故幽。”虽识如此，设非功深，不易知也。然苟得其机，敌虽变化万端，由一本而万殊。而我则执两用中，扼万殊而归一本。审机应候，无过不及。敌运动甚速，而我应付迟缓，则失之缓。敌劲尚未运到，而我先逆待，或加以催迫，则敌反有机可乘，是谓性急，其弊一也。守一以临，纯任自然，无丝毫之凝滞矣。故曰“得其一而万事毕是也”。

由着熟而渐悟懂劲，由懂劲而阶及神明。然非用力之久，不能豁然贯通焉。

此言习太极拳者，进功自有一定之程度，而不可躐等躁进也。太极拳之妙用全在用劲（此劲字系灵明活泼，由功深练出之劲，不可仅作力量解）。然劲为无形，必附丽于有形之着，始能显著。

言太极拳者，每专恃善于运劲，而轻视用着，以致习者无从捉摸，有望洋兴叹之慨，虚度光阴，难期进益。较循序渐进者，反事倍功半，不遵守自然之程序故也。昔孔子讲学，常因材施教，故诸门弟子各得其益。拳术虽属小技，然执涂人而语以升堂入室之奥，未有能豁然者也。

故习拳者，应先模仿师之姿势。姿势正确矣，须求各姿势互相联贯之精神。拳路熟习矣，须求各势着数之用法。着熟矣，其用是否能适当。用均得其当矣，其劲是否不落空。劲不落空，是真为着熟。再由推手以求懂劲，研求对手动作之轻重迟速，及劲行之趋向方位。久之自微懂而略懂，进至于无微不觉，无处不懂，方得称为懂劲。懂劲后不求用着，而着自合。进至无劲非着，无着非劲。渐至不须用着，只须用劲。再不求用劲，而劲自合。洵至以意运劲，以气代意，精神所触，莫之能御，则阶及神明矣。是非数十年纯功，曷克臻此？

虚领顶劲，

虚，一作“须”，似宜从“虚”。虚者，对“实”之称，“实”即窒滞难巧也。顶者，头顶，亦曰“囟门”。小儿初生时，此处骨软未合，常随呼吸颤动，道家称为“上丹田”“泥丸宫”，盖藏神之府也。佛家摩顶受记，道家上田练神。《易》曰：“行其庭不见其人。”（庭指天庭，头顶也。行，神气流行也。不见其人，虚也）《黄庭经》云：“子欲不死修昆仑。”（昆仑，山名，喻头顶）均示人修养之要诀也。

夫人之大脑主思想，小脑主运动。而头顶实首出庶物，支配神经，为主宰之枢府，其地位重要如此，宜为修养家所注重。练太极拳者，向主身心合一，内外兼修，精神与肉体二者同时锻炼，故运动时必运智于脑，贯神于顶，务使顶上圆光、虚灵不昧，所以炼神也。

盖头为全身纲领，纲举则目张，头顶悬则周身骨骼正直，筋肉顺遂，偶有动作，全身一致，左右前后，无掣肘之虞矣。

气沉丹田，

丹田，穴名。道家谓“丹田有三。一居头顶，以藏神；一居中脘，以蓄气；一居脐下，以藏精”。此指下丹田也（脐下三寸）。常用深呼吸，使气归纳于此，自能气足神旺。

《黄庭经》云：呼吸庐外入丹田，审能行之可常存。盖常人呼吸短促，每至中脘而回（中脘，横膈膜也），不能下达此处，因之循环迟缓，肺力薄弱，不足以排泄腹中炭养，血脉不能红活。于人之寿命关系至巨。老子曰：“天地之间，其犹橐籥乎？”又曰：“虚其心，实其腹。”盖吐故纳新（吐，吐腹中浊气；纳，吸新鲜空气也），归根复命（根，根蒂，指下丹田命门精气也。归复者，以意逆志于此也），以心意导精气于下丹田而施烹炼也，久之自能延年却病。

下丹田为全身重点所在，习拳术者沉气于此，则屹然不动，不易撼倒；但沉者徐徐而下，在有意无意之间，非若外家之用力下沉，外膨小腹也。倘或不慎，每致肠疝诸症。迩来日本之静坐家刚田虎二郎，罹糖尿病逝世，议者疑系努力下丹田所致，非无因也。

不偏不倚，忽隐忽现。

偏，偏颇失中也。倚，倚赖失正也。隐，隐藏。现，表现。忽隐忽现者，神明不测也。上指身体姿势，下指神气运劲而言。

太极，虚明中正者也，于姿势则必中必正，于运劲若有意无意，使神气意力，全身贯澈，无过不及，忽隐忽现，令人不可捉摸。练习纯熟，便易领悟。

几何学定理，两点之间只可做一直线。太极拳上领顶劲，下守重心，周身中正，便无不是处矣。但领守均须含活泼之意，富自然之趣。过于矜持，则神气凝滞，姿态呆板，运劲不能虚灵，动生障碍矣。故曰“忽隐忽现”也。

左重则左虚，右重则右杳。

此仍承上文而言。吾隐现无常，敌以吾力在左，思更加重吾左方之力，使失平衡。吾则虚以待之，令敌力落空。

敌揣吾右方有力，可以擒制，吾即隐而藏之，虚实易位，随机善应，敌更何所施其技耶?!

仰之则弥高，俯之则弥深。

仰，升；俯，降也。敌欲提吾使上，吾即因而高之。敌欲押吾使下，吾即因而降之。敌遂失其重心，反受吾制矣。因仍变迁，潜移默化，运用之妙，在于一心。

进之则愈长，退之则愈促。

进，前进也。长，伸舒也。退，后退也。促，逼迫也。

吾前进时，倘敌顺领吾劲时，吾则长身以随之，使无可退避。或敌乘势前进，吾即引而伸之，使力到尽头，自不得再逞。吾若退后，敌力逼来，每致迫促，无路可逃，然退而即进，虽促不促矣。《易》云：“天行健，君子以自强不息。”示人遇事当积极进行，不可退缩也。

太极拳虽以柔静为主，但非务退避；其佯退者，乃以退为进，非真退也。若竟退时，倘遇敌随之深入，则逼迫不自安矣。又敌退后时，吾进而迫之使愈促。吾退后时，敌力跟来，吾则或俯身折叠，以促其指腕，或旁按臂弯，使敌促迫不安，而不能再进。全在因势利导，不必拘泥也。

一羽不能加，蝇虫不能落。

羽，翎羽也。加，增之也。落，降也，着也。

言善太极功者，感觉敏锐，稍触即知，稍纵即逝。虽轻如一羽、微如蝇虫，稍近吾体，亦即知觉，趋避而不令加着也。

夫虚灵不昧之谓神，有知觉然后能运动。致虚极，守静笃。寂然不动，感而遂通，有不期然而然者。非锻炼有素，肢体软灵，富有触力，未足语此也。

人不知我，我独知人。英雄所向无敌，盖皆由此而及也。

虚静，则阴阳相合。觉敏，则刚柔互济。敌偶动作，吾无不知。吾之动作，敌尽难知。拳术家所向无敌，盖均由此。

《孙子》曰："善战者无赫赫之功。"又曰："知彼知己，百战不殆。不知彼而知己，一胜一负。"人不知我，我能知人，则所向无敌矣。

斯技旁门甚多，

泛指他项拳术而言。

虽势有区别，

流派不同，姿势各异。

概不外乎壮欺弱，慢让快耳！

他种拳术重力量，尚着法，而不求懂劲。故于机势妙合、运用灵敏、以静制动诸诀，概不过问。

有力打无力，手慢让手快，此皆先天自然之能，

谓力大与敏捷二者，均为天赋的能力。

非关学力而有为也！

非由学而能者。

察"四两拨千斤"之句（见《打手歌》："牵动四两拨千斤。"），显非力胜；

如秤衡称物，滑车起重，全赖杠杆斜面等理。太极拳以小力胜大力，以无力制有力，与科学暗合。

观耄耋能御众之形，快何能为?!

古称七十曰"耄"，八十曰"耋"。年老之人，举动迟缓，然古之名将，如廉颇等，虽老尚能胜众，是必不仅恃手足速快已也。

立如枰準（准，下同），

中正安舒，不偏不倚。脊背三关，自然得路也。

活似车轮。

圆妙庄严，灵活无滞，则周身法轮长转不已矣。

偏沉则随，

偏，指一端也，如吸水机，如撒酒器，使一端常虚，故能引水。如欹器之不堪盈满，满则自覆矣。

双重则滞。

有彼我之双重，有一己之双重。太极拳以虚灵为本，单重尚且不可，况双重乎？

每见数年纯功，不能运化者，率皆自为人制，双重之病未悟耳！

古云：恃德者昌，恃力者亡。《易》曰："天行健，君子以自强不息。"盖言虚则灵，灵则动，动则变，变则化，化则无滞耳。

善应敌者，常致人而不致于人，而况自为人制乎？用功虽纯，苟不悟双重之弊，犹未学耳。

欲避此病，

双重之病。

须知阴阳。

阴阳之解甚多，前已述之，兹不复赘。

粘即是走，走即是粘。

一而二，二而一者也。制敌劲时谓之粘，化敌劲时谓之走。制而化之，化而制之；制即化，化即制也。

阴不离阳，阳不离阴。阴阳相济，方为懂劲。

知彼己之刚柔虚实，则阴阳互为消长。以虚济盈，而不失其机，斯真懂劲。

懂劲后愈练愈精，

反衬不懂劲而愈练愈不精也。

默识揣摩，渐至从心所欲。

懂劲后能自揣摩，默而识之，有余师矣。

本是舍己从人，

毋意，毋必，毋固，毋我。随机应便，不拘成见。

多误舍近求远。

不知机而妄动者，动则得咎。

所谓“失之毫厘，谬以千里”，

区别甚微，人易谬误。

学者不可不详辨焉！是为论。

古人云：“获得真诀好用功。”苟不详为辨别，则真妄费工夫矣。

王新午拳经拳论注解

王新午

王新午（1901—1964），山西汾阳人，著名太极拳家。青年时期就学于北京体育学校。曾从学于著名武术家许禹生、纪子修（纪子修为雄县刘仕俊弟子，精散手及太极，与大枪刘德宽同门，内外兼精），并从吴鉴泉处受太极十三式，又从河北衡水刘恩缓处学岳氏八翻手，转益多师，内外皆精。

1922年王新午又学宋氏太极拳，即宋书铭所传之张三丰太极十三式，精研善悟，深得其要。其先后经几位先辈真传教益，融会贯通，一生致力于技艺奥妙的研究，将之应用于实战无不得心应手，为当时武林高手所敬佩和推崇。

1930年王新午创立山西国术促进会国术操练场，广邀三晋各派名师教拳传技，一时高手云集，盛况空前。

新中国成立后，王于1950年赴京参加第一届全国中医会议，被选为全国中医专门委员会委员。后历任西安市中医医院医务部主任、市中医业余大学副校长。是九三学社社员，西安市中医学会会长、政协陕西省委员会委员。

王一生诊务繁忙，治验颇多，特别长于诊治伤寒、温病，尤善治急症。他对流行性乙型脑炎的治疗亦有较深研究，1956年率中医治疗乙脑小组在西安市传染病院主持流行性乙脑治疗，效果显著。

王一生勤奋好学，手不释卷，除精于医药、武术之外，诗文、书法亦其所长。常勉励子女、后学要多读书，“读书如耕耘，每读一遍必有一遍之收获，细细品玩方得其中之味”。其一生致力于太极拳和医学之研究，著述颇丰，先后著有《太极拳法阐宗》《太极拳法实践》《岳氏八翻手》《王新午医话医案》和《流行性乙型脑炎西安市中医治疗纪实》等，在国内外影响颇广。

王新午太极拳论“附注”

一举动，

举动者，举手动足也。太极拳以动为用，一动无有不动。

又一为数之始，虽微动、略动，皆谓之一举动，胥宜合乎规矩，不得以小而忽之也。

周身俱要轻灵。

周身，全体也；俱，皆也；轻灵，指不重滞而言。

拳式开始后，由一举动以至于无穷动作法式，全体皆毫不重滞，舒畅自然也。

尤须贯串。

尤，更也。贯串，连接不断也。

言练习拳式，既要全体无滞，更须连接不断，则始终轻灵，无丝毫重滞间断参于其间。一式如此，式式作如此观也。

气宜鼓荡，

鼓荡，震动也。气由呼吸之压提升缩，以运动脏腑，使之与体外各式动作合拍，则内外一致，可以助长体力及内劲，故曰气宜鼓荡也。

但如着意努力为之，而离乎轻灵自然之规矩，则不徒无益，反生大害矣。

神宜内敛。

神，精神之现于外者也，如兴奋则趾高气扬，萎靡则垂头丧气，皆神现于外之表示。练拳式时，多有昂首张胸，以示勇武；或心驰外物，而不专一。

敛，收也。言外驰之神，宜收敛于内，犹求其放心之意。

毋使有缺陷处，

毋，勿也。缺陷，破损不完整也。

轻灵贯串，智慧之敏捷使然，鼓荡为气之充，内敛乃神之用。凡此所指，皆勿使有破缺损陷之处，不仅以姿势为言也。

毋使有凸凹处，

凸凹，不平之貌。太极拳之运动，如环无端，如有凸凹之处，则失之矣。

毋使有断续处。

断续者，断而复续也。

太极拳无一式停止、断绝，而再接下式之处。各式脉络互通，一气呵成，故取象乎太极一图。如有断续，义既无取，更何所象乎?

其根在脚，发于腿，主宰于腰，形于手指。

此言意、气、劲三者运行之路线也。根，本也。脚，足底也。语云："至人息以踵。"由踵而生，上发于腿也。

主宰于腰者，以腰脊为全体之主宰也，人体之栋柱。厥惟脊骨，四肢附焉，起落进退，俯仰转折，全赖于腰。脊骨之附着，上实下虚，实者为心胸，虚者为腰腹，以虚灵之故，乃能主宰全体而运用之也。

形于手指者，循腰脊至于肩，至于肘，而腕、而掌，达于手指也。太极拳之运动，以虚灵为本，然若漫然为之，无所主宰，势必浮靡散涣，丧其本真。故必有物以提其纲领，竖其线路，由脚至手指，其内联系贯通，如响斯应，有澈上澈下一贯到底之妙，乃能周身轻灵，运用自如。否则下停于胯膝，中滞于腰脊，上阻于肩肘，则全无是处矣。

由脚、而腿、而腰，总须完整一气。

完整，无阻滞、无断续也。

人体之全重，悉支于两腿，重则不易移动，不能轻灵。今欲使举重如轻，舍此道而无由。然由脚至腰，如有阻滞、有断续，其内劲不完整一气者，仍无由达，仍不能支配身体，使之自如。故曰："总须完整一气。"此要言不烦之秘诀也。

向前退后，乃得机得势。

向前退后，拳法自具之动作也。机，要也，时会也。势，形势也。

拳式之向前退后，为全体之动作，移动全体之重量，而不背上述之道，乃能得其要而不失时会，获得致胜之形势也。反衬不由此道者，其意志为身体状态所支配，而不能支配身体之动作，则绝不能得机得势，即无以达成功之域也。

有不得机得势处，身便散乱，其病必于腰腿求之。

散乱者，不完整也。在习者自身感觉不能轻灵如意，而失机失势，则谓之散乱也。凡此散乱之病，皆发于腰腿。

发于腰，则上体笨滞，运用辄乖；发于腿，则两脚痴重，进退无方，故曰“其病必于腰腿求之”也。此言散乱之病，因于不得机得势，以呼应上文完整之利，可以得机得势。一利一病，全系乎腰腿，反复叮咛，示人以真诀，习者其亦知所重矣。

上下、前后、左右皆然。

前文言得机得势，指向前、退后，犹未足以尽也。

须知无论若何动作，皆关于腰腿内劲之如何。内劲连贯完整，则处处得机得势；其不连贯完整，腰腿各自为政者，则全身散乱，向前、退后及上下、左右之动作，皆不能得机得势矣，所谓一着错则全盘输，故曰“上下、前后、左右皆然”，以明关系之重也。

凡此皆是意，不在外面。

此承上文所列习太极拳之真诀而总括之，恐习者之误会也。

凡上文所言，如周身轻灵贯串、荡气敛神，意为之也；毋使有缺陷、凸凹、断续之处，意为之也；由脚、而腿、而腰、而指，以内劲一线贯串，皆意为之也。必存此意，守此法，念兹在兹。意之所至，气劲随之，内舒畅而外自然，非敷陈于体外，有形可见，有迹可征也。

若误认为外，势必专习腰腿，用力将事。世有此拳法，而此太极拳则非是也。故郑重言之曰“凡此皆是意，不在外面”也。

有上即有下，有前即有后，有左即有右。

上文言习太极拳之体，自此以次，兼言太极拳之用矣。

拳式为法既繁，为意至伙，言其用，则变化万千，非可指数；然得其要者，一言而终。兹示其纲领曰：动作之向上者，上之极则必下；向前者，前之极则必后；向左者，左之极则必右；千变万化，皆不离此原则，是名之曰开合劲、往复劲，为各项应用法所必具，故不厌其烦而列举之也。

如意要向上，即寓下意，若将物掀起，而加以挫之之意，斯其根自断，乃坏之速而无疑。

寓，寄也，存也；掀，揭也，提也。

意要向上者，泛言拳式拳法之任何向上之一动也。即寓下意者，于向上之动作时，即寄存向下之意，不待向上之劲完毕，而始向下也。

若将物掀起而加以挫之之意者，言犹振衣者之掀提衣领，而挫折震动；又如策驷者之举鞭挫折，而生声响，其用劲可比譬也。于是因挫折之故，其根自断，乃坏之极速，而无可疑焉。

在拳法之往复折叠劲，寓折叠于一往一复之中间，无一式一动无之；盖其要全在于意要向上时，已存下意，则蓄劲厚而挫折迅速。若向上之劲毕，始转而向下，则劲薄散不蓄，虽欲掀挫而无从，此即蓄劲如开弓，发劲如放箭之意也。无论上下左右前后，其意皆同。

虚实宜分清楚，一处自有一处虚实，处处总此一虚实。

虚实所在，有以力之有无分之者，误也。太极拳法，全在用意，用意久而渐成自然，称之为懂劲。

凡一动作，有虚有实，先须分晰清楚。如上者为虚，则下者为实；左者为实，则右者为虚，此对待之虚实也。或腕实而肘虚，或掌虚而臂实，此一处自有之虚实也。若此式之运用为虚，彼式之运用为实；或先虚后实，或先实后虚，或虚实相间，以至当虚则虚，当实则实；实中有虚，虚中有实，意之所向，捷若影响，所谓处处总此一虚实也。然非有纯功，何能运用适当哉。

周身节节贯串，无令丝毫间断耳。

言周身者，非支节为之可以成功也。乃混元一气，毛发无遗，若徒练一手一足之能，而得此失彼，如盲者之尚能履，跛者之尚能视者，不足以语此。是必节节贯串，如臂之使掌，掌之使指，万窍毕开，百骸俱通，无使有丝毫间断之处也。此承上文虚实宜分清楚之意而言，一言分晰，则支节为之，失贯串之旨，故再以节节贯串，提醒耳目，丝毫之间断尚不可，况支节分晰而为之乎。

此论以周身起，以周身终，深得行文照应之法。而全篇以贯串及用意两大手眼示人，如“尤贯贯串”“须完整一气”“周身节节贯串”，反复指示；如“凡此皆是意”“意要向上，即寓下意”“若将物掀起，而加以挫之之意”，郑重叮咛；体用悉备，即此是法。

长拳（太极拳亦名长拳）者，如长江大河，滔滔不绝也。十三式者，掤、捋、挤、按、採、挒、肘、靠，此八卦也；进步、退步，左顾、右盼、中定，此五行也；掤、捋、挤、按，即乾、坤、坎、离四正方也；採、挒、肘、靠，即巽、震、兑、艮四斜角也；进、退、顾、盼、定，即火、水、木、金、土也。

此节在旧谱即附于前论之后，兹仍之以存其真，文极明浅，无庸赘注。

董英杰拳经拳论注解

董英杰

董英杰（1897—1961），太极拳名家，河北邢台任县人。祖上务农，自幼聪慧，体弱好武。幼年曾向刘瀛洲习武，又曾师从李增魁学习“十三式”，并向被誉为“太极圣手”的武式太极拳名家李香远学艺，深得武式太极拳之精髓。后又拜杨澄甫为师，并成为其入室弟子，极得杨澄甫所识重，成为杨式传人中代表性的人物之一，杨澄甫之《太极拳使用法》即为其辅助手编。

民国时期董英杰先生在南京打擂，打败了英国拳王，从而威震天下。上世纪30年代，董英杰先生在香港创立了太极拳健身院，广收港、澳弟子传授拳艺，名声显赫。上世纪50年代，董英杰先生应邀前往泰国、马来西亚、新加坡等地教拳授艺。长期在香港、新加坡等地授拳传艺，所传弟子更是遍布世界各地。其子董虎岭、其女董茉莉皆为太极拳界知名人士，并分别在美国、香港等地传播太极拳多年，弟子众多，在国际武术界亦影响甚大。

董英杰先生功底纯厚，拳架气势饱满，融合了杨式、武式太极拳之精华，行拳松柔而不失紧凑，气派宏大。董英杰先生一生致力于太极拳的研究和教育，在技术上颇有创建，在太极拳之理论研究上亦独有心得。著有《太极拳释义》一书，更是受到了广大太极拳爱好者的一致好评。

《太极拳论》注解

太极者，无极而生，阴阳之母也。

不动为无极，已动为太极。空气磨动而生太极，遂分阴阳；故练太极，先讲阴阳，而内包罗万象，相生相克，由此而变化矣。太极本无极生，而阴阳之母也。

动之则分，静之则合。

练太极，心意一动，则分发四肢。太极生两仪、四象、八卦、九宫，即掤、捋、挤、按、採、挒、肘、靠、进、退、顾、盼、定。

静本还无极，心神合一，满身空空洞洞，少有接触即知。

无过不及，随曲就伸。

无论练拳对敌，无过不及。过，逾也。不及，未到也。过与不及皆失中心点。如敌来攻，顺化为曲，曲者弯也。如敌攻，未呈欲退，我随彼退时就伸；伸者，出手发劲也。过有顶之弊，不及为丢，不能随曲为抗，不能就伸为之离。

谨记丢、顶、抗、离四字，如功能不即不离，方能随手凑巧。

人刚我柔谓之走，我顺人背谓之黏。

比如两人对敌，人力刚直，我用柔软之手搭上敌之刚直上，如皮鞭打物然，实实搭在他劲上，能放能长，他想摔开甚难。

如他用大力，我随粘他手腕，往后坐身，手同时不离，往怀收转半个圈，为之走化也；向他左方伸手，使敌身侧不得力，我为顺，人为背，黏他使不能走脱矣。

动急则急应，动缓则缓随。

今同志知其柔化，不知急应之法，恐难与外功对敌。急，快也。缓，慢也。如敌来缓则柔化跟随，此理皆明。如敌来甚速，柔化乌能取哉？则用太极截劲之法，不后不先之理以应敌。

何为“截劲”？如行兵埋伏，突出截击之。何为“不后不先”？如敌手已发未到之际，我手截入敌膊未直之时，一发即去，此为迎头痛击。动急由急应，此非真传不可。

虽变化万端，而理惟一贯。

与人对敌，如推手或散手，无论何着数，有大圈，有小圈，半个圈。阴阳之奥妙，步法之虚实，太极之阴阳鱼，不丢顶之理，循环不息，变化不同，太极之理则一也。

由着熟而渐悟懂劲，由懂劲而阶及神明。然非用力之久，不能豁然贯通焉。

着者，拳式也。今同志专悟懂劲，故不能发人。先学姿势正确，次要熟练，渐学懂劲。古人云：“不揣其本而齐其末，方寸之木，可使高于岑楼。”此句先求姿势，后悟懂劲，不难而及神明。

神明言拳精巧。豁然贯通，即领悟得拳奥妙，能气行如九曲珠，太极理通焉。非久练久熟，何能及此境耶?!

虚领顶劲，气沉丹田，不偏不倚。

顶者，头顶也，此处道家称为“泥丸宫”，素呼“天门”。顶劲非用力上顶，要空虚，要头容正直，精神上提，不可气贯于顶。练久眼目光明，无有头痛之病。

丹田在脐下余，即小腹处，一身元气总聚此地位。行功如气海发源，环流四肢。气归丹田，身与气不偏倚。如偏倚，犹瓷瓶盛水，瓶歪倒，则水流出矣。丹田偏倚，则气不能归聚矣。此说法佛家称“舍利子”，道家称“练丹”，如此练法，气壮多男，工夫外有柔软筋骨，内有坚实腹脏，气充足，百病不能侵矣。

忽隐忽现，左重则左虚，右重则右杳。

隐者，藏也。现者，露也。隐现之法，与人对敌，犹神明难测之妙。

如敌来击至我身，我身收束为忽隐，使敌不能施其力；如敌往回抽时，我随跟进为忽现。敌不知我式高低上下，无法抵挡我手。

练太极如河中小船，人步临其上，必略偏沉忽隐，又裹步必随起忽现，犹龙之变化，能升能降；降则隐而藏形，现则飞升太虚与云吐露。此理言太极能高低，隐现即忽有忽无之说。

重者，不动也。与人对敌，不动可乎？如用拳，必以身体活动，手脚灵捷，然后可以迎敌。敌如击我左方，我身略偏，虚无可逞；击我右方，我右肩往收缩，使其拳来无所着，我体灵活，不可捉摸，即左重左虚，右重右杳。

仰之则弥高，俯之则弥深。

仰为上，俯为下。敌欲高攻，吾即因而高之而不可及；敌欲押吾下，因而降使敌失其重心。与己说，仰之弥高眼上看，心想将敌人掷上房屋；俯之弥深，想将敌人打入地内。

班侯先生有轶事，六月某日在村外场（即北方收粮地方）乘凉，突来一人拱手曰："访问班侯先生居处。"答："吾即杨某也。"其人疾出大、食、中三指击之，班侯师见场有草房七尺高，招手说："朋友，你上去罢。"将其掷上，又言："请下罢，速回医治。"乡人问曰："何能掷其上？"曰："仰之弥高。"乡人不解其说。

北方有洛万子从学焉，习数年，欲试其技。班侯师曰："将你掷出元宝式样可乎？"万笑曰："略试之。"较手如言，两手两脚朝天，右胯着下如元宝形，入地不能，将胯摔脱矣。医好，至今腿略颠跛。此人拳甚好，其人至今还在，常曰："俯之弥深，利害极矣。"

进之则愈长，退之则愈促。

长者，进也。促者，迫也。与人对敌时，可进不可退，伸手长劲，我手愈进愈长，不进则短。

我击敌，敌退时我进身跟步，促迫敌不能逃也；敌不逃脱，我为顺，敌为背，可能施其机，总言之，即粘、连、黏、随之意义矣。

一羽不能加，蝇虫不能落。

练功久，感觉灵敏，稍有接触即知。犹如一鸟毛之轻，我亦不驮；蝇虫之小，亦不能着落我身；即便着落琉璃瓶内，光滑不能立足，我以化力，将蝇虫分磋矣。如此可谓太极之功成矣。

昔班侯先生有一轶事，六月行功时，常卧树荫下休息。或有风吹一叶落身上，不能存留，随脱流而落地下。自常试己功，解襟仰卧榻上捻金米（即小米）少许，置于脐上，听呼一声，小米犹弹弓射弹一样，飞射瓦屋顶相接。班侯先生之功可为极矣，同志宜为之。

人不知我，我独知人。英雄所向无敌，盖皆由此而及也。

与人对敌，不出有一定架势，使敌无处入手。如诸葛用兵，或攻或守，敌莫能预测。谚云："不知我葫芦卖的是什么药。"敌不知我。练太极有审敌之法，如搭手素熟懂劲，我手有灵动知觉，敌手稍动，我早知来意，随手凑巧，一发即出。

如离远用审敌法，一望即知其动作。兵法云："知己知彼，百战百胜。"英雄所向无敌，盖皆由此而及也。

斯技旁门甚多，虽势有区别，概不外乎壮欺弱，慢让快耳！有力打无力，手慢让手快，此皆先天自然之能，非关学力而有为也！

虽拳类繁多，各门姿势用法不同。总而言之，盖注重手快力大则也。此种说法，人生就有，非学而得也。各拳著名人亦甚多，但未有太极之理之精微奥妙也。

察"四两拨千斤"之句，显非力胜；

圣人云："以力服人者，非心服也。"学艺能无力打有力，手慢胜手快，以巧治敌，能使人实地心服，亦不愧学艺之苦心矣。练太极能引进落空，虽千斤力无所用矣。能灵活才有落空之妙；能引进落空，四两拨千斤之妙得矣。

昔有一轶事，京西有富翁庄宅如城，人称为"小府张宅"。其人爱武，家有镖师三十余人。性且好学，闻广平府杨露禅名著，托友武禄青者往聘。及请至，张见其人瘦小，身未五尺，面目忠厚，身衣布衣，遂招待其礼不恭，宴亦不盛。露禅先师会意，遂自酌自饮不顾其他，张不悦曰："常闻武哥谈先生盛名，不知太极能打人乎？"露禅知谦不成，遂曰："有三种人不可打。"张问："何为三种？"答曰："铜铸的，铁打的，木作的。此三种人不容易打，其外无论。"张曰："敝舍卅余人，冠者刘教师，力能举五百斤，与戏可乎？"答曰："无妨一试。"刘某来式猛如泰山，拳风飕声。临近，露禅以右手引其落空，以左手拍之，其人跌出三丈外。张抚拳笑曰："先生真神技矣。"遂使厨夫，重新换满汉盛宴，恭敬如师。刘力大如牛，不巧安能敌手。由此知彼显非力胜之能为功也。

观耄耋能御众之形，快何能为?!

七八十岁为耄耋，能御众人，指练拳言。不练拳，即年壮，敌一二人难矣。用功人自学拳日起，至老未脱功夫，日久筋骨内壮，气血充足，故七八十岁能敌众人。犹战定军山，老黄忠言“人老马不老，马老刀不老”，其言甚壮。练太极拳人老精神不老，能敌多人，概此意也。

昔健侯太师遗事。有日天雨初晴，院泥水中一小路，可容一人行，门生赵某立其间观天，不知老先生自屋出，行赵后焉。欲为戏，伸右膊轻轻押赵右肩上，赵某觉似大梁押肩，身弯曲侧坐，移出路。老先生笑而不言，行出。

又一日，足立院中，言与众捕为戏。有门生八九人齐拥上来，见老先生几个转身，众人齐跌出，有丈余的，有八九尺远的。老先生年近八十，耄耋御众，非妄言也。

快何能为？此快字言无着数之快，谓之忙乱，忙乱之快无所用矣。非快不好，快而有法，然后可用矣。

立如枰準，活似车轮。

立如平准，即立身中正不偏，方能支撑八面，即乾、坤、坎、离、巽、震、兑、艮，即四正、四斜方向也。

活似车轮，言气循环不息。古人云：“得其环中，以应无穷。”腰如车轴，四肢如车轮，如腰不能做车轴，四肢不能动转，自己想使车轴转，可多浇油腰轴，油满方好。同志细细体会，自得之，勿须教也。

偏沉则随，双重则滞。

前说有车轮之比，犹如用一脚蹬轮偏，自然随之而下。何为“双重”？犹如右脚蹬上右方，左脚蹬上左方，两力平均自滞而不转动。此理甚明，勿须细说。

每见数年纯功，不能运化者，率皆自为人制，双重之病未悟耳！

最浅解说，同志得许多宜处。譬如有几人练太极，日日用功五六年，与人较，反被敌制。同志问曰：“你用功五六年，可为纯工矣。何其不胜？请表演十三势观之。”见其练法，骑马、坐裆、握拳、怒目、咬牙，力大如牛，气也未敢出，此为双重练法。同志笑曰：“专驾未悟双重之病耳！”

又一人曰：“我不用力，练五六年，为何连十岁顽童也打不倒？”同志请演十三势，见其练法毫不着力，浮如鹅毛，手足未敢伸，眼亦未敢开大。同志笑曰：“尊驾为双浮误矣。双重为病，双浮亦为病。”众笑曰：“却实练法，何能得之？”

预避此病，

双重、双浮之病。预避此病，现今易耳。有此拳书，容易知之。此书阅法，先阅一遍，拳理甚多，不能一阅就全懂。日后可练十日拳，阅一日书，慢慢此书功效大著矣。如有一节悟明料难，可问高明老师可也。

须知阴阳。粘即是走，走即是粘，阴不离阳，阳不离阴；阴阳相济，方为懂劲。

阴阳即虚实，总而言之，粘连走化，懂敌之来劲。前解甚多，不必多叙。

懂劲后愈练愈精，默识揣摩，渐至从心所欲。

能懂敌之来劲，加以日日习练，即久练久熟之意。揣摩就是悟想老师教的使用法。极熟，出手心想即至，从心所欲得之矣。

本是舍己从人，

与敌对手，知要随人所动，不要自动。吾师澄甫先生常言由己则滞，从人则活。能从人便得落空之妙。由己反不能由己，能从人就能由己；此理极确实，极奥妙。同志功夫练不到此地位，恐不易知耳。此说极明显，佛经云“我说牛头有角”，即明显之意也。

多误舍近求远。斯谓“差之厘毫，谬以千里”，学者不可不详辨焉！是为论。

与敌对手，多是不用近，而用远。静以待动，机到即发，为近；出手慌忙，上下寻处击敌，为远。太极之巧，分寸之大，厘毫之小，所以不可差也。如差厘毫，如千里之远。练拳对手，同志不可不注意焉。

王宗岳原序解明

以心行气，务令沉着，乃能收敛入骨。

平时用功，练十三势时，用心使气，缓缓行于骨肉内外之间，意为向导，气随行。

练拳姿势要沉舒，心意要贵静，心不静不能沉着，不能沉着，则气不收入骨，即是外劲非内劲矣。练太极拳须能敛入骨，此真正太极劲也。

以气运身，务令顺遂，乃能便利从心。

欲使气浑身流通，必须将十三势校正务错，姿势上下顺遂，劲不逆扭，方能使气流通。如姿势顺遂，手脚运用，从心所欲矣。

精神能提得起，则无迟重之虞，所谓顶头悬也。

精神为一身之主，不但练拳，无论做何事，有精神则迅速，无之则迟慢；故谈拳必以提起精神为先。

欲要提起精神，须头容正直，要顶劲，泥丸宫虚灵劲上升，此法悟通，即提起精神之法也。

意气须换得灵，乃有圆活之趣，所谓变化虚实也。

意气，即骨肉内流动物也。至于练拳打手，欲得莫可名状之佳趣，须使此种流动物流行全身。意左即左，意右即右，斯为太极有虚实之变化。

意气之换法，犹如半瓶水，左侧则左荡，右侧则右荡；能如是，不但得圆活之趣，更有手舞足蹈之乐，至此境地，纵有人阻我练拳，恐欲罢不能也。

发劲须沉着松净，专注一方。

与人敌，先将对方治住，窥其易失重心之方向，发劲打之。

发劲无论出何手，肩肘要沉下，心中要松净。我劲不散，专注一方，敌不难跌出丈外矣。

立身须中正安舒，支撑八面。

头容正直，尾闾中正，身即不偏，内心要舒展，以静待动。腰腿如立轴，手膊如卧轮，回转如意，方能支撑八面。

行气如九曲珠，无微不到。

九曲珠者，即一个珠内有九曲湾也。人身譬如珠，四肢百骸无不湾也。能行气达四肢，无处不到者，功成矣。

运劲如百炼钢，无坚不摧。

运劲如百炼钢，即内劲，非一朝一夕之功也。须经若干岁月练习，慢慢磨炼而成，犹如荒铁一块，慢慢练成纯钢，用作刀剑，则其锋利无比矣。

由太极拳练成精细如钢之功，铁人亦能打坏，何况对敌者为血肉之躯乎？故曰无坚不摧也。

形如搏兔之鹘，神如捕鼠之猫。

鹘者，鹰类也，冬猎用之。此言与人对敌，我形式如鹰鹘，见物擒来，眼要注视敌人，一搭手就可将敌擒到，如鹘搏兔之状。

猫形肖虎，其捕鼠也，伏身坐后腿以待，全神贯注鼠洞，鼠出则突继捕之。太极有涵胸拔背之势，如猫捕鼠之神态，蓄机而发也。

静如山岳，动若江河。

用功日久，腿下有根，站立如山，人力不可动摇也。

江河之喻，言各种变化无穷。一手变十手，十手变千百手，滔滔不绝，如长江大河也。

蓄劲如张弓，发劲如放箭。

蓄者藏也。太极劲不在外而藏于体内。与敌对手时，内劲如张弓将射之圆满，犹皮球有气充之。

敌人伏我膊，虽觉绵软而不能按下，使敌莫名其妙，敌方狐疑不定，不知我弓已引满待发矣。我如弓，敌如箭，发劲神速，敌如箭跌出矣。

曲中求直，蓄而后发。力由脊发，步随身换。收即是放，断而复连。

曲中求直，即随曲就伸之意。蓄而后发，力由脊发，一理也。与神如捕鼠之猫之理同，数语道尽矣。

往复须有折叠，进退须有转换。

与人对敌，或来或往，折叠即曲肘湾肱之式。此系近身使用法，离远无用。

进退勿泥一式，须有转换，随机而变化也。

极柔软而后极坚刚，能呼吸然后能灵活。

练十三势要用柔法，功成后生出柔中含刚内劲。

呼吸者，吸能提得人起，使敌足跟离地。呼则从脊内发出全身之劲，放得人远出。呼吸灵通，身法方能灵活无滞也。

气以直养而无害，劲以曲蓄而有余。

练太极是养气之法，非运气之法也。何谓运气？勉强出力使气，气必聚于一处，不能行于四肢。此法违反自然，易伤内脏。何谓养气？孟子云：我善养吾浩然之气，不急不躁，先天气生，静心养性。练拳使精气神合一，行气如九曲珠，继未获益，亦无害也。

与人对敌，勿使膊伸直；须上下相随，步随身换，膊未直而力有余，敌者击即跌出，此即劲以曲蓄而有余也。

心为令，气为旗，腰为纛。

太极之理，犹行军战事，必有令旗指挥驱使，练太极亦然；心为令者，以心行气也，能使气如旗，意之所至，气即随之，是即心如令、气如旗。

腰为纛者，即军中大纛旗也。小旗主动，大旗主静。拳法腰可作车轴之转，不能倒拗大纛旗也。

先求开展，后求紧凑，乃可臻于缜密矣。

开展，大也。初学练拳，先求姿势开大，以松其筋肉，所谓舒筋活血也，能转弱为强。强而后，研究外能筋骨肉合一，内有精气神相聚，谓之紧凑。

内外兼修，加以动静变化，自开展而及紧凑，由健体而及实用，乃臻缜密之境。如说拳有大练小练，则误矣。

彼不动，己不动；彼微动，己先动。

言与敌搭手，自己不动，精神要注意警戒。待对手欲动之际，我手已动之在先矣。

劲似松非松，将展未展，劲断意不断。

太极拳出手，似松实非松，伸出以将直未直为度。练拳宜不断，如一线串成，及乎使用对敌，便无一定之方式；发劲之姿势，外形似断而意未少懈也，犹如莲藕折断而细丝尚连焉。老振师傅尝言：劲断意不断，藕断丝连，盖此意也。

先在心，后在身。

初学对敌，用心之专，恐不能胜。练成之后，毋须有心之变化，身躯受击，自能随机应敌，心中不知而敌已跌出矣。此即为不知手之舞之。

初学之心，成功后在身，犹如初学珠算，心先念歌而后手操之，熟用后心虽不歌，而手亦能运用如意也。是先在心、后在手，拳理亦然。

腹松静，气敛入骨，神舒体静。

腹虽注意犹松舒，勿鼓劲，气敛入骨，则骨肉沉重；外如棉花，内似钢条，犹棉花裹铁，外柔而内刚。

刻刻在心，切记一动无有不动，一静无有不静。

刻刻犹时时也。谨记一动则全身有尺寸跟随而动，忌全身零碎乱动。犹如火车，车头动则诸车厢随焉。太极动时劲要整，虽整而又活。

身虽动，心贵静。

心静则全身皆静，静中又寓动焉。

牵动往来，气贴背，敛入脊骨。内固精神，外示安逸。

牵动往来，即收放之义。气收入贴藏于脊背，蓄而待发。精力内固，外表文雅安逸，虽练武而犹文也。

迈步如猫行，运劲如抽丝。

太极拳行走，大多足跟先着地，如猫行之轻灵，含有蓄神之意。

练拳运劲如抽丝，均匀不断。运内劲时，自下由腿顺转而上，从胳膊顺拧而出，如将一把生丝顺扭。反放之，即倒转由上将劲收回身内，此即为缠丝劲。

全身意在蓄神不在气，在气则滞，有气者无力，无气者纯刚。

人身有三宝曰：精、气、神，太极拳以意运劲，然非故意运气。如运气膨胀，则滞而不灵。有气者无力，有浊气者，自觉有力，人觉我无力；无气者纯刚，无浊气者即生绵力，意到则力至。

设用力搭在敌人膊上，如用皮条将彼搭住，我虽未用力，对方则觉我手膊重如泰山。不用直力则生巧，无浊气者为纯刚。

气如车轮，腰如车轴。

全身意气如车轮流动，腰为一身之主宰。腰如车轴能圆转，所以变化在腰间也。

又曰：彼不动，己不动；彼微动，己先动。

与敌对搭手，自己不动，待对手一动之际，我手动之在先矣。

似松非松，将展未展，劲断意不断

太极拳出手，说松亦不松，伸出以未直为度，练拳可以不断有一定之姿势，能以线串成。

如讲对敌使用，无一定之姿势，发人出去，我之姿势，外形似有所断，而我意未少懈也。犹如莲藕折断，内细丝不断，以此譬喻，容易明了，杨老师常言“劲断意不断，藕断丝连”，盖此意也。

《行功口诀》详解

一举动，周身俱要轻灵，尤须贯串。

练拳时一举一动，凡应动之姿势，手足俱要轻灵（即不用勉强力），身子略有腾空意思。又应含有活泼意思，毫无迂滞而极顺熟。

一套拳由头至尾，贯串而不中断，即是一气呵成之谓。在练拳中，身躯任何部分于动作时，应表现轻巧而非浮滑，灵活而非虚渺。

夫轻灵者，轻中而含有劲于其间，与浮而无倚之轻者不同；灵者含有机警智慧，与虚渺无根者又不同。然动作既得轻灵之妙，应注意其贯串；贯串者，不断之谓也，如长江大河，滔滔不绝，绵延之意。

气宜鼓荡，神宜内敛。

气宜鼓荡，呼吸即气之表现。鼓荡似湖中之水，随微气而鼓荡，一起一伏，轻微而有次序。神宜内敛，静心凝神，用意思将精神收敛入内，斯为内敛。

所谓气者，对于人体则不外呼吸。太极拳之所谓气者，即内功。除呼吸之外，尚有一种体内之养气，该气混合于血球间之气，俗称气功。太极拳之练此种气，非徒然或勉强可得，必先练意；从意之修养，而至于自觉自悟，穷神达化之气功。生理学所谓人体之血球，当其运行时，有一种无体之气，此即养气，当于血球相扣而行。设无此种养气之存在，则血不能行，此气乃人体有生具来之纯然正气。凡练拳者，能功致于意气相生，延年益寿之效寓焉，目鼻之呼吸虽在动之时，倘能保持与安静时无大差别，则体内之气用之不竭矣。

神者，意之表现，心之征象。心露于目，故一举动均自心生，所谓心为令，气为旗也，在举动之瞬息间，心之所欲，尽现于神，神露则必为敌所知。故致力于修养时，亦应保藏精神。

无使有缺陷处，无使有凹凸处，无有断续处。

练拳宜求圆满，不可参差不齐，又不可忽高忽低。宜缓慢平均不停，不使中间有断。

其根在脚，发于腿，主宰于腰，形于手指，由脚而腿、而腰，总须完

整一气，向前退后，乃能得机得势。

练法须上下相随，劲自足跟起，形于腿，达于腰，由脊而膊，行于手指，周身一气。用时前进、后退，上至手，下至步，无处不得力，其劲乃不可限量。

根者，立身之根基，即马步；腰者，人体上下相接连之部位也；指者，即两手之指也。

有不得机得势处，身便散乱，其病必于腰腿求之，上下、前后、左右皆然。凡此皆是意，不在外面。

病不在外面，全在意内。意不专，则神不聚，步法不得当，即不能得机得势。不得势，手脚乱矣。不论练拳推手或对敌，如马步不坚固，则不得势。甚至于手足无措，身势散乱，其致败之病，在于腰腿。

腰当纛，纛者，兵之司令旗也。腰之运用不灵活，犹兵之失其主宰，鲜有不乱者，腰之重要可知矣。所以求尾闾中正，马步不大不小，站步适当，兼顾四面八方。如有不得力处，非关外在形式，皆由心不专也。

有上则有下，有前则有后，有左则有右。如意要向上，即寓下意，若将物掀起，而加以挫之之力，斯其根自断，乃坏之速而无疑。

凡与人对敌，上部有受敌之虞，则下部亦有防敌之需。进攻之际，亦须作退后之备。或前方不能进迫，可从后方偷袭；左边须防卫，右边亦需警戒。有上则有下，此即人攻我上，须防其下。我攻其上，预击其下。或攻其上者，实欲动其下，而乘虚袭之。有前则有后，攻即向前，须先防中敌之计。故预备后退，亦进可攻、退可守之意也。

有左则有右，左顾右盼也，我向敌正面攻击，如失中央突破之机，则当谋左右奇兵抄袭。所谓左重则左虚，而由右击之。

当对敌时，敌方之根基，亦犹我之马步，设其根基稳固，若徒以巨力推之，殊不容易。故欲向上部击之，当先注意其下部，运用机智，使其下部动摇；或诱敌进步，乘时突然攻其上，则对方之根基即动，当可迎劲而倒。譬如欲拔起一树，苟徒抱其干，可将之掀起乎？必先锄其根，令其盘据于混土之根既松且断，则略微力移其重心，势必倾倒而无疑矣。此言与人搭手，先将彼动摇，立足不定，猛力一推即倒。

虚实宜分清楚，一处有一处虚实，处处总此一虚实。

练拳与对敌，总不离一虚一实。虚能实，实又能虚。人不知我，妙在其中矣。

全部太极拳之精华奥妙，尽在虚实二字之运用，马步有虚实，肩肘掌指有虚实，身形转换变化亦含虚实。虚实分清，自然运用自如。

然虚实在练拳时，则易领悟，惟施之于推手或敌对，则非经名师指导，再下苦功，实难领略也。缘练拳之知虚实，乃自我之虚实，推手及敌对之虚实，则须知彼功夫矣。

在练拳而论，凡动之聚者为实，至对敌之虚实，瞬息万变，殊非笔墨可能揭。

周身节节贯串，无令丝毫间断耳。

全身骨节顺合连贯，气须流通，意无间断。

陈微明拳经拳论注解

陈微明

陈微明（1881—1958），著名武术家，又名慎先，湖北省蕲水县（今浠水）人，清光绪二十八年（1902）壬寅科举人，曾任清史馆纂修。1915 年从孙禄堂精习形意、八卦等拳艺；后从杨澄甫专习杨式太极拳 8 年，并得到杨健侯亲自指点，深得杨式太极之精髓，明杨式之势、理、法、诀。

乙丑（1925）年，陈微明先生南下上海，于宁波同乡会内创办致柔拳社，传授太极、八卦、形意诸拳，主要推广杨式太极拳，沪上名人王一亭、聂云台等均来就学，并集结多年习拳心得，于同年出版《太极拳讲义》《太极拳问答》二书；此二书堪称早年所出版之杨式太极拳诸书中，最具权威之著作，内并有澄甫先生早年拳架照片，可谓是弥足珍贵。太极拳能从北京南传至上海、广州等地，与陈微明积极推广宣传息息相关，从这个角度来说，陈先生当居首功。

陈微明先生性情豁达，胸怀坦荡，无门户之见，常邀吴鉴泉、杨健侯、杨澄甫、孙禄堂等到致柔拳社任教，人称“好好先生”。1931 年曾为国术团体筹组联合委员会起草会章。1942—1943 年亲任致柔拳社社长。1948 年由台湾回大陆，介绍台湾同胞学习太极拳情况，为两岸武术交流做出了很大的努力，可以说陈微明先生是一位文武兼备的优秀武术家，为太极拳的推广和发扬做出了杰出的贡献。

《太极拳论》注解

太极者，无极而生，阴阳之母也。

阴阳生于太极。太极本无极。太极拳处处分虚实阴阳，故名曰“太极拳”。

动之则分，静之则合。

我身不动，浑然一太极。如稍动，则阴阳分焉。

无过不及，随曲就伸。

此言与人相接相黏之时，随彼之动而动。彼屈则我伸，彼伸则我屈，与之密合，不丢不顶，不使有稍过及不及之弊。

人刚我柔谓之走，我顺人背谓之黏。

人刚我刚，则两相抵抗。人刚我柔，则不相妨碍，不妨碍则走化矣。既走化，彼之力失其中，则背矣。我之势得其中，则顺矣。以顺黏背，则彼虽有力而不得力矣。

动急则急应，动缓则缓随。虽变化万端，而理惟一贯。

我之缓急，随彼之缓急，不自为缓急，则自然能黏连不断。然非两臂松净，不使有丝毫之拙力，不能相随之如是巧合。若两臂有力，则喜自作主张，不能舍己从人矣。

动之方向缓急不同，故曰“变化万端”。虽不同，而吾之黏随，其理则一矣。

由着熟而渐悟懂劲，由懂劲而阶及神明。然非用力之久，不能豁然贯通焉。

着熟者，习拳以练体，推手以应用。用力既久，自然懂劲而神明矣。

虚领顶劲，气沉丹田，不偏不倚，忽隐忽现。

无论练架子及推手，皆须有虚灵顶劲、气沉丹田之意。

不偏不倚者，立身中正，不偏倚也。

忽隐忽现者，虚实无定，变化不测也。

左重则左虚，右重则右杳。

此二句即解释忽隐忽现之意，与彼黏手，觉左边重，则吾之左边与彼相黏处即变为虚。右边亦然。

杳者，不可捉摸之意。与彼相黏，随其意而化之，不可稍抵抗，使之处处落空。

仰之则弥高，俯之则弥深，进之则愈长，退之则愈促。

彼仰则觉我弥高，如扪天而难攀。彼俯则觉我弥深，如临渊而恐陷。彼进则觉我愈长而不可及，彼退则觉我逾逼而不可逃。皆言我之能黏随不丢，使彼不得力也。

一羽不能加，蝇虫不能落，人不知我，我独知人。英雄所向无敌，盖皆由此而及也。

一羽不能加，蝇虫不能落，形容不顶之意。技之精者，方能如此。盖其感觉灵敏，已到极处，稍触即知。能功夫至此，举动轻灵，自然人不知我，我独知人。

斯技旁门甚多，虽势有区别，概不外乎壮欺弱，慢让快耳！有力打无力，手慢让手快，此皆先天自然之能，非关学力而有为也！

以上言外家拳术，派别甚多，不外以力、以快胜人。以力以快胜人，若更遇力过我、快过我者，则败矣。是皆充其自然之能，非有巧妙如太极拳术之不恃力、不恃快而能胜人也。

察“四两拨千斤”之句，显非力胜；观耄耋能御众之形，快何能为?!

太极拳之巧妙，在以四两拨千斤。彼虽有千斤之力，而我顺彼背，则千斤亦无用矣。

彼之快乃自动也，若遇精于太极拳术者，以手黏之，彼欲动且不能，何能快乎？

立如枰準，活似车轮。

立能如平准者，虚灵顶劲也。活似车轮者，以腰为主宰，无处不随腰运动圆转也。

偏沉则随，双重则滞。

何谓“偏沉则随，双重则滞”？譬两处与彼相黏，其力平均，彼此之力相遇，则相抵抗，是谓双重。双重则二人相持不下，仍力大者胜焉。

两处之力平均，若松一处，是谓“偏沉”，我若能偏沉，则彼虽有力者，亦不得力，而我可以走化矣。

每见数年纯功，不能运化者，率皆自为人制，双重之病未悟耳！

有数年之纯功，若尚有双重之病，则不免有时为人所制，不能立时运化。

若欲避此病，须知阴阳。黏即是走，走即是黏；阴不离阳，阳不离阴，阴阳相济，方为懂劲。

若欲避双重之病，须知阴阳。阴阳即虚实也。稍觉双重，即速偏沉。虚处为阴，实处为阳，虽分阴阳，而仍黏连不脱，故能黏能走。

阴不离阳，阳不离阴者，彼实我虚，彼虚我又变为实，故阴变为阳，阳变为阴。阴阳相济，本无定形，皆视彼方之意而变耳。如能随彼之意，而虚实应付，毫厘不爽，是真可谓之懂劲矣。

懂劲后愈练愈精，默识揣摩，渐至从心所欲。

懂劲之后，可谓入门矣。然不可间断，必须日日练习，处处揣摩，如有所悟，默识于心，心动则身随，无不如意，技日精矣。

本是舍己从人，多误舍近求远。

太极拳不自作主张，处处从人。彼之动作，必有一方向，则吾随其方向而去，不稍抵抗，故彼落空，或跌出，皆彼用力太过也。如有一定手法，不知随彼，是谓舍近而求远矣。

斯谓“失之毫厘，谬以千里”，学者不可不详辨焉！

太极拳与人黏连，即在黏连密切之处而应付之，所谓不差毫厘也。稍离则远，失其机矣。

此论句句切要，并无一字敷衍陪衬，非有夙慧不能悟也。先师不肯妄传，非独择人，亦恐枉费工夫耳。

太极拳之精微奥妙，皆不出此论。非有夙慧之人，不能领悟。此术不可以技艺视之也。

《十三势说略》注解

一举动，周身俱要轻灵。

不用后天之拙力，则周身自然轻灵。

尤须贯串。

贯串者，绵绵不断之谓也。不贯串则断，断则人乘虚而入。

气宜鼓荡，神宜内敛。

气鼓荡则无间，神内敛则不乱。

无使有凸凹处，无使有断续处。

有凹处，有凸处，有断时，有续时，此皆未能圆满也。

凹凸之处，易为人所制，断续之时，易为人所乘，皆致败之由也。

其根在脚，发于腿，主宰于腰，形于手指。由脚、而腿、而腰，总须完整一气；向前退后，乃得机得势。

庄子曰："至人之息以踵。"太极拳术，呼吸深长，上可至顶，下可至踵，故变动其根在脚。由脚而上至腿，由腿而上至腰，由腰而上至手指，完整一气。故太极以手指放人，而跌出者，并非仅手指之力。其力乃发于足根，而人不知也。上手、下足、中腰，无处不相应，自然能得机得势。

有不得机、不得势处，身便散乱，其病必于腰腿求之。

不得机，不得势，必是手动而腰腿不动；腰腿不动，手愈有力，而身愈散乱，故有不得力处，必留心动腰腿也。

上下、前后、左右皆然；凡此皆是意，不在外面。有上即有下，有前即有后，有左即有右。

欲上欲下，欲前欲后，欲左欲右，皆须动腰腿，然后能如意。虽动腰腿，而内中有知己知彼、随机应变之意在。若无意，虽动腰腿，亦乱动而已。

如意要向上，即寓下意。若将物掀起而加以挫之之力，斯其根自断，乃坏之速而无疑。

此言与人交手时之随机应变，反复无端，令人不测，使彼顾此而不能顾彼，自然散乱，散乱则吾可以发劲矣。

虚实宜分清楚。一处自有一处虚实，处处总此一虚实，周身节节贯串，无令丝毫间断耳。

练架子要分清虚实，与人交手，亦须分清虚实。此虚实虽要分清，然全视来者之意而定；彼实我虚，彼虚我实，实者忽变为虚，虚者忽变为实，彼不知我，我能知彼，则无不胜矣。

周身节节贯串，“节节”二字，以言其能虚空粉碎。能虚空粉碎，则处处不相牵连，故彼不能使我牵动，而我稳如泰山矣。虽虚空粉碎、不相牵连，而运用之时，又能节节贯串，并不相顾；如常山之蛇，击首则尾应，击尾则首应，击其背则首尾俱应，夫然后可谓之轻灵矣。

譬如以千斤之铁棍，非不重也，然有巨力者，可持之而起；以百斤之铁链，虽有巨力者，不能持之而起，以其分为若干节也。虽分为若干节，而仍是贯串，练太极拳，亦犹此意耳。

长拳者，如长江大海，滔滔不绝也。

太极拳亦名长拳。杨氏所传有太极拳，更有长拳，名目稍异，其意相同。

十三势者，掤、捋、挤、按、採、挒、肘、靠，此八卦也。

进步、退步、右顾、左盼、中定，此五行也。

掤、捋、挤、按，即坎、离、震、兑四正方也；

採、挒、肘、靠，即乾、坤、艮、巽四斜角也。

进、退、顾、盼、定，即金、木、水、火、土也。

太极拳名式及掤、捋、挤、按已见前。

原书注云：以上系武当山张三丰祖师所著，欲天下豪杰，延年益寿，不徒作技艺之末也。

十三势行功心解

以心行气，务令沉着，乃能收敛入骨。以气运身，务令顺遂，乃能便利从心。

以心行气者，所谓意到气亦到，意要沉着，则气可收敛入骨，并非格外运气也。气收敛入骨，工夫既久，则骨日沉重，内劲长矣。

以气运身者，所谓气动身亦动，气要顺遂，则身能便利从心，故变动往来，无不从心所欲，毫无阻滞之处矣。

精神能提得起，则无迟重之虞，所谓顶头悬也。

有虚灵顶劲，则精神自然提得起；精神提起，则身体自然轻灵。观此，可知舍精神而用拙力者，身体必为力所驱使，不能转动如意矣。

意气须换得灵，乃有圆活之趣，所谓变转虚实也。

与敌相黏，须随机换意，仍不外虚实分得清楚，则自然有圆活之妙。

发劲须沉着松净，专主一方。

发劲之时，必须全身松净。不松净，则不能沉着，沉着松静，自然能放得远。

专主一方者，随彼动之方向而直去也。随敌之势，如欲打高，眼神上望；如欲打低，眼神下望；如欲打远，眼神远望。神至则气到，全不在用力也。

立身须中正安舒，支撑八面。

顶头悬，则自然中正；松静，则自然安舒；稳如泰山，则自然能撑支八面。

行气如九曲珠，无微不到；

九曲珠，言其圆活也。四肢百体，无处不有圆珠，无处不是太极圈子，故力未有不能化也。

运劲如百炼钢，何坚不摧。

太极虽不用力，而其增长内劲，可无穷尽。其劲如百炼之钢，无坚不摧。

形如搏兔之鹘，神如捕鼠之猫。

搏兔之鹘，盘旋不定；捕鼠之猫，待机而动。

静如山岳，动若江河。

静如山岳，言其沉重不浮，动若江河，言其周流不息。

蓄劲如张弓，发劲如放箭。

蓄劲如张弓，以言其满；发劲如放箭，以言其速。

曲中求直，蓄而后发。

曲是化人之劲，劲已化去，必向彼身求一直线，劲可发矣。

力由脊发，步随身换。

含胸拔背，以蓄其势。发劲之时，力由背脊而出，非徒两手之劲也。身动步随，转换无定。

收即是放，放即是收，断而复连。

黏、化、打虽是三意，而不能分开。收即黏化，放是打，放人之时，劲似稍断，而意仍不断。

往复须有折叠，进退须有转换。

折叠者，亦变虚实也，其所变之虚实，最为微细。

太极截劲，往往用折叠，外面看似未动，而其内已有折叠。进退必变换步法，虽退仍是进也。

极柔软，然后极坚刚。能呼吸，然后能灵活。

老子曰："天下之至柔，驰骋天下之至坚。"其至柔者，乃至刚也。

吸为提、为收；呼为沉、为放；此呼吸乃先天之呼吸，与后天之呼吸相反。故能提得人起，放得人出。

气以直养而无害，劲以曲蓄而有余。

孟子曰："吾善养吾浩然之气，至大至刚，以直养而无害，则塞乎天地之间。"太极拳盖养先天之气，非运后天之气也。

运气之功，流弊甚大。养气则顺乎自然，日习之养之而不觉，数十年后，积虚成实，至大至刚。至用之时，则曲蓄其劲以待发，既发则沛然莫之能御也。

心为令，气为旗，腰为纛。

心为主帅以发令，气则为表示其令之旗。以腰为纛，则旗中正不偏，无致败之道也。

先求开展，后求紧凑，乃可臻于缜密矣。

无论练架子及推手，皆须先求开展，开展则腰腿皆动，无微不到。至功夫纯熟，再求紧凑。由大圈而归于小圈，由小圈而归于无圈，所谓放之则弥六合，卷之则退藏于密也。

又曰：先在心，后在身，腹松净，气敛入骨，神舒体静，刻刻在心。

太极以心意为本，身体为末，所谓意气君来骨肉臣也。

腹松净，不存丝毫后天之拙力，则气自敛入骨；气敛入骨，其刚可知。

神要安舒，体要静逸。能安舒静逸，则应变整暇，决不慌乱。

切记一动无有不动，一静无有不静。

内外相合，上下相连，故能如此。

牵动往来，气贴背，敛入脊骨。内固精神，外示安逸。

此言与人比手之时，牵动往来，须含胸拔背，使气贴之于背，敛于脊骨，以待机会。机至则发，能气贴于背，敛于脊骨，则能力由脊发；不然，仍手足之劲耳。神固体逸，则不散乱。

迈步如猫行，运劲如抽丝。

此乃形容绵绵不断，待机而发之意。

全身意在精神，不在气，在气则滞。有气者无力，无气者纯刚。

太极纯以神行，不尚气力，此气言后天之气力也。

盖养气之气，为先天之气；运气之气，为后天之气。后天之气有尽，先天之气无穷。

气如车轮，腰似车轴。

气为旗，腰为纛，此言其静也。气如车轮，腰似车轴，此言其动也。

腰为一身之枢纽，腰动则先天之气如车轮之旋转，所谓气遍身躯不稍滞也。

打手歌（按：打手即推手也）

掤捋挤按须认真，上下相随人难进。
任他巨力来打我，牵动四两拨千斤。
引进落空合即出，粘连黏随不丢顶。

认真者，掤、捋、挤、按四字，皆须按照师传规矩，丝毫不错；日日打手，功久自然能上下相随。

一动无有不动，虽巨力来打，稍稍牵动，则我之四两，可拨彼之千斤。彼力即巨，必长而直。当其用力之时，不能变动方向，我随彼之方向而引进，则彼落空矣。然必须粘连绵随，不丢不顶，方能引进落空，四两拨千斤也。

又曰：彼不动，己不动；彼微动，己先动。劲似松非松，将展未展，劲断意不断。

打手之时，彼不动则我亦不动，以静待之。彼若微动，其动必有一方向，我意在彼之先，随其方向而先动，则彼必跌出矣。

似松非松，将展未展，皆言听彼之劲，蓄势待机，机到则放，放时劲似断而意仍不断也。

以上相传，为王宗岳先生所著，太极拳之精微奥妙已包蕴无余。就管见所及，略加注解。然仁者见仁，智者见智，功夫愈深者，读之愈得其精妙。深愿继起者，发挥而光大之焉。

李先吾拳经拳论注解

李先吾

1906年出生，广东南海人，师承刘凤山（字彩臣）先生。刘彩臣先生为吴鉴泉之弟子。但观李先吾先生之拳架，则与吴式太极拳之风格迥异，盖其拳当为刘彩臣先生学自宋氏硕亭（宋书铭）之“三世七”太极拳。

《十三势说略》注释

一举动，周身俱要轻灵，尤须贯串。

凡起势时，不可着力，而身自圆活，劲由内起。

贯串者，即演式宜联络不断之谓也；盖不贯串，则式断；式断，则劲断；劲一断，则人乘隙而入矣。故轻灵贯串，学者宜加诸意焉。

气宜鼓荡，神宜内敛。无使有缺陷处，无使有凹凸处，无使有断续处。

气鼓荡则呼吸无间，神内敛则手法不乱。故心平气和，姿势自正，无一切凹凸断续之弊。

苟心不专一，式不平正，必易受人所制；有断有续，更易为人所乘，此皆致败之由，为太极拳所最忌。

其根在脚，发于腿，主宰于腰，形于手指。由脚、而腿、而腰，总须完整一气，向前退后，乃得机得势。

太极拳之呼吸深长，可至顶踵；故其气力，系由脚根而发于腿，由腿而腰、而顶、而手指，皆与自然之呼吸联成一气。故遇敌时，进退变换，无不随意所遣，处处相应，自然得机得势。

有不得机得势处，身便散乱，其病必于腰腿求之。

所谓不得机势，必是手动而腰腿不动，不相呼应也；故演式一有不得力之处，而致身形散乱者，当留心于腰腿间，弊在其中矣。

上下、前后、左右皆然，凡此皆是意，不在外面。有上即有下，有前即有后，有左即有右；如意要向上，即寓下意，若将物掀起，而加以挫之之意，斯其根自断，乃坏之速而无疑。

每一动作，皆须动腰腿，乃能如意；且须上下前后左右，皆能随机应变，否则腰腿虽动，亦失效用矣。

又若意欲袭人上部，反作击下之势，令人不测，防此失彼，斯能挫其根，坏其本矣。

虚实宜分清楚；一处自有一处虚实，处处总此一虚实。周身节节贯串，无令丝毫间断耳。

每练一式，必须分清虚实，能式式知虚实之所在，则遇敌时，彼实我虚，彼虚我实，能虚实自明，则胜负判然矣。

且演式时，运用最贵自然，呼吸尤须不断，四肢百体，处处虚空，而劲蕴于内，则节节贯串，有如机器之枢纽然，机掣一开，则百处转动，绝无间断，自然轻灵，太极亦犹斯意也。

长拳者，如长江大海，滔滔不绝也。

太极十三势，亦名长拳；但年代愈湮，流派愈广，名目虽殊，原理则一也。

十三势者，掤，捋，挤，按，採，挒，肘，靠，进，退，顾，盼，定也。

掤，捋，挤，按，四正方也；採，挒，肘，靠，四隅也；

进，退，顾，盼，定，即进步，退步，左顾，右盼，中定也。

原注云：以上乃张三丰所著，欲天下豪杰延年益寿，不徒作技艺之末也。

《太极拳论》注释

太极者，无极而生，动静之机，阴阳之母也。

浑然不分阴阳者，为无极；无极而生太极，太极分阴阳，而虚实定矣。拳能寓意于阴阳虚实之内，因名之曰太极，谁曰不宜。

动之则分，静之则合。

身动则阴阳分焉，分有可乘；不动则阴阳合焉，合则无间。

无过不及，随屈就伸。

凡与人接触时，必要察敌方意之所在，即就其动点而制裁之；所谓觑其屈伸之势而定我随就之方，自无太过不及之弊。

人刚我柔谓之走，我顺人背谓之黏。

刚以刚迎，则抗力维均；刚以柔制，则强力走化，而敌失其效矣；敌失其效则背，我得其势则顺，以顺黏背，无不胜矣。

动急则急应，动缓则缓随，虽变化万端，而理惟一贯。由着熟而渐悟懂劲，由懂劲而阶及神明，然非用力之久，不能豁然贯通焉。

敌之攻袭有缓急，能察其缓急以相应，自然黏连不断；虽变化万端，而我之黏随，其理则一也。然必须懂劲，方可言此。

若要懂劲，必先勤练；因愈练愈精，用力之久，自能贯通用劲之理，而益神明也。

虚领顶劲，气沉丹田。

虚者，实之反。顶，即头顶，脑之所在，为全身纲领；故运劲时，必须贯神于顶，乃能全身一致矣。

丹田居脐下，用深呼吸使气沉潜于此，则气自足，而能屹然不动，不易为敌方撼倒；至沉字，有徐徐下沉之意，慎无用力也。

不偏不倚，忽隐忽现。左重则左虚，右重则右轻。

不偏不倚者，此言身体之宜正中也；忽隐忽现者，变化之机妙也。

若敌攻我之左方，则重在左矣，而我变虚以空之；若袭我右方，则重在右矣，而我用轻以化之，务使敌之劲力，失其准绳；捉摸不定，方为尽善。

仰之则弥高，俯之则弥深，进之则愈长，退之则愈促。

仰而攻我，总觉高不可接，如隔云天；俯以相就，又若深不可测，恐陷渊海；欲进则觉我愈长，手弗能及；欲退则见我愈偪（同逼），足弗能逃。此言斯拳粘、连、黏、随之效力，有如是之著。惟练习专纯者，方能悟其理也。

一羽不能加，一蝇不能落；人不知我，我独知人，英雄所向无敌，盖皆由此而及也。

练拳者，能潜心造诣，技必精进，不期然而达于化境；所谓一臻绝妙，感觉灵敏，稍触即应，虽最轻微之羽蝇，亦不容加落。

是以双方之虚实、动作，惟我能知，我可以预防人，人不能应付我，故所向无敌也。

斯技旁门甚多，虽势有区别，概不外乎壮欺弱，慢让快耳；有力打无力，手慢让手快，是皆先天自然之能，非关学力而有为也。

以上言外家拳术，虽派别甚多，要不外乎以有力欺无力，手快打手慢而已；我手快则我胜，彼力弱则彼败，此关乎自然之本能，非全由学力之所致也；惟太极则否，能不恃力，不恃快，而自胜人也。

察“四两拨千斤”之句，显非力胜；观耄耋能御众之形，快何能为。立如枰準，活如车轮。偏沉则随，双重则滞。

太极注重清虚者，即避重之意也；故练至神妙时，确能以四两拨千斤；彼虽力大而背，我虽力小而顺，以顺黏背，对方即失其灵活，快又何用。

立式须如枰之准，方可沉气顶劲；以腰为车轴，手足随之，无不圆转。

凡遇敌时，双方用力争持，则力大者胜，谓之双重。若一方用力，一方松劲，劲松则偏沉，彼虽有力，亦失其刚强，而随我化走矣。

每见数年纯功，不能运化者，率皆自为人制，双重之病未悟耳；欲避此病，须知阴阳。黏即是走，走即是黏；阴不离阳，阳不离阴，阴阳相济，方为懂劲。

练拳注重运用，如不悟此，虽数年之功，而出手仍为人制，是即犯双重之病；故凡欲避免斯弊者，须研究阴阳之理；夫阴阳者，即虚实也。

遇敌时，如觉双重，我即偏沉，敌虚我实，敌重我轻；黏着便走，走亦能黏，能黏能走，方知阴阳，乃能随敌之动作而变化，应付裕如，殆可谓之懂劲也。

懂劲后，愈练愈精，默识揣摩，渐至从心所欲！本是舍己从人，多误舍近求速。所谓差之毫厘，谬以千里，学者不可不详辨焉。

太极拳最要之点，在懂劲。但懂劲后，仍须日日练习，加意揣摩，领会处即是进步处，熔之于心，铸之于身、手、步、眼；故心动则身随，四肢及焉，无不从心所欲矣。

至此拳性质，完全立于被动地位，并非主动，总以敌方之动作为动作，不自主张，不许犯双重之弊，专以偏沉取胜；若稍有抵抗之力，即是不能舍己从人，弃本求末，必为人制，以至失败。学者不可不注意，此千里毫厘之辨也。

《行功心解》注释

以心行气，务令沉着，乃能收敛入骨；以气运身，务令顺遂，乃能便利从心。

心为身之枢纽，意为心之表形，气即心意发动之原料；故机枢一动，全部运行，所以心意之所至，气亦必随之而至，惟意至然后可以行气。

意要沉着，其气方能收敛入骨；用功久纯，自可以气运身；但气之所到，不可使有阻滞；悟乎此，则往来变动，无不从心矣。

精神能提得起，则无迟重之虞，所谓顶头悬也；意气须换得灵，乃有圆活之妙，所谓变动虚实也。

太极拳最重精神，故贯神于顶，气乃下沉于丹田，精神由此焕发，动作从心，自无迟滞之虞矣。

与敌相黏，尤贵随机换意，不用拙力，乃得灵通；如是，则虚实变换，无不如意，所以有圆活之妙也。

发劲须沉着松净，专主一方；立身须中正安舒，支撑八面。

此言发劲时，心意手足，均须沉着；因无杂念则意净，无拙力则体松，而精神贯注，无论敌方如何袭击，皆能随意应付。

顶头悬，则身中正；气下沉，则体安舒；故一片稳定，自可支撑八面；

八面者，即四正、四隅也。

行气如九曲珠，无微不到；运劲如百炼钢，何坚不摧。

四肢百体，虽至细微处，若意有所注，气无不到，有似珠之圆滑，故力无不化。

太极之运劲，在表面观，似不着力，但劲自内发，最无穷尽；如百炼之钢，无坚不摧。

形如搏兔之鹘，神似捕鼠之猫。静如山岳，动若江河。

动作变换之形状，如凌空搏兔之鹘，盘旋莫定，凝神蓄势而待发；似伏地捕鼠之猫，相机便至。

不动如山岳，喻其稳实不浮也；动若江河，喻其气劲不断也。

蓄势如张弓，发劲如放箭。曲中求直，蓄而复发。力由脊发，步随身换。

张弓如望（十五日）月，此言蓄劲之满；放箭若流星，是谓发劲之速。

以柔化人之刚曰曲，敌刚既化，我心乘机往攻，劲发而得直矣。

沉肩贯气，力由脊发，而及指端；步法则随身转动，变换不定。

收即是放，断而复连。往复须有折叠，进退须有转换。

收即黏化，放为击敌。故能化人者，方能击人。惟击人之时，其劲似断，但其意能复黏连。

折叠者，即内外变化之作用也。其往来之折叠，虚实不定，而有变化；步法须要变换，进退方得如意。

极柔软，然后极坚刚；能呼吸，然后能灵活。气以直养而无害，劲以曲蓄而有余。

太极拳以柔为刚，演习之时，极柔缓者，其劲愈长，具气至刚。故天下之至柔者，能至刚也。

呼吸，即气之出纳。善养气者，必能直引而归于丹田，然后周于全体，意至气到，四肢灵活，而无神态呆滞之弊，所谓浩气常存，用之则行也。

遇敌时，曲蓄其劲以待发，不发则已，一发而莫之能御也。

心为令，气为旗，腰为纛。先求开展，后求紧凑，乃可臻于缜密矣。

心为主帅，用以发号施令也；气为旗官，用以传达命令也；四肢之运用，以腰为中军，乃纛之所在，用以监督左右、前后而攻敌也。凡练架子及推手，均要开展得法，各部动作，始能接应如意。

所谓求紧凑者，即由大圈以归小圈，小圈以归无圈，无圈则是藏于密也。惟功夫精纯者，乃可以言此，即能收放之意而已。

又云：先在心，后在身。腹松净，气敛入骨，神舒体静，刻刻在心。切记一动无有不动，一静无有不静。

太极拳以心意为机枢，以身体为机件，故先心意而后身体。腹任自然则松，无杂念则净，其气自能收敛入骨；故神安体静，应变整暇，而不慌乱。表里联成一气，所以有动则俱动、静则俱静之功效也。

牵动往来气贴背，敛入脊骨；内固精神，外示安逸。迈步如猫行，运劲如抽丝。

与人较技时，因往来角逐之牵动，易犯桩轻气浮之病；故须沉气贴背，敛于脊骨，则力由脊骨趋出，运行于各部，神固体逸，自能示人以镇静。

步法取猫行之联络姿势，运动若抽丝之贯串不断。

全身意在精神，不在气，在气则滞；有气者无力，无气者纯刚。气若车轮，腰如车轴。

太极拳专尚精神，不尚气力，彼尚气力者，必为浊气与拙力而已。

故善养气者，当以腰为发动之中枢，气为轮，若轴之贯轮旋转、运输以及全身，而无丝毫之阻滞。

打手歌（按打手即推手也）

掤捋挤按须认真，上下相随人难进。
任他巨力来打我，牵动四两拨千斤。
引进落空合即出，粘连黏随不丢顶。

掤、捋、挤、按四字，均须按照师父之规矩，丝毫不能违误！练久功深，方能上下相随，一动无有不动，敌不能进攻。

彼虽以巨力打来，略为牵动，则我之四两，自可拨彼千斤。当其用力时，方向必不能变，我即随彼之方向而引进，彼自落空矣。然必须粘连黏随，不丢不顶，乃克臻此也。

又曰：彼不动，己不动；彼微动，己先动。劲似松非松，将展未展；劲断意不断。

打手时，静待敌势；彼不动，我亦不动；彼如微动，必有方向，我意在彼先，随其方向而先动，则彼必跌出矣；故敌用力愈大，受跌亦愈重也。

未动时，一种凝神蓄势之姿态；意似松而未松，劲将展而未展。遇机放劲，放时，劲似断而意仍不断也。

以上先师遗著，已将太极拳精微奥妙之处，阐发无遗，因欲求显浅，以便后之有志斯道者，故略加注释，以为入门之助云尔。

注：此篇拳论注解出自太极拳家李先五先生所著之《太极拳》一书，1933 年出版。

黄元秀拳经拳论注解

黄元秀

黄元秀（1884—1954），原名凤之，字文叔，号山樵，中年以后改名元秀。浙江杭州人，为辛亥革命之元老，早年与黄兴、秋瑾、徐锡麟、蔡元培、章太炎等交游，为光复浙江，做出过极大的贡献。为此，民国后，他在浙江军政诸界均享有很高的声誉。

黄元秀学识渊博，其书法则更是自成一体，别具风格，如今杭州各大名胜，还保留着他所题写的很多碑题。灵隐的“灵鹫飞来”、断桥的“南无大日如来”等书法作品均具有很高的艺术欣赏价值。

1916 年间，黄先生在杭州师从太极名家田兆麟先生学习太极拳。几年后，他的肺结核竟因习练太极拳得以痊愈，至此，深受其益的他开始极力推广中华武术，并与当时的武术名家叶大密先生、孙存周先生（孙禄堂之子）交情甚厚，并义结金兰，成为武林之一大雅事。

1929 年的杭州国术游艺会的顺利举行，黄元秀先生的积极倡导可谓是功不可没。在国术游艺会之后，黄先生又竭力倡导建立浙江省国术馆，并担任董事一职。在接触众多国术名家的过程中，黄先生兼收并蓄，分别向杨澄甫、杨少侯等名家学习杨式大架太极拳、杨式小架太极拳；向被誉为“剑仙”的著名武术家李景林学习武当对手剑。同时开始着手从事武术文献的编撰整理工作，先后陆续出版了《武当剑法大要》《太极要义》《武术丛谈》《杨家太极拳各艺要义》等书，为武术界留下了很多宝贵的文字资料。

新中国成立后，黄元秀先生以居士身份，热衷于佛教事业，在杭州，乃至全国佛教界，都享有盛誉。

王宗岳先师拳论注解

太极者，无极而生，阴阳之母也。

阴阳生于太极。太极本无极。太极拳处处分虚实阴阳也，此论王宗岳先师所造。

动之则分，静之则合。

我身不动，浑然一太极。如稍动，则阴阳分焉。

无过不及，随曲就伸。

此言与人相接相黏之时，随彼之动而动。彼屈则我伸，彼伸则我屈，与之密合，不丢不顶，不使有稍过，及不及之弊。

人刚我柔谓之走，我顺人背谓之黏。

人刚我刚，则两相抵抗。人刚我柔，则不相妨碍，不妨碍则走化矣。既走化，彼之力失其中，则背矣。我之势得其中，则顺矣。以顺黏背，则彼虽有力而不得力矣。

刚与僵不同，柔与软不同，黏与滞不同，松与散不同。

动急则急应，动缓则缓随。虽变化万端，而理惟一贯。

我之缓急，随彼之缓急，不自为缓急，则自然能黏连不断。然非两臂松净，不使有丝毫之拙力，不能相随之如是巧合。若两臂有力，则喜自作主张，不能舍己从人矣。

动之方向缓急不同，故曰“变化万端”。虽不同，而令之黏随，其理则一矣。

由着熟而渐悟懂劲，由懂劲而阶及神明。然非用力之久，不能豁然贯通焉。

着熟者，习拳以练体，推手以应用。用力既久，自然懂劲而神明矣。

学者须注意“阶及”二字，其功夫如升阶然，须一级一阶而升堂入室，久练功到自然成。

虚领顶劲，气沉丹田，不偏不倚，忽隐忽现。

无论练架子及推手，皆须有虚灵顶劲、气沉丹田之意。

不偏不倚者，立身中正，不偏倚也。

忽隐忽现者，虚实无定，变化不测也。

此节所云之顶劲，其顶中寓虚灵，非硬提也；若硬提，则僵直矣。

其沉，非硬压丹田也，若硬压，日久成病，切忌切忌！

左重则左虚，右重则右杳。

此二句即解释忽隐忽现之意，与彼黏手，觉左边重，则吾之左边与彼相黏处即变为虚。右边亦然。

杳者，不可捉摸之意。与彼相黏，随其意而化之，不可稍抵抗，使之处处落空，而无可如何。

此节功夫，须与人推手时练习之。

仰之则弥高，俯之则弥深，进之则愈长，退之则愈促。

彼仰则觉我弥高，如扪天而难攀。彼俯则觉我弥深，如临渊而恐陷。彼进则觉我愈长而不可及，彼退则觉我愈逼而不可逃。皆言我之能黏随不丢，使彼不得力也。

一羽不能加，蝇虫不能落，人不知我，我独知人。英雄所向无敌，盖皆由此而及也。

一羽不能加，蝇虫不能落，形容不顶之意。技之精者，方能如此。盖其感觉灵敏，已到极处，稍触即知。能功夫至此，举动轻灵，自然人不知我，我独知人。

此节完全是听劲功夫。与人交手粘连不离，非熟练听劲不可，否则易为人制。习听劲，先从推手起。

斯技旁门甚多，虽势有区别，概不外乎壮欺弱，慢让快耳！有力打无力，手慢让手快，此皆先天自然之能，非关学力而有为也！

以上言外家拳术，派别甚多，不外以力、以快胜人。以力以快胜人，若更遇力过我、快过我者，则败矣。是皆充其自然之能，非有巧妙如太极拳术之不恃力、不恃快而能胜人也。

此节所提旁门，常有以太极之名，而无太极拳阴阳虚实之分，徒取外表之形式；而无内部意气脉络之修炼，故视为旁门外道。

察“四两拨千斤”之句，显非力胜；观耄耋能御众之形，快何能为?!

太极拳之巧妙，在以四两拨千斤。彼虽有千斤之力，而我顺彼背，则千斤亦无用矣。

彼之快，乃自动也，若遇精于太极拳术者，以手黏之，彼欲动且不能，何能快乎？

能练到“四两拨千斤”、“耄耋能御众”之形，始得太极拳真功夫。

立如枰準，活似车轮。

立能如枰準者，虚灵顶劲也。活似车轮者，以腰为主宰，无处不随腰运动圆转也。

立如枰準，并非硬直僵立。活如车轮，并非乱动。

偏沉则随，双重则滞。

何谓“偏沉则随，双重则滞”？譬两处与彼相黏，其力平均，彼此之力相遇，则相抵抗，是谓双重。双重则二人相持不下，仍力大者胜焉。

两处之力平均，若松一处，是谓“偏沉”，我若能偏沉，则彼虽有力者，亦不得力，而我可以走化矣。

有彼我之双重，有本身之双重。彼我之双重，必至于顶；本身之双重，必至于笨滞。

每见数年纯功，不能运化者，率皆自为人制，双重之病未悟耳！

有数年之纯功，若尚有双重之病，则不免有时为人所制，不能立时运化。

试验双重，须在推手中求之。

若欲避此病，须知阴阳。黏即是走，走即是黏；阴不离阳，阳不离阴，阴阳相济，方为懂劲。

若欲避双重之病，须知阴阳。阴阳即虚实也。稍觉双重，即速偏沉。虚处为阴，实处为阳，虽分阴阳，而仍黏连不脱，故能黏能走。

阴不离阳，阳不离阴者，彼实我虚，彼虚我又变为实，故阴变为阳，阳变为阴。阴阳相济，本无定形，皆视彼方之意而变耳。如能随彼之意，而虚实应付，毫厘不爽，是真可谓之懂劲矣。

此论中有称阴阳，有称虚实，足见阴阳与虚实有别。

懂劲后愈练愈精，默识揣摩，渐至从心所欲。

懂劲之后，可谓入门矣。然不可间断，必须日日练习，处处揣摩，如有所悟，默识于心，心动则身随，无不如意，技日精矣。

懂劲者，明白对方之劲如何与自己之劲如何，入门而已，由此而升堂入室，渐至从心所欲。

本是舍己从人，多误舍近求远。

太极拳不自作主张，处处从人。彼之动作，必有一方向，则吾随其方向而去，不稍抵抗，故彼落空，或跌出，皆彼用力太过也。如有一定手法，不知随彼，是谓舍近而求远矣。

斯谓“失之毫厘，谬以千里”，学者不可不详辨焉！

太极拳与人黏连，即在黏连密切之处而应付之，所谓不差毫厘也。稍离则远，失其机矣。

此论句句切要，并无一字敷衍陪衬，非有夙慧不能悟也。先师不肯妄传，非独择人，亦恐枉费工夫耳。

太极拳之精微奥妙，皆不出此论。非有夙慧之人，不能领悟。此术不可以技艺视之也。

《十三势说略》注解

一举动，周身俱要轻灵。

不用后天之拙力，则周身自然轻灵。

尤须贯串。

贯串者，绵绵不断之谓也。不贯串则断，断则人乘虚而入。

此指气血、脉络贯串全身。

气宜鼓荡，神宜内敛。

气鼓荡则无间，神内敛则不乱。

神宜内敛，即恬静之谓；静者，敛也。

无使有凸凹处，无使有断续处。

有凹处，有凸处，有断时，有续时，此皆未能圆满也。

凹凸之处，易为人所制，断续之时，易为人所乘，皆致败之由也。

其根在脚，发于腿，主宰于腰，形于手指。由脚、而腿、而腰，总须完整一气。向前退后，乃得机得势。

庄子曰："至人之息以踵。"太极拳术，呼吸深长，上可至顶，下可至踵，故变动其根在脚。由脚而上至腿，由腿而上至腰，由腰而上至手指，完整一气。故太极以手指放人而跌出者，并非仅手指之力。其力乃发于足根，而人不知也。上手、下足、中腰，无处不相应，自然能得机得势。

所云得机得势，有两人接触之机，相交之势；有个人内外相合之机，前后转动之势。

有不得机、不得势处，身便散乱，其病必于腰腿求之。

不得机，不得势，必是手动而腰腿不动；腰腿不动，手愈有力，而身愈散乱，故有不得力处，必留心动腰腿也。

上下、前后、左右皆然。凡此皆是意，不在外面。有上即有下，有前即有后，有左即有右。

欲上欲下，欲前欲后，欲左欲右，皆须动腰腿，然后能如意。虽动腰腿，而内中有知己知彼、随机应变之意在。若无意，虽动腰腿，亦乱动而已。

如意要向上，即寓下意。若将物掀起而加以挫之之力，斯其根自断，乃坏之速而无疑。

此言与人交手时之随机应变，反复无端，令人不测，使彼顾此而不能顾彼，自然散乱，散乱则吾可以发劲矣。

虚实宜分清楚。一处自有一处虚实，处处总此一虚实，周身节节贯串，

无令丝毫间断耳。

练架子要分清虚实，与人交手，亦须分清虚实。此虚实虽要分清，然全视来者之意而定。彼实我虚，彼虚我实，实者忽变为虚，虚者忽变为实，彼不知我，我能知彼，则无不胜矣。

周身节节贯串，“节节”二字，以言其能虚空粉碎。能虚空粉碎，则处处不相牵连，故彼不能使我牵动，而我稳如泰山矣。虽虚空粉碎、不相牵连，而运用之时，又能节节贯串，并不相顾；如常山之蛇，击首则尾应，击尾则首应，击其背则首尾俱应，夫然后可谓之轻灵矣。

譬如以千斤之铁棍，非不重也，然有巨力者，可持之而起；以百斤之铁链，虽有巨力者，不能持之而起，以其分为若干节也。虽分为若干节，而仍是贯串，练太极拳，亦犹此意耳。

虚者，非无也，仅虚而已矣。实者，非僵与硬也，实在而已。

长拳者，如长江大海，滔滔不绝也。

太极拳亦名长拳。杨氏所传有太极拳，更有长拳，名目稍异，其意相同。

十三势者，掤、捋、挤、按、採、挒、肘、靠，此八卦也。

进步、退步、右顾、左盼、中定，此五行也。

掤、捋、挤、按，即坎、离、震、兑四正方也；

採、挒、肘、靠，即乾、坤、艮、巽四斜角也。

进、退、顾、盼、定，即金、木、水、火、土也。

太极拳名式及掤、捋、挤、按已见前。

原书注云：以上系武当山张三丰祖师所著，欲天下豪杰，延年益寿，不徒作技艺之末也。

十三势行功心解

以心行气，务令沉着，乃能收敛入骨。以气运身，务令顺遂，乃能便利从心。

以心行气者，所谓意到气亦到，意要沉着，则气可收敛入骨，并非格外运气也。气收敛入骨，工夫既久，则骨日沉重，内劲长矣。

以气运身者，所谓气动身亦动，气要顺遂，则身能便利从心，故变动往来，无不从心所欲，毫无阻滞之处矣。

“行功心解”四字，即道家炼气、修心之法。行功是外，心解是内，即内外兼修，即是动静双修，便是性命双修。前人称为太极手法，今人改成太极拳。

精神能提得起，则无迟重之虞，所谓顶头悬也。

有虚灵顶劲，则精神自然提得起；精神提起，则身体自然轻灵。观此，可知舍精神而用拙力者，身体必为力所驱使，不能转动如意矣。

意气须换得灵，乃有圆活之趣，所谓变转虚实也。

与敌相黏，须随机换意，仍不外虚实分得清楚，则自然有圆活之妙。

发劲须沉着松净，专主一方。

发劲之时，必须全身松净。不松净，则不能沉着。沉着松静，自然能放得远。

专主一方者，随彼动之方向而直去也。随敌之势，如欲打高，眼神上望；如欲打低，眼神下望；如欲打远，眼神远望。神至则气到，全不在用力也。

立身须中正安舒，支撑八面。

顶头悬，则自然中正；松静，则自然安舒；稳如泰山，则自然能撑支八面。

行气如九曲珠，无微不到。

九曲珠，言其圆活也。四肢百体，无处不有圆珠，无处不是太极圈子，故力未有不能化也。

运劲如百炼钢，何坚不摧。

太极虽不用力，而其增长内劲，可无穷尽。其劲如百炼之钢，无坚不摧。

形如搏兔之鹘，神如捕鼠之猫。

搏兔之鹘，盘旋不定；捕鼠之猫，待机而动。

静如山岳，动若江河。

静如山岳，言其沉重不浮；动若江河，言其周流不息。

蓄劲如张弓，发劲如放箭。

蓄劲如张弓，以言其满；发劲如放箭，以言其速。

曲中求直，蓄而后发。

曲是化人之劲，劲已化去，必向彼身求一直线，劲可发矣。

力由脊发，步随身换。

含胸拔背，以蓄其势。发劲之时，力由背脊而出，非徒两手之劲也。身动步随，转换无定。

收即是放，放即是收，断而复连。

黏、化、打虽是三意，而不能分开。收即黏化，放是打，放人之时，劲似稍断，而意仍不断。

往复须有折叠，进退须有转换。

折叠者，亦变虚实也，其所变之虚实，最为微细。

太极截劲，往往用折叠，外面看似未动，而其内已有折叠。进退必变换步法，虽退仍是进也。

极柔软，然后极坚刚。能呼吸，然后能灵活。

老子曰："天下之至柔，驰骋天下之至坚。"其至柔者，乃至刚也。

吸为提、为收；呼为沉、为放；此呼吸乃先天之呼吸，与后天之呼吸相反。故能提得人起，放得人出。

气以直养而无害，劲以曲蓄而有余。

孟子曰："吾善养吾浩然之气，至大至刚，以直养而无害，则塞乎天地之间"。太极拳盖养先天之气，非运后天之气也。

运气之功，流弊甚大。养气则顺乎自然，日习之养之而不觉，数十年后，积虚成实，至大至刚。至用之时，则曲蓄其劲以待发，既发则沛然莫之能御也。

心为令，气为旗，腰为纛。

心为主帅以发令，气则为表示其令之旗。以腰为纛，则旗中正不偏，无致败之道也。

先求开展，后求紧凑，乃可臻于缜密矣。

无论练架子及推手，皆须先求开展，开展则腰腿皆动，无微不到。至功夫纯熟，再求紧凑。由大圈而归于小圈，由小圈而归于无圈，所谓"放之则弥六合，卷之则退藏于密”也。

又曰：先在心，后在身，腹松净，气敛入骨，神舒体静，刻刻在心。

太极以心意为本，身体为末，所谓意气君来骨肉臣也。

腹松净，不存丝毫后天之拙力，则气自敛入骨；气敛入骨，其刚可知。

神要安舒，体要静逸。能安舒静逸，则应变整暇，决不慌乱。

切记一动无有不动，一静无有不静。

内外相合，上下相连，故能如此。

练到节节贯串，上下相随，即有此功夫。

牵动往来，气贴背，敛入脊骨。内固精神，外示安逸。

此言与人比手之时，牵动往来，须含胸拔背，使气贴之于背，敛于脊骨，以待机会。机至则发，能气贴于背，敛于脊骨，则能力由脊发；不然，仍手足之劲耳。神固体逸，则不散乱。

外示安逸，即是冷静态度。

迈步如猫行，运劲如抽丝。

此乃形容绵绵不断，待机而发之意。

步履，如猫之轻灵、沉着、稳固。

全身意在精神，不在气，在气则滞。有气者无力，无气者纯刚。

太极纯以神行，不尚气力，此气言后天之气力也。

盖养气之气，为先天之气；运气之气，为后天之气。后天这气有尽，先天之气无穷。

气如车轮，腰似车轴。

气为旗，腰为纛，此言其静也。气如车轮，腰似车轴，此言其动也。

腰为一身之枢纽，腰动则先天之气如车轮之旋转，所谓气遍身躯，不滞也。

打手歌（按：推手即打手，又称搭手，又有称揉手者）

掤捋挤按须认真，上下相随人难进。
任他巨力来打我，牵动四两拨千斤。
引进落空合即出，黏连黏随不丢顶。

认真者，掤、捋、挤、按四字，皆须按照师传规矩，丝毫不错；日日打手，功久自然能上下相随。

一动无有不动，虽巨力来打，稍稍牵动，则我之四两，可拨彼之千斤。彼力即巨，必长而直。当其用力之时，不能变动方向，我随彼之方向而引进，则彼落空矣。然必须粘连绵随，不丢不顶，方能引进落空，四两拨千斤也。

平常通称推手，如原地推手、活步推手。

又曰：彼不动，己不动；彼微动，己先动。劲似松非松，将展未展，劲断意不断。

打手之时，彼不动则我亦不动，以静待之。彼若微动，其动必有一方向，我意在彼之先，随其方向而先动，则彼必跌出矣。

似松非松，将展未展，皆言听彼之劲，蓄势待机，机到则放，放时劲似断而意仍不断也。

练拳架时，自始至终，其动作式式不同，似有断续之处，而其内部之意与气，实一贯不断，此所谓劲断意连也。

注：本编之拳经注解系出自太极拳名家黄元秀所著之《太极拳要义》一书，其书中言此拳经注解为“富春陈智侯与杭州黄元秀述著”。然经笔者校正比对，此篇拳经注解中的一部分内容为杨式太极拳名家陈微明所撰，另一部分内容当为黄元秀先生所撰；而笔者亦由此产生疑问，富春陈智侯是否即是陈微明？查阅资料，皆不可确考，特此说明此中疑惑，姑待有心之学者研究考证可也。

徐震拳经拳论注解

徐震

徐震（1898—1967），字哲东，江苏常州人，著名太极拳理论家、实践家、研究家。5岁入私塾，14岁进入冠英高等小学，次年去上海读中学。19岁进东吴大学，并得到南京图书馆馆长柳诒征和国学大师章太炎的赏识，成为章的入室弟子。

新中国成立前历任沪光大学、中央大学、武汉大学、安徽大学、震旦大学教授，上海常州旅沪中学校长等职。

中年曾在常州创办常州武术馆，并从于振声、马锦标学查拳，从周秀峰学形意拳，从杜心武学自然门技法，从杨少侯学太极拳。1931年经张士一先生引荐跟随郝月如先生学习武派太极拳，此后放弃以前所学武技，专心致志于武派太极拳之研究。

他擅长国学，爱好武术，其成就最大、用心力最多的是对太极拳史的研究，成果丰硕，是我国早期太极拳史论研究之先驱。约于1929年出版了《国技论略》，和唐豪同为近代知名的武学研究专家，但其学术态度则较唐豪严谨得多，对于太极拳的考证则多有独特视角，且有理有据，一扫唐有论无据之武断考证风气，让人耳目一新。

在武术方面，徐震主要师承郝为真之子郝月如，属武式太极一系，并深得武式太极之精髓。而他本人除了精研太极拳技艺之外，尤其是对于太极拳历史之研究用心最多，着墨极深，堪称太极拳史研究之奠基者。其著作《太极拳发微》，大约于1935年前后出版印行，甫一出版，即在太极拳界拥有广泛赞誉和一致好评。其著作由后人整理出版的还有《太极拳谱笺》《太极拳考信录》《太极拳谱理董辨伪合编》《苌乃周武术学》《苌氏武技书》等，皆为传世之名作，为广大太极拳爱好者和研究者所推崇。

王宗岳所编太极拳谱，自武禹襄得诸舞阳盐店，复加解说，杨露禅亦承用之。然传者于原谱旧文与武氏解说，莫能识别。予既详考端末，辨而析之，遂就原谱为之笺释。其武氏之言，有须疏明者，别有论撰，兹不及焉。

至若掤应作弸，攦当作搂，若此之类，新论正名篇详之矣，今悉加刊正，故异于他本，学者可无疑焉。

《太极拳论》注释

太极者，无极而生，阴阳之母也。

此节明太极取名之义，以为总摄体用之言。

《易》云："太极生两仪。"朱子《周易本义》云："两仪者，始为一画，以分阴阳。"周子曰："无极而太极。"拳名太极，义盖取诸此也。

太极拳造乎最高之境，为能常定常应。常定为寂然不动，常应为感而遂通。寂然不动，无极也。感而遂通，太极也。应生于定，感生于寂。故曰，无极而生。

易云："一阴一阳之谓道。"谓夫一切事物，皆相反相济也。太极拳练法在开合蓄发，互为根纽。用法在顺逆走粘，一时俱运，皆相反相济之道。故曰：阴阳之母。此二句摄尽体用，实为全文之开宗本义。

动之则分，静之则合。无过不及，随曲就伸。人刚我柔谓之走，我顺人背谓之粘。动急则急应，动缓则缓随。虽变化万端，而理唯一贯。

此节言太极拳运用之纲领。

动静在心，分合在形。心能宰制其形，则一心主政，百骸从令。作止蓄发，无不如志。故曰"动之则分，静之则合"也。

"无过不及"谓应合他力，须时间与方向两皆适当。时间则不后不先，正当他力将发未发之际；方向则不即不离，正切他力难转难化，不可抗拒之处。

"随曲就伸"，谓应合他力，贵能因事乘便，不与抵牾，则他力皆为我用矣。此一节中，以此四句为主。

"走"谓避彼来力，"粘"谓随彼来力。彼力虽强，我以运转灵敏，即可不受彼力，是为用柔。然必自处于顺，乃能运转灵敏，故柔与顺常相合也。

若肌腱未能练柔，举止未能练顺，他力虽背，我亦无由制之，以我亦不能得势得力，即不能利用机会也。

"动急急应，动缓缓随"，谓时间须求适合。若必以急为善，则有先自见其形势之失。若必以缓为善，又将失之迟顿。故不可自用，惟当因彼。此四句申明上四句之义。

"虽变化万端，而理唯一贯"，谓法无固定，理有要归，此二句总束本节。

由着熟而渐悟懂劲，由懂劲而阶及神明。然非用力之久，不能豁然贯通焉。

此节言功夫之进程。

“着熟”为初步功夫，不过求熟于法而已。所谓法者，在本身为各部骨节筋腱之动作能相协调。在对角为于彼来力之线路，能确实辨认。所以在此一步中，可谓重在应用力学之练习。

“懂劲”为第二步功夫，由法之运用渐熟，至于习惯如自然，使思虑变成本能。在本身为由各部内外肌之调适，进于形气之调适。在对角为于来劲之线路，无须着意辨认，肌肤自有感觉，身体各部反射之机能，极为灵敏。所以在此一步中，可谓重在神经反射之练习。

“神明”为第三步功夫，功夫至此，惟在调伏其心，养成定力，则精神可以控制外物，而他力无异我力。所以到此步功夫，全重精神修养。

三步功夫，每一步中，尚有若干节序，然未易细分，且各人之过程不同，故亦无从详分。至于练成之时间，初步功夫，若能不谬蹊径，速者年余，迟亦不过两载。然自初步进入第二步，时之久暂，即已难定。自第二步进入第三步，亦复难言。要能持之有恒，精进不懈，亲近良师益友，常相讲肄，则功至自悟，故曰非用力之久，不能豁然贯通。

虚领顶劲，气沉丹田。不偏不倚，忽隐忽现。左重则右虚，右重则右杳。仰之则弥高，俯之则弥深。进之则愈长，退之则愈促。一羽不能加，蝇虫不能落。人不知我，我独知人，英雄所向无敌，盖皆由此而及也。

此节言练法及功效。

“虚领顶劲”至“不偏不倚”，专就演架而言。“忽隐忽现”一句兼具演架打手之法。自“左重则左虚”至“我独知人”，专就打手而言。”英雄”二句，言功效也。

“虚领顶劲”者，自外形言，头容端正，若以顶劲领起全身。

由内心言，寂然若合体于虚无，而脑间常自爽朗，故“虚领顶劲”，实兼内外而言，若但说外形，则虚义不明；若专说内心，则顶劲何指？故当内外兼及，义乃满足也。

“气沉丹田”为伏气之功。丹田为脐下少腹，意系于此，渐加摄敛，将觉如有孔穴，为呼吸之根。息之出入，乃极深细，至于安匀调畅，举体自尔和顺，运用自能随意，乃至不觉有孔穴，不觉有气相。此须体验方知，非可凭臆测度也。

“不偏不倚”即为中正，乃专就外形言也。外形欲其中正，当谨守身法十目。身法十目即武禹襄所标“提顶、吊裆、裹裆、护肫、含胸、拔背、松肩、沉肘、腾挪、闪战”等是也。此十目能练至悉当，即为合度。统观此三句，“虚领顶劲”与“气沉丹田”，皆以“不偏不倚”，为基本功夫。

太极拳练法，不离演架打手，于演架中用轻清闪倏之劲，是为练本身之“忽隐忽现”。于打手时使突变猝发之劲，是为练应敌之“忽隐忽现”。

自“左重则左虚”，至“退之则愈促”，此乃练走、练粘之法。其要诀总归不与彼力相犯，而因势利用之耳。

至于“一羽不加，蝇虫不落”，则皮肤感觉之敏，全身运用之灵可知矣。故人不知我之动静，我独知人之虚实。

“人不知我”，则能出其不意。我独知人，则能攻其无备。依此练法，施诸弁搏，自有奇效。故曰：“英雄所向无敌，盖皆由此而及也。”

斯技旁门甚多，虽势有区别，概不外乎壮欺弱，慢让快耳。有力打无力，手慢让手快，是皆先天自然之能，非关学力而有也。察“四两拨千斤”之句，显非力胜，观耄耋能御众之形，快何能为。

此节明太极拳之特长。

“斯技旁门甚多”四句，谓太极以外之各派拳术，皆形式有殊耳。据实论之，无非恃先天之力与捷，其不合正法一也。震谓太极独到之处，在超越形骸之作用而练成心神之凝定。故功夫不随血气之盛衰为进退。太极而外，各派拳技，虽有具高美之理法者，然皆不免随年事为盛衰。如摔跤之术，非无巧法，年逾五十，功夫即不免衰退。惟太极拳功夫，可以至老不退，此亦其独到之处也。

“有力打无力”四句，明太极之妙，在不恃本有之力与捷，而能由学以成智勇。然太极之外，各家拳术，亦有具高美之理法者，谓其未若太极之深妙则可，直谓皆是先天自然之能，非关学力而有，未免抹杀太甚。

“察四两拨千斤”四句，谓太极拳家，不取力与捷，其实何尝不取力与捷，特其力与捷，皆由锻炼而得，非先天本具者耳。太极拳所用之力，粗者为肢体联贯动作之合力，精者为意气一致之刚劲。太极拳所用之捷，粗者在肢体之能调与时、方之有准，精者在感觉之敏、心神之定。故其力不争强，捷不争先，惟在当机赴节（当机则能后发先至），故有四两拨千斤、耄耋能御众之效。

立如枰準（徐震原文为秤准，当为徐先生收藏之拳谱抄本为秤准），活似车轮。偏沉则随，双重则滞。每见数年纯功不能运化者，率皆自为人制，双重之病未悟耳。

此节言太极拳之得失。

“立如枰準”四句，上二句言势法之本。下二句言得失之由。秤之为物，能权轻重而得其平。人能将重心位置得当，则虽在变动之中，全身之力，仍得平衡。就其姿势言之，则有立如秤准之象。若能养成此种功夫，则作止变转之时，自尔稳定便捷；已能保持此种平衡力，方可练全身处处圜转；能全身处处圜转，则与外力接触时，可以顺势滑过，故能不受他力，此即活似车轮之义。

又圜转之法，大圈之中更包小圈，此种复合之转法，最能利用他力之来势而变更其方向。故“立如秤准，活似车轮”，乃一切势法之基础。有此基础，乃可随而不滞。所谓随者，须将两足分清虚实，使重心常在一足之内，作止变转，常将两足交互相代，以支其身；则重心不至提高，动中依然稳定，动时仍可发劲，此所谓偏沉则随也。以支身只着力于一足，故曰偏沉，以身体各部可任意而动，故曰随也。

轻灵之功，果造其极，丝毫不受他力，所谓“一羽不能加，蝇虫不能落”。此二语最为善于形容。若他力来时犹有与之抵牾之意，则与左重左虚、右重右杳之义不合，如是则犯双重之失。犯双重者，必显其力之方向；方向既显，则为人所乘，每至不及变转，故曰双重则滞也。

“每见数年纯功”四句，即专言双重之失。大抵犯双重之失者，多由步法虚实不清所致。所以者何？缘动步之时，不能圆转自如，遇有他力突然而至，乃不得不与之抵拒，即成双重之病。论中以偏沉与双重对举，意在是也。

欲避此病，须知阴阳；粘即是走，走即是粘。阴不离阳，阳不离阴。阴阳相济，方为懂劲。懂劲后愈练愈精，默识揣摩，渐至从心所欲。

此节言取径高则病去，而技日进。

阴、阳、走、粘之义，已见上文。“粘即是走，走即是粘。阴不离阳，阳不离阴”者，以本身言，则一时能为复合之动，错综之运是也。以应敌言，攻守俱时而有，取势相反相济是也。

举例明之：如推手之时，彼力前挤，我须一时将身向后、向侧、向下做按势而不着力，足反阴自下进，并于此时将我欲发劲之方向取准，及彼势已穷而将回，我乃随其回势而用劲下按，此即一势之中，含复合之动、错综之运也。至于当彼挤进之时，我以避让为蓄势，故守即同时为攻，相反适以相济；此阴不离阳，阳不离阴也。然此特就显见之法式言耳，故为粗浅之动作。功力既深，动作造微，虽有复合错综之实，一泯攻守避就之迹。此亦非言语所能达，而当征诸体验矣。

“阴阳相济”，总括上四句而言，果能臻此境地，自能知己知彼。是以谓之懂劲。由是愈练愈精，直可视他力如己力，是为从心所欲。自懂劲以后，全是内省功夫，非复求诸外形所能到。故以默识揣摩，示用功之途径。

本是舍己从人，多误舍近求远。所谓差之毫厘，谬以千里，学者不可不详辨焉。是为论。

此节明太极拳功夫之归究也。

“舍己从人，舍近求远”，应作四种料简，一为既不“舍己从人”，又复“舍近求远”。世俗拳师，但练花拳；或专练硬功，不识门径，不通理法，大都如此，此最下也。二为虽知“舍己从人”，未免“舍近求远”。习太极拳功力浅者，易犯此失。三为不能“舍己从人”，尚非“舍近求远”。内功之粗者，外功之精者，往往如此；其用法未尝不简捷，特非变化圆融，随触即转，未免有起有落。虽就势法言，已不见“舍近求远”之失，究极论之，尚未尽切近之能事也。四为太极功夫之归究，必于“舍己从人”中，求其至切至近之运用，所争只在毫厘；功夫若此，方为造微也。故结语云：“差之毫厘，谬以千里。”意谓太极拳之所以夐绝，正以有此精微之境。不到此境，不足以识其特异。学者于此，小有差忒，即不得太极拳之真谛，故辨之不可不审也。

统观此论，足见太极拳之真谛，惟在轻灵。今之习拳者多矣，而于此论，略不措意，徒凭传讹，以为得真，遂使轻灵反成拙滞，久练竟无功效，岂不惑哉？

《十三势行功歌诀》注释

十三总势莫轻视，命意源头在腰隙。

十三势虽多言用，而定之一字，亦摄心法，乃太极之体。故十三势实赅括体用，称为总势者以此。

“命意源头在腰隙”一语，实为太极拳全部功夫之关键。盖论练形，必腰部灵活，而后上下肢及身躯之运转能贯通而互应。论伏气，必先求腰肌之张弛与胸肌之伸缩能相谐和，而后膈膜之升降与肺脏之舒敛能相调适。故“命意源头在腰隙”一语，不可轻忽看过。

变转虚实须留意，气遍身躯不稍痴。

此言演架时须留意于各势之变转虚实。若能和顺，即无牵掣不灵之象。

痴者，不灵之谓也。气遍身躯，须是清虚之气，不可着相。痴，他本或作滞，于义亦通。

静中触动动犹静，因敌变化是神奇。

此言应敌之时，能定乃能善因。动静相济而成和。则动亦定，静亦定矣。故曰“静中触动动犹静”。

心定于内，乘物于外，因其固然，从而利用之。则彼力皆为我用，故曰“因敌变化是神奇”。

势势存心揆用意，得来不觉费工夫。

验之于打手，察之于演架，是为“势势存心揆用意”。太极拳法必依理察验，乃可事半功倍，非如其他拳术须费力苦练。故曰“得来不觉费工夫”。

刻刻留意在腰间，腹内松静气腾然。

此处明示练腰与伏气之关系。功至伏气，则外形已臻和顺，身法不待留意而自合。独于腰间，犹当刻刻留心，然后能调息归根也。调息归根，非闭气也。若闭气则腹内不能松静矣。

气腾然者，竟体虚灵之谓，非全身血气沸腾之象也，须善辨。

尾闾中正神贯顶，满身轻利顶头悬。

此二句即《太极拳论》中“虚灵顶劲，气沉丹田”之意，释已见前。

又“尾闾中正”与“顶头悬”连言者，以身法之中正，端在顶门与会阴相对相当。平时正立，固须如此。即在俯仰磬折之际，亦须如此，方可合于时中也。

又于“满身轻利”四字，可证腾然之气，惟是竟体清虚，略不着气相也。武禹襄云“全身意在蓄神，不在气，在气则滞”，亦是此意。

仔细留心向推求，屈伸开合听自由。

言功夫益邃密，则动止变转，可惟意所欲。

入门引路须口授，功用无息法自修。

一切理法虽可由文字中求之，而学习拳架与推手非师授不能明。若得真传，不谬蹊径，则探索旧说，久练亦可有会，故曰“入门引路须口授，功用无息法自修”。修者，修缮，使之完美也。入门引路大都须年余，竟功至速，亦须历五六月。否则，为正为讹，莫为印定，即难免乖舛也（已通门径者，自不在此限）。

若言体用何为准，意气君来骨肉臣。

以十三势言，中定为体，余十二字为用。然必练至心能主其形骸，而后体用尽彰。故言体用之准则，以意气为主。以意气定，则心君亦定也。

详推用意终何在，益寿延年不老春。

太极拳之用，不专在弁搏，亦兼导引养形之术。观其功主柔和，虽劳不极，实有得于导引之精义。以中心静定为归究，尤合于养生之道。

歌兮歌兮百四十，字字真切义无疑。

若不向此推求去，枉费工夫遗叹惜！

此昭示学者须认明途径也。不由此途，终非最上妙法，故不免枉费工夫之叹。

世有不求理解，惟事苦练者，见太极演架之柔缓，辄云苦练尚难增长气力，如斯练法，何济于用。此等窾启寡昧之流，固不足与语。即有取径甚高，以欠洒落之工，不能极圆融之妙，其艺能终不免受体力之限制，随年事为进退。

亦有虽习太极，不达奥旨，必至趋入歧路，似是而非。若此类者，皆将勤而鲜获，劳而少功，亦可惜也。

打手要言

内固精神，外示安逸。

“内固精神”谓心能静定；“外示安逸”，谓形不矜张。

彼不动，己不动；彼微动，己先动。

待彼先动，乃可得其端倪；感而遂应，贵能后发先至。《淮南子·兵略训》曰：“敌先我动，是见其形也。彼躁我静，则是罢其力也。形见而胜可制也，力罢而微可立也。视其所为，因与之化。”理与此同。然彼何以必先我而动？彼既动矣，我又何能先之？此必精神内固，持摄力强，乃可以静守动；又必身体外安，各节相应，乃能意到形随。是故练己之功，不致因应之际难灵。

此篇两节：前一节专言练己；后一节乃言因应，义在此也。《传》曰：“射有似乎君子，失诸正鹄，反求诸身。”拳技之理，亦若是也。

打手歌

掤搂挤按须认真，上下相随人难进。
任他巨力来打我，牵动四两拨千斤。
引进落空合即出，粘连黏随不丢顶。

掤、搂、挤、按义见上文，掤须向外激出，搂为左右旁挈，挤乃连身平进，按用下抑之力。凡此四势，上下左右进退之法皆具。

採、挒、肘、靠由此变出。採挒即搂之变，靠乃掤之变，肘即挤之变。熟于掤搂挤按四法，则劲路可明，劲路既明，自能通变不竭矣。

“上下相随”，谓身、手、步咸相应也。审能若是，则稳定圆活，无隙可乘，故人难侵入。凡畏巨力者，彼力来而我受之也。如不受其力，反能顺势利用之，则彼之巨力，反为我用，此四两拨千斤之术也。

引进者，引彼之身，使之失中，则重心易于下倾。落空者，使彼力出而失其鹄。力出鹄失，则彼身反被引动；此于物理力学为惰性律之作用。此时彼身不能自由，吾得因而制之矣。

合者，于用力起止之际，而变转其力之方向也。如彼向上进击而落空，欲收回其力而未及，我即乘势上格；格时用圈势由上而下翻，则可转彼之力，使之倾倒，此之谓合。举一例诸悉可隅反。

戚继光《拳经》云：“刚在他力前，柔乘他力后，彼忙我静待，知拍任君斗。”戚氏说拍为拍位，此即歌诀中之合。实即彼力起止之际之方位耳。

粘、连、黏、随，谓顺势依贴也。丢，谓已与接触又复离去也；顶，谓两力相拒也。丢则失机，顶乃斗力，皆非善巧因应之道，惟有粘连黏随，乃可乘物游心，有如转丸掌中也。

十三势

十三势者，掤、搂、挤、按、採、挒、肘、靠、进、退、顾、盼、定也。

十三势可析为四分：前之八势为手法，进退为步法，顾盼为眼法兼身法，

定之一字兼摄身法、心法。

十三势中，以定为宗。各势运用之胜劣，皆准定功为判。兹释各字之意如下：掤为激出，搂为持挈，挤为迫进，按为抑压，採为接取，挒为转折，肘为肘击，靠为肩撞，进为上步，退为撤步，顾为左旋而左视，盼为右旋而右视，定为处身中正，心静神凝。

凡角技或应敌，上下肢与身躯、眼、目须互相应合，而运用之妙，存乎一心。心定则时之缓急，方之避就，无不精确。

《太极拳讲义》之拳论注释

——山东国术馆

《十三势说略》注释

一举动，周身俱要轻灵。

纯任自然，不用拙力，则举动自然轻灵。

尤须贯串。

联络一气，绵绵不断，即为贯串；若劲一断，彼必乘虚而入，其害匪浅。

气宜鼓荡，神宜内敛。

鼓荡者，冲实也。内敛者，神静之谓也，静则不乱。故未练之先，神宜内敛。由静生动，以神贯之，以意引之，磨习既久，始有意之所至，即力之所至之境。

无使有凸凹处，无始有断续时，无使有缺陷处。

凸凹则不平，不平则间断，断则易为人所制；断续则不圆，不圆则为人所乘。一有缺陷，则彼乘虚而入，此皆致败之由。

其根在脚，发于腿，主宰于腰，形于手指，由脚、而腿、而腰，总需完整一气，向前退后，乃得机得势。

人之呼吸，由顶至踵，呼吸深长，始可完成一气。上下相合，随曲就伸。太极以手指放人，而跌出者，此梢力也。指甲为筋之梢，人身最坚固者筋，最力大者气。由足跟直发于指，形若炮火，一轰而出，故人不知也。

有不得机、得势处，身便散乱，其病必于腰腿求之。

如不得机势，身即动摇不定，心即怆惶不止，此拳术家最大之病。故必须注意于腰、腿。

上下、左右、前后皆然，凡此皆是意，不在外面。有上即有下，有前即有后，有左即有右。

上下、前后、左右之动作，处处必须用于腰腿；外形虽然动作轻灵，而内中须有一意存焉。彼力微着我身，我力直达彼内；彼来成虚，我去成实，此即意之用也。

如意要向上，即寓下意。若将物掀起，而加以挫之之意。斯其根自断，乃坏之速而无疑。

交手之时，总是随机应变，动无定时，随曲就伸，处处相随，变化无穷，令人莫测。彼即心神失措，则我劲发必着，自为我制矣。

虚实宜分清楚，一处自有一处虚实，处处总此一虚实。周身节节贯串，无令丝毫间断耳。

兵家云："虚则实之，实则虚之"，此举动必用之要诀也。我拳术家，更当注重，不可忽视。彼虚我实，彼实我虚，总须我意在先，彼意在后，彼不知我，我独知人。

气如车轮，周身联贯。涣散呆滞，此拳家必戒。交手时，彼身似动未动，我力已至；然而处处只一虚实也。

《太极拳经》注释

太极者，无极而生；动静之机，阴阳之母也。

太，大也，甚也。极者，中也，至也，又穷也；枢纽根柢之谓。阴阳生于太极，为万物之根本；而太极拳则为各拳之领袖也。此拳重在锻炼精神，运劲作势，纯任自然，不偏不倚，不拘形式；以虚无为本，而包罗万象，故曰无极。太极本无极，处处分阴阳虚实。故名之曰太极。

然初学者，就有形之姿势，入手学习，久之着熟，然后懂劲，融会贯通，始能入于神化之境。

机者，巧也，又枢机也。夫动静无端，阴阳无始，当行功时，中心泰然，抱元守一，未尝不静。神明不测，有触即发，未尝无动。于动时，存静意；于静中，寓动机。一动一静，合乎自然。此太极拳之所以妙也。

动之则分，静之则合。

不动时，浑然一太极；如微动，则阴阳分焉。其静的姿势，虽无痕迹可指；然阴阳虚实，已具其中；故曰静之则合。而功重在虚静，虚则无所不容；静则无所不应。学者务须祥察领会，自无不如意也。

无过不及，随屈就伸。

过，逾也。不及，未至也。就，即也。过与不及，皆为失中。

与人相接之时，随彼之动而动；彼屈我伸，彼伸我屈，与之密合，不丢不顶。以中为主，自无不合。初学此拳者每失之过迨，稍动劲，则每失之不及，学者宜审慎之。

人刚我柔谓之走，我顺人背谓之粘。

人者，敌也。刚，指有力而言。柔，即顺也。走者，化也。以柔顺变化敌力之方向，不为所制，故曰走。敌施力时，我顺其势而制之，使其就我之范围，故曰粘。

太极拳，常以小力胜大力为主旨。据常理言之，固然不可；而敌之胜者，必有理在。盖敌力须加吾身，方生效力。苟能御制得道，审机应变；以彼力还制彼身，则我虽弱，常居制人之地位，敌虽力大，何由施哉。然非好学深思之士，未足悟此。

动急则急应，动缓则缓随；虽变化万端，而理为一贯。

此言与人交手，随彼之缓急而施之也。然非两臂圆活，周身松静，实难得相当之效力。

敌虽变化万端，由一本而万殊；而我执两用中，扼万殊使归一本，审机应候，守一以临，设非功深，不易知也。

由着熟而渐悟懂劲，由懂劲而阶及神明；然非用力之久，不能豁然贯通焉。

习太极拳，进功自有一定程度，万不可躐等躁进。此拳之妙，全在用劲(劲字系由功深而练出，不可作力量解)。然劲为无形，必附于有形之着，方合于用。有每恃用劲，轻视用着，手之发也，难以命中，皆不明此中之深理，而滥于用劲之故也。

练此拳术，先求姿势正确，再求互相联贯之精神；熟习之后，须求各势之用法。再由推手，研求懂劲；由微懂，而略懂，进至无微不觉，无时不然，方称懂劲。再进至非着非劲，而劲自合；以意运劲，以气代意，精神所触，莫之能御。此即阶及神明、豁然贯通也。

虚灵顶劲，气沉丹田，不偏不倚，忽隐忽现。

虚者，空也，无意无形之谓。顶者，头顶也。头为全身之纲领，又即拳家之机枢，故运劲于脑，贯神于顶，练神归一，勿使散乱。道家称此为上丹田、泥丸宫，即藏神之府；又为练神之库。夫人大脑主思想，小脑主运劲，且能支配神经，为主宰之枢府。道家之谓丹田有三：一居头顶以藏神，一居中脘以蓄炁，一居脐下（脐下三寸）以藏精。气沉丹田，指下丹田而言，常用深呼吸，归纳于此，自能气足神旺。

盖常人呼吸短促，每至中脘而回（即横膈膜也），不能下达；因肺力薄弱，循环迟缓之故。

练者应虚心实腹，纳故吐新，以心意导精气于下丹田，则自能血脉灵活，排泄炭养；亦自屹然不动，不易撼倒。但沉者，宜徐徐而下，在有意无意之间，万不可用力下沉，外鼓小腹；倘若不慎，每致发生肠疝诸症。

不偏不倚者，中正是也。忽隐忽现者，则若显若没，变化千端，令人莫测之谓也。

左重则左虚，右重则右杳。仰之则弥高，俯之则弥深。进之则愈长，退之则愈促。

左重左虚者，即解释与敌黏手，隐现无常之谓也。敌以吾力在左，欲加重吾左方之力使失平衡，吾则虚以待之，敌自堕吾术中；右方亦然。杳则不可捉摸之意，使之处处落空，无何可施。

仰者，升也。俯者，降也。敌欲提我使上，则我因而高之；敌欲抑我使下，则吾因而降之；使彼处处失中，自受吾制；此即黏随不丢之意。

吾前进时，敌欲顺领吾劲，吾即长身随之，加力击之，使其无法退避。如吾牵动敌身，彼顺我而逼之，我当以佯退转进之法以施之。倘敌随之深入，吾则或俯身含胸，或折叠动摇，或以指促其腕，或旁按两肋臂弯，使敌急迫不安，无可再进。

一羽不能加，一蝇不能落。人不知我，我独知人。英雄所向无敌，盖由此而及也。

此言善太极拳者，感觉灵敏，一触即知；虽微小蝇虫，亦不能加之也。

练至虚灵不昧，感而遂通，自有不期然而然之境，我一着一意，必须先期而至，不令使之觉察，则我奇幻突出，敌不及防。彼一略动，我意即知，所谓“知己知彼，百战不殆”，自能所向无敌矣。

斯技旁门甚多，虽势有区别，概不外壮欺弱，慢让快耳。有力打无力，手慢让手快；是皆先天自然之能，非关学力而有为也。

他项拳术颇多，派别不同，姿势各异，皆不外乎壮欺弱，慢让快；而太极拳，则不然。

此拳皆以虚灵懂劲，知力审势为主；贵谋而不贵勇，贵精而不贵多。敏捷力大，皆天赋之能力，与学力实有轩轾之别。

察“四两拨千斤”之句，显非力胜。观耄耋能御众之形，快何能为。

“四两拨千斤”之句，则言太极拳，以小力能胜大力，以无力能制有力。耄耋御众，古今常理，如古之廉颇，今之二宋者（世荣、云鹤二兄弟也，原籍宛平，寄居太古）。虽老尚能胜众，非恃手足之快也。

立如枰凖，活似车轮；偏沉则随，双重则滞。

枰凖者，中正不倚也。活似车轮者，则气如滚珠，周身如轮，循环不已，活泼不滞之意也。偏者，单重也。指一端而言。

例如用一圆形、方形二物，由平坦掷出，圆形必滚出数步，而方形几动即不动矣。一是一端着地，故灵活无碍。一是两端着地，则双重迟滞。故太极拳贵单重，戒双重。

每见数年纯功，不能运化者，率皆自为人制，双重之病未悟耳。

此歧正之分野。有数十年苦功者，与数年之拳家较；功深者奔北，功浅者凯旋。此皆不明双重，不知运化，不悟虚实之病耳。

欲避此病，须知阴阳。黏即是走，走即是黏。阴不离阳，阳不离阴。阴阳相济，方为懂劲。

此系解释双重之意。阴阳之说，兹不复赘。制敌劲时谓之黏，化敌劲时谓之走；彼高我随之高，彼低我随之低；知己知彼，斯为懂劲。

懂劲后，愈练愈精。默识揣摩，渐至从心所欲。本是舍己从人，多误舍近求远。所谓差之毫厘，谬以千里，学者不可不详辨焉。

懂劲后，为最要关键，万勿稍懈，始获无穷之益。再向不拘成见，毋彼毋我上面求功夫，方能审微入奥，由悟而觉。所谓“登堂入室”者此耳。

《十三势行功心解》注释

十三势者，掤，捋，挤，按，採，挒，肘，靠，进，退，顾，盼，中定，是也。以心行气，务令沉着，乃能收敛入骨；以气运身，务令顺遂，乃能便利从心。

心与意合，以意行气，贵沉实，戒轻浮，听自然，勿勉强。功力日久，自能填髓壮骨。

腹内松静气腾然，则言以气运身之意也。只要姿势平顺，自然气动身至，从心所欲。

精神能提得起，则无迟重之虞。所谓“顶头悬也”。

精神贯顶，周身自然轻灵；不受拙力之支配，始无迟滞之患。

意气须换得灵，乃有圆活之妙。所谓“变转虚实”也。

例如与人相黏，彼力在左，我当击其右。我似发未发之间，彼已觉察，我当以别法变换，信手而应，攻其不备。此即变换灵妙之意。

发劲须沉着松净，专主一方。立身须中正安舒，撑支八面。

沉着，乃拳家关重之要诀，一时不可忽略；偶一失慎，则必惊慌失措，危害甚烈。

尝闻某拳术家，功夫亦纯，力量亦大。因闲争而斗殴，交手之间，身伤数处。忽有人告之曰：“拳术汝忘之乎？”彼即奔腾再较，大获胜利。此皆心神忙乱，手足失措，不知沉着之为何物，以致有此极大之失败也。后有人告之醒，方知己身是一位千变万化之拳术家，则可再较凯旋。

发劲不可乱发，乱发则无效。必须身松气净，专一猛施，自能发无不中。其发也，弥六合，则撑支八面何难也。

行气如九曲珠，无微不到；运劲如百炼钢，何坚不摧。

此即一气流动，长行不息之意也。有隙皆通，微空而至；能达四梢，通九窍。顺之则行，背之则断。

劲者，气之至也。未发也，蕴于内；其发也，突于外。如炮火然。其弹脱口而出，挡者皆倾。此皆一气蒸发之力也。

行如搏兔之鹄，神如捕鼠之猫。

鹄之敏捷，多在盘旋之时。两眼观准机会，猛然进攻，突击而中；则太极拳以行动之间，倏忽制敌，亦此理也。

猫之为物，最能审机待势，蓄而后发；其精妙处，全在用神；其功用处，以静制动。

静如山岳，动若江河。蓄劲如开弓，发劲如放箭。

山岳之坚，人莫撼动。故言此拳以沉实为主，以川流不息为用。弓张越圆，箭放越速；弓乃富有弹力，箭执于中而后发。故太极拳，诚于中，而发于外，亦此意也。

曲中求直，蓄而后发；力由脊发，步随身换；收即是放，放即是收。断而复连。

曲能化劲，直乃发劲。蓄则意之中，发则意之至。脊为内肾之源，又即拳家发劲之关键。气由尾闾上腾，由脊、而肩、而肘、而手指，此皆发劲之意也。步随身换，则上下相随也。

收者，内含牵黏，外示弱点；彼身微颤，我即放之，此即乘机而发。放者，内蕴弹簧，彼抗我缩（缩即引也）；彼走我放，所谓“若即若离”。

往复须有折叠，进退须有转换。极柔软，然后极坚硬；能呼吸，然后能灵活。

折叠，乃是弯曲截劲之意。必须由转换中含有进退；似退非退，似进非进，亦即此理。周身柔软，气自畅达；偶一用力，气必阻碍。

坚硬为何？气之所至也。戒拙力，呼吸自能深长，遍体自然灵活；偶一用力，呼吸自必短促，遍体亦必迟滞。

气以直养而无害，劲以曲蓄而有余。心为令，气为旗，腰为纛。

人之健壮者，气必深长（由顶至踵）；人之薄弱者，气必短促（或至中脘而不行）；气，生命也。其有限制之度量，岂容一丝之消耗？

时有因假气，或练气功者，发生其他之病患，此皆以有限制之气，用于他处，而应行流动之气，自必亏损。故拳术家，更当戒之慎之。劲直无存，劲曲有余。此当然之理，不再赘述。意动气随，皆当以腰为主。

先求开展，后求紧凑，乃可臻于缜密矣。

初步练拳，总以周身松活开展为主。俗云：“伸筋拔骨（此指初学而言），筋长力大”，诚哉是言也！手足能长，弹力必大；手足短缩，弹力必小。磨习即久，自可由长而短，由大而小，伸缩往来，忽高忽低。放则能弥六合，卷则退藏于密；此即拳家之上乘也。

又曰：先在心，后在身，腹松气敛入骨，神舒体静，刻刻在心。切记一动无有不动，一静无有不静。牵动往来气贴背，敛入脊骨，内固精神，外示安逸。迈步如猫行，运劲如抽丝，全身意在精神，不在气，在气则滞。有气者无力，无气者纯刚。气若车轮，腰如车轴。

注：此篇拳论出自1929年山东国术馆《太极拳讲义》手抄本，此篇拳论注释据传是由时任山东国术馆馆长的李景林邀请杨式太极拳名家杨澄甫所编著，关于此说具体是否确切，还须相关学者进一步考证研究。另有田镇峰所著之《太极拳讲义》，其注解与此完全相同，田在书中言此为其所注解，究竟如何，则留于有心之读者考证可也。

但就其注解内容来说，可谓是解说详尽，注解精辟，是一份很有价值的拳论注解文字，对于广大太极拳爱好者和研究者来说亦极具参考价值，特收录于此，以供广大读者参研学习。

李寿籛太极拳经拳论注解

李寿籛

李寿籛（1877—1962），原籍浙江钱塘，寄籍山东诸城，别号悟真子。李寿籛先生自幼习武，曾习少林拳十余年，后入保定军事学堂，毕业后参加革命。辛亥之役积劳成疾，风湿病甚重，医药罔效。

1911年，遇太极拳名家杨少侯先生，得闻太极拳之精义及功效，乃扶病从学，数月竟霍然而愈。

隔年，在山东遇武当僧人妙莲大师（与少侯先生同门），先后从游八年，乃尽得此拳之奥妙。

李寿籛先生后定居于台湾，先后在机关任教，并在台北市新公园授拳。

上世纪50年代至60年代，在台北传授太极拳者，以李寿籛、郑曼青二先生为最著，几乎无人不晓，知名度颇高。

李寿籛先生晚年迷于静坐炼气，不慎出偏，导致肢体瘫痪，后卒于1962年9月22日，享年85岁。

张三丰祖师太极拳经解

一举动周身俱要轻灵。

纯任自然，不用丝毫拙劲，则举动自然轻灵。

尤须贯串。

联成一气，绵绵不断，即为贯串，若劲一断，则为人乘虚而入。

气宜鼓荡，神宜内敛。

气鼓荡，则无间。神内敛，则不乱。

勿使有凹凸处，勿使有断续时。

凹凸不平则间断，即为人所制。断续则不圆，不圆则易为人所乘。皆致败之由也。

其根在脚，发于腿，主宰于腰，形之于手指。由脚、而腿、而腰，总须完整一气。向前退后，乃得机得势。

人之呼吸由顶至踵。呼吸深长，始能完成一气。上下相合，随曲就伸。太极以手指放人而跌出者，并非手指之力也；其力发于脚，而人不知也。

故变动其根在脚，由脚而上至腿腰，以及手指，无处不应，自然能得机得势。

有不得机得势处，身便散乱，其病必于腰腿求之。

不得机不得势，必是手动而腰腿不动。腰腿不动，手愈有力，而身愈散乱。故有不得力处，必留心动腰腿也。

上下、前后、左右皆然，凡此皆是意，不在外面。有上即有下，有左即有右，有前即有后。

上下、前后、左右之动作，皆须动腰腿，然后才能如意。虽动腰腿，而内中有知彼知己、随机应变之意在；若无意，虽动腰腿，亦乱动而已。

如意欲向上，即寓下意，若将物掀起，而加以挫之之力，斯其根自断，

乃坏之速而无疑。

与人交手时，务要随机应变，动无定向，随曲就伸，反复无端，令人莫测，使敌顾此不能顾彼。心神失措，自然散乱，则我可乘机而击之。

虚实宜分清楚，一处自有一处虚实，处处总此一虚实。周身节节贯串，勿令丝毫间断耳。

练架子要分清虚实，与人交手亦须分清虚实，然全视来者之意而定。彼实我虚，彼虚我又实；实者忽变而虚，虚者忽变而为实，彼不知我，我能知彼，则无不胜矣。

周身节节贯串，方能虚空粉碎。能虚空粉碎，处处不受牵连，而用之时，始得轻灵变化，运用圆活耳。

长拳者，如长江大河，滔滔不绝也。

太极拳亦名长拳，杨氏所传有太极拳，更有一种长拳，名称虽异，其理则同，十三势者，掤、捋、挤、按、採、挒、肘、靠，此八卦也。进步、退步、右顾、左盼、中定，此五行也。掤、捋、挤、按，即坎、离、震、兑四正方也；採、挒、肘、靠，即乾、坤、艮、巽四斜角也。进、退、顾、盼、定，即金、木、水、火、土也。

太极各式，及掤、捋、挤、按已见前。

原书注云，以上系武当张三丰所著，欲天下豪杰，延年益寿，不徒为武术之末技也。

王宗岳先师《太极拳论》

太极者，无极而生，阴阳之母也。

太者，大也；极者，至也。无极者，没有到极处，即广大无际也。空而又空，空而不空。空中有实，即天一生水也。水中生金，是谓之真。即无极之真，而生太极，太极分两仪，两仪生四相，四相生八卦，卦卦变化无穷者，是阴阳动荡错综，生有爻变也。

太极拳推手，随机应变，纯任自然，处处分阴阳虚实，故名之曰太极。初学者，就有形之姿势入手学习。久久练熟，然后懂劲，而阶及神明。

当行功时，中心泰然，浑然一气，抱元守一，未尝不静。有触即发，未尝无动。于静中生动，动中求静，一动一静，合乎自然，此太极拳之所以妙也。

动之则分，静之则合。

我身不动，则浑然一太极。稍动，则阴阳分焉。其静的姿势，虽无痕迹可见，然阴阳虚实之气，已具其中。故曰："静之则合。"而其功重在静，劲则无所不容，静则无所不应。武侯曰："宁静以致远。"学者务须详察领会，无不贯通焉。

无过不及，随屈就伸。

过者，逾也。不及者，未至也，就即也。过、不及皆为失其中。与人交手之时，随彼之动而动。彼屈我伸，彼伸我屈，与之密合，不丢不顶。以中为主，自无不合。

初学此拳者，每失之太过，稍懂劲则失之不及，学者宜审慎之。

人刚我柔谓之走，我顺人背谓之黏。

人者，敌也。刚是用力，柔是轻松，亦顺也。走是化也。以柔化敌之力，不为所制，故曰走。敌用力时，我顺其势而制之，使其就我范围，故曰黏。

动急则急随，动缓则缓应。虽变化万端，而理则一贯。

此言与人交手时，随彼之缓急，则自然黏连不断。非两臂圆活松静，不用丝毫拙力，不能相随黏连如意也。

敌虽变化万端，由一本而万殊。而我则执两用中，扼万殊成一本。审机应候，守一以临，非功深者不知也。

由着熟而渐悟懂劲，由懂劲而阶及神明。然非用功之久，不能豁然贯通焉。

练太极拳之功夫，自有一定秩序，不能躐等躁进。此拳之奥妙，"劲"字，系功深而练出，不可作力量解。然劲为无形，每恃用劲，轻视用着。手发出时，难以命中，皆不明此中深理，滥为发劲之故也。

先由着熟，习拳以练体，推手以应用。用功既久，自然懂劲，而神明矣。

虚灵顶劲，气沉丹田，不偏不倚，忽隐忽现。

虚者，空也。顶者，头顶也。虚灵顶劲者，即敛神于顶，方能提起精神。故练架子及推手，皆须有虚灵顶劲、气沉丹田之意。但不可用力去沉，只以意下沉耳。

不偏不倚者，立身中正也。忽隐忽现者，虚实无定，变化不测也。

左重则左虚，右重则右杳。

与人黏手时，觉左边重，我之左手处，即变为虚。右边亦然。杳者，即忽隐忽现，令彼不可测度之意。

与彼相黏，彼若用力，我随其意而化之，不可稍有抵抗，使其处处落空，以彼之力还以制其身也。

仰之则弥高，俯之则弥深。进之则愈长，退之则愈促。

仰者，升也。俯者，降也。敌欲提我使上，我随而高之。敌欲抑我使下，我即随之而降。使彼处处落空，自受我制。此即黏随不丢不顶之意。

彼进，则觉为愈长而不可及。彼退，则觉我愈逼而不可逃。皆言我黏连绵随，不丢不顶之意也。

一羽不能加，蝇虫不能落。人不知我，我独知人。英雄所向无敌，盖由此而及也。

此言太极拳，感觉灵敏，一触即知。虽极小蝇虫，亦不能加之也。功夫精深者，始能如此。

举动轻灵，自然人不知我，我独知人。所谓知己知彼，百战不殆，自能所向无敌也。

斯技旁门甚多，虽势有区别，概不外壮欺弱，慢让快；有力打无力，手慢让手快。是皆先天自然之能，非关学力极有为也。

以上言外家拳术，派别甚多，姿势各异，不外乎以快、以力胜人。若遇手快力更大者，则又败矣。

太极拳则以虚灵懂劲，知力审势，贵谋不贵勇，贵精巧柔和，不恃快、不恃力，而能胜人也。

察四两拨千斤之句，显非力胜。观耄耋能御众之形，快何能为。

此言太极拳之巧妙，以弱胜强，以柔克刚。以四两拨千斤者，彼虽有千斤之力，我顺彼背，则千斤无用也。彼之快乃自动，倘遇有精深太极拳术者，用手黏之，彼动且不能，焉能快乎？

立如枰準，活似车轮。

立如枰準者，有虚灵顶劲，中正不偏倚也。活似车轮者，以腰为主，气如流珠，周身活泼，无处不随腰运动圆转也。

偏沉则随，双重即滞。

与人交手时，若两处与彼相黏，其力平均，则两相抵抗，是谓双重。则二人必相持不下，而力大者胜。两处之力平均，若松一处，是谓偏沉。我若偏沉，彼力虽大，亦何能为？我可走化彼之力也。

每见数年纯功，不能运化者，率皆自为人制，双重之病未悟耳。

虽有数年纯功，仍有双重之病，不免为人所制，不能立时运化也。

欲避此病，须知阴阳。黏即是走，走即是黏。阴不离阳，阳不离阴。阴阳相济，方为懂劲。

欲避双重之病，须知阴阳。阴阳即虚实也。稍觉双重，即速偏沉。虚处为阴，实处为阳。虽分阴阳，仍黏连不脱，故能黏能走。

阴不离阳，阳不离阴。彼实我虚，彼虚我实。阴变为阳，阳变为阴。阴阳变化，本无定形，随彼之动，虚实应付，毫厘不爽，是谓真懂劲矣。

懂劲后，愈练愈精。默识揣摩，渐至从心所欲。

此言练推手。懂劲之后，始能入门，万不可间断，必须日日练习，时时揣摩。遇有领悟，即默志于心。心动则身手俱随，无不如意，技日精进。

本是舍己从人，多为舍近求远。

太极拳，与人交手，不自作主张，处处从人，逆来顺应。彼之动作，必有一方向，则我顺其方向而去，不稍抵抗，使彼落空或跌出，皆彼用力太过。

如有一定手法，不知随彼，是之谓舍近求远矣。

所谓差之毫厘，谬以千里。学者不可不详辨焉。

太极拳与人交手时，应在黏连密切之处应付之，所谓不差毫厘也。稍离则远，失其机矣。

此论句句切要，并无一字敷衍陪衬。非有夙慧之人，不能领悟也。先师不肯妄传，非独择人，亦恐枉费功夫耳。

太极拳之精微奥妙，皆不出此论。非有夙慧之人，不能领会。可见此拳不能以技艺视之也。

太极拳八字诀

三换二捋一挤按，搭手遇掤莫让先。
柔里有刚攻不破，刚中无柔不为坚。
与人攻打要採挒，力在惊弹走螺旋。
乘势进取贴身肘，肩膝胯打靠当先。

按八字诀者，即掤、捋、挤、按、採、挒、肘、靠，八字也。此八字诀为两敌对垒决胜负之秘诀也。兹述于后。

三换二捋一挤按，搭手遇掤莫让先。

如与敌推手，已经三换，即三掤、二捋，当知来敌不弱，应以挤按之法制之。

所谓“搭手遇撑莫让先”，撑者掤也，有掤即不俗，不必多耗光阴，应以当仁不让之决心先法制人。

柔里有刚攻不破，刚中无柔不为坚。

世人多以太极拳多不用力，便谓无力。不知外表似柔，内中蓄劲似刚。有守时如处女，动时如脱兔，所谓“柔里有刚攻不破，刚中无柔不为坚”。若柔如无骨，虽有十年苦功，亦不能当大敌也。

与人攻打要採挒，力在惊弹走螺旋。

假若对方来势凶猛，当虚以待实，所谓借人之力以顺人之势，借人之力还以制其人。

採挒者，亦即以逸待劳，所谓四两拨千斤也。敌来攻击，先确定地方虚实之点后，便可使用“力在惊弹走螺旋”之诀。力者，为敌力聚集所在。走者，将敌力化去。惊弹，如鸟被弹。如螺旋之旋转而落，无坚不入。即极细微之间，将敌力化去，我乘虚而入。又突发放敌人，非直力所能奏效，应以螺旋力撼敌。

乘势进取贴身肘，肩膝胯打靠当先。

如敌来攻我，我趁势利用肩、胯、膝三部挺身靠近敌身，使其不及闪挪，再以肘克之。此所谓“乘势进取贴身肘，肩膝胯打靠当先”是也。

太极拳虚实行功法歌诀

虚虚实实神会中，虚实实虚手行功。
练拳不谙虚实理，枉费功夫终无成。
虚守实发术中窍，中实不发艺难精。
虚实自有实虚在，实实虚虚攻不空。

练武术者，务需研究虚实之理。不仅太极拳如此，其他武术都如此。唯此中窍要，神妙异常，初学者实难索解。此释于后。

虚虚实实神会中，虚实实虚手行功。

虚实二字，在技击上，意义广大，今举例明之。虚者，空也。虚则圆转自如，不为外物所牵引。实为坚固也。固则滞碍横生，易为外物所毁，即被动，易受人制。

练拳不谙虚实理，枉费功夫终无成。

习武术者，不明虚实之理，虽有十年苦功，经不得名家一击。语云“拳不打功，功不打巧”，巧即虚实之理。运用己实，击人之虚。运己之虚，代人之实，非执一不变之谓。善用虚实，即巧妙机动，战术也。

虚守实发术中窍，中实不发艺难精。

按此二句为虚实应用之体。遇虚则守，逢实则发。虚守实发，是技击上不易之法，无上之巧妙。

比如敌以猛力，即“实力”攻来，我不做正面之对抗，以免虚耗元力。待敌扑空，化实为虚时，我乘机而入。

中实不发者，敌虚我实，若不进攻，即失良机。似此不能确定虚实，其功自难精进。

虚实自有实虚在，实实虚虚攻不空。

兵法云：“虚则实之，实则虚之。”善用虚实，则守能坚，功则克，所谓“虚实自有实虚在，实实虚虚攻不空”是也。

双重行不通，单重便成功。

单重、双重，即虚实也。双重则滞，故行不通，即执滞也。拳经云“左重则左虚，右重则右杳”，即分虚实也。

单重则活。活能源转自如，易于成功。总之实可攻人，但涩滞不灵活。虚易被击，而圆活灵便。虚实在毫厘之间，纯在体会敏捷，使用得当，非笔墨所能形容也。

故练国术者，须有聪颖之资质，多年之功夫。若无名人指导，虚心体会，殊不能豁然贯通，于千钧一发之际，迅速识透虚实，方可当大敌也。

太极拳十三字行功法

太极拳歌诀十六句，计一百十二字。一字有一字之用，一句有一句之法。字字珠玑，句句锦绣。并释于后。

掤手两臂要圆撑，动静虚实任意攻。搭手捋开挤手使，敌欲还着势难逞。

按手用着似倾倒，二把採住不放松。来势凶猛挒手用，肘靠随时任意行。

进退反侧应机走，何怕敌人艺业精。遇敌上前迫近打，顾住三前盼七星。

敌人逼近来打我，闪开正面定横中。太极十三字中法，精意揣摩妙更生。

释义

掤：掤者，两臂撑开如捧圆盘，稳定中心，如盘之承珠。

任敌攻击，我惟以盘闪展迎击，惟仍盘不离珠，即不失中心，以中心为迎拒。此即“掤手两臂要圆撑，动静虚实任意攻”是也。

比如敌方以按势反攻，我虽以圆形之掤式承受来敌，须急转腰胯后吞，含胸拔背，则敌按势落空，脚底已虚。我急乘虚而入，强敌自摧矣。不得机不得势。在腰腿求之。

捋：借敌之攻势，而反击之谓也。

比如两人推手，敌方以右手掤来，我以右手扶住敌腕，左手粘住敌肘，两手顺势往怀中右下侧捋开。来势被化，我乘机速攻，联用挤手，敌人一扑空，必定缩回，不料我迅雷不及掩耳，如怒风袭危墙，不倒也几希。此之谓“搭手捋开挤手使，敌欲还着势难逞”是也。

挤：乘机突击之手法也。

比如敌使右撇手攻来，我以右手应接敌腕，左手背贴住敌右肘，敌则侧身以臂护其右肘，我乘机急以右掌，按住自己左手尺骨处，出其不意，直攻其当胸。敌因侧身失其中心，遭此猛挤，无不跌出也。

按：按者，如推山入海，势如奔马，用两手按敌双臂也。

比如敌人以掤手攻来，我在敌手将倒未倒之间，中途击之。此法先以双手封敌臂，按手向上稍托，以松敌劲，再往下按；同时我上身微前倾，使臂、肘、腰、胯、膝、足等功劲，由下而上。刹那之间，如烈风拔树，将敌按出。所谓“按手用着似倾倒”是也。

採：採者，擒也。即两手粘敌，不即不离，欲擒故纵，准备攻击之谓也。

比如二人交手，两手互使盘法。觉敌似有怯意，即先法制人，粘住敌臂，使敌入我掌控。此之谓“二把採住不放松”是也。

挒：挒者，捽也。即先採后挒，以杀敌之势也。

比如二人决战时，敌以全力犯我。我先以採法，粘住敌两手。再借其凶猛之势，迅速转动腰胯；同时一脚后撤，摧枯拉朽，捽敌于自身之外。此之谓“来势凶猛挒手用”是也。

肘靠：肘靠者，以敌逼近我身，我反守为攻，以肘克之。靠近敌身，使其无回旋余地。

比如敌已靠近我身，我两手不及回收。可急含胸敛腹闪开，以避其锋。可用臂肘短兵相击，敌自倾。此所谓“肘靠随时任意行”。

进退：进退者，即避实乘虚，不即不离，伺机而动。

比如：（一）为活步推手时，敌进我退，即避实之法也。（二）为大捋，即拗步推手反击敌侧，即为乘虚之法。即所谓“进退反侧应机走，何怕敌人艺业精”是也。

顾盼：顾者，从容之看也。盼者，迅速之看也。

看准敌手动静，须有泰山崩于前面不改色。敌微动我先动，此须顾得定、盼得准，所谓“遇敌上前迫近打，顾住三前盼七星”是也。

三前者，眼前、手前、足前。此三前为敌我决胜之场合。七星者，头、肩、臂、胯、膝、足、手此七部，为我攻敌之利器，亦为被敌攻之弱点。故目中如夜间七颗明星，明星一动，我已了然，自应付俗如，此之谓顾盼是也。

定：定者，稳定中心也。

比如敌由正面攻来，我迅速迈步，闪开正面，从侧或后面击敌；或截打敌之腰部，即“横中”。所谓“敌人迫近来打我，闪开正面定横中”是也。

以上十三字之意义，均系迅速脱险制胜之法。所谓“太极十三字中法，精意揣摩妙更生”。而实际运用，仍须深刻功夫，再四揣摩，方能奥妙无穷。

注：此编几篇拳论选自李寿籛所著之《武当嫡派太极拳术》一书，但其拳论注解之部分内容，与太极拳家陈微明所注解之拳论内容有不少相同之处。

经笔者查询，《武当嫡派太极拳术》一书初版于民国三十三年（1944年），而陈微明所著之《太极拳术》则出版于民国十四年（1925年），因此李寿籛先生所注解之拳论内容，应是在很大程度上参考了陈微明先生所撰之拳经拳论注解。有兴趣之读者，可相互对照研究。

姚馥春、姜容樵拳经拳论注解

姚馥春

姚馥春（1879—1941），名兰，字馥春，河北省遵化县人，著名武术家，为河北形意名家张兆东先生高足弟子，精绵掌、太极、形意、八卦等拳术。

1928年受李景林先生之邀，姚馥春赴上海，作为发起人之一，在上海成立了“中华国技学会”，后又与其师弟姜容樵等人成立了“上海尚武进德会”，并任原中央国术馆教员。

1929年浙江省游艺大会任监察委员，同年与其师弟姜容樵合著《太极拳讲义》一书，并于1930年由上海、南京两版印刷发行，南京版为插图，上海版为姚先生照片，个别拳照由姜先生增补，推手与其子姚士余合演。

《太极拳讲义》出版时武术名家、社会名流及当时的党政要员均为该书题词作序，张之江、李景林、于右任、张占魁等人为该书题词写序；蒋介石为该书作了“自强之道”的题词，可见该书在当时影响之大。

1931年姚先生被中央国术馆派往江西省担任国术教师和裁判工作，到1940年左右因病返回家乡，回乡后仍担任本县省立五中和汇文中学等处武术教师。

日本著名中国武术研究家松田隆智先生，1979年12月写的《中国武术史略》一书，把姚馥春与其师弟姜容樵先生合著的《太极拳讲义》一书，称为研究中国各派太极拳重要参考文献之一，并称姚、姜两先生与内家拳名家王俊臣、韩慕侠、钱松龄等人，同属河北派中国著名内家拳张占魁先生最有影响力的弟子。

姜容樵

姜容樵（1891—1974），现代著名武术家、武术教育家、武术理论家。尤精通武当、八卦、形意、太极，以及张占魁所创形意八卦拳等内家拳法。

曾执教江苏省第十中学。在上海创办尚武进德会，三十年代又发起组织“健康试验社”“击技试验社”，1932年受聘为南京中央国术馆编审处处长工作12年，主编《国术丛刊》。抗日期间，先生辞离国术馆，前赴皖南大学担任文学、历史讲师三年。1946年辞职后，专门从事武术和文艺写作。抗美援朝时，先生又亲送其子赴朝参战，并收徒传授武技。先后审定教材数十种，并教授拳械。

1953年任全国民族形式体育表演及竞赛大会武术总裁判。曾多次在全国武术大会上表演形意、八卦、秘宗、陈氏太极长拳、太师鞭、青萍剑、八卦奇门枪等拳术和器械。一生精武通文，著作颇丰，先后编纂出版《写真秘宗拳》《写真形意母拳》《形意杂式捶八式拳合刊》《太极拳术讲义》《写真太师虎尾鞭》《写真太师水磨鞭》《写真鞭枪大战》《写真青萍剑》《昆吾剑》《少林棍法》《八卦夺门枪》《八卦掌》等28部学术著作，为武术文化遗产的发掘、继承和发展均作出了突出的贡献。

太极拳谱释义

拳谱为清初王宗岳所著，唯递嬗至今，其中不无讹错；故市井所传之太极拳论，多有令人不解之语。

余与姚君馥春，得抄本于汤君士林，并得汤君详细解说。其原文较世所传者多三分之一，皆太极之要诀，兹特笔述于后，以公同好，并加注释，凡括号、抬头处皆原文，低行注解也。

歌诀一

顺项贯顶两膀松，束烈下气把裆撑。
胃音开劲两捶争，五指抓地上弯弓。
（胃音束烈等字，皆存原文）

注解

虚灵顶劲，气沉丹田，提顶调裆，心中力量，两背松，然后窒。

演式时，每一架子，均须有虚灵顶劲、气沉丹田之意。虚灵者，意贯胸海也。顶劲者、头顶项竖也。周而复始，气注丹田。

提顶，使尾闾之脊骨与颈项直贯，有上提之意。调裆，系拿住丹田之气，勿使外溢。谷道提起，如忍粪状。心中力量，即完全用意，而非用拙力也。窒，折实之谓也。

开合按势怀中抱，七星势，视如车轮，柔而不刚。

每一开合，或摅、按式皆伸缩其劲，发动如在怀中。七星势，即手足姿势方位像其形，视如车轮，随腰运动，完全用意不刚。

彼不动，己不动；彼微动，而己意已动。

遇敌之时，敌不动，我亦不动。敌方微动，其动意中之方向，而我之意已随其方向而先动。此非知彼知己之谓，乃不见不闻即可知觉之化境也。

由脚而腿，由腿而身，练如一气，如转鹘之鸟，如猫擒鼠。

其根全在两足，再发于腿，由腿而身至腰，由腰至顶，练成一气。

鹘鸟为抟兔之鹰，旋转无定；亦如太极之气，随意志动作不停也。如猫擒鼠，非谓其速，实言其静以蓄势，动则手、足、心意齐到，纯以神行耳。

发动如弓发矢，正其四体，步履要轻随，步步要滑齐。

发动如拉满弓，放箭便至。头顶项竖，四体中正，自然安适。迈步要轻灵相随，任何动作不可歪斜，亦不可停滞。任何步法又要整齐，此即步步要滑齐也。

歌诀二

举动轻灵神内敛，莫教断续一气研。
左宜右有虚实处，意上寓下后天还。

注解

一举动，周身俱要轻灵，尤须贯串。

演式概不用力，则愈长内劲；周身自然圆活、灵通。贯串者，式式联络，绵绵不断也。不贯串，则式断，断则有隙可乘，此太极所最忌。

气宜鼓荡，神宜内敛。无使有凸凹处，无使有断续处。

气宜鼓荡者，天然之深呼吸，不可间断，凝神敛志，则心意专一。

演式时，须要心平气和，动作、姿势与心意，皆不可有凹凸处，更不可有断续时。心不平、式不平，易为人制；有断续，易为人乘，皆太极之病也。

其根在脚，发于腿，主宰于腰，形于手指；由脚、而腿、而腰，总须完整一气。向前退后，乃得机得势。

演式时，心与意、意与气、气与力，其根由脚而发于腿，由腿而腰，由腰而颈项、颅顶，至于手、指、臂、腕，总如一气之完整。遇敌时，任凭前进后退，无不得心应手。以足为根，形意、八卦亦然，太极则更不可轻忽也。

有不得机得势处，身便散乱，其病必于腰腿求之。

上下不相随，手动脚不动，便是不得机、不得势，因而身法散乱。

凡演式不得力，其弊定在腰腿，当于斯求之。

上下、前后、左右皆然，凡此皆（在心）意，不在外面。有上即有下，有前即有后，有左即有右。如意要向上，即寓下意，譬之将植物掀起，而加以挫折之力，其根自断，损坏之速乃无疑。

每欲上下、左右、前后，皆须先动腰腿。以上所论，皆是心与意，而非皮与骨。心意专一，上下、前后、左右乃得随机应变之妙。否则意志不专，易入旁门。

意欲袭敌上部，却寓顾下之意，使敌不易捉摸；譬之植物，而先挫其根，其本损坏，标将焉讬。即向上要寓下、向下而寓上也。

虚实要分清楚，一处自有一处虚实，处处总此一虚实。周身节节贯串，无令丝毫间断耳。

演式时，要分别何处虚、何处实。敌实我虚，敌变虚，则我忽实。虽一处有一处虚实，然明此一虚实，处处亦皆此一虚实也。彼重我轻，不丢不顶。

演式时，一面动作，一面呼吸，运用自然，节节贯通，四肢百骸，处处虚空。虽虚空，而节节又能贯串，如百节蜈蚣，一处行动，百节灵活，决无间断之弊。太极亦此意耳。

歌诀三

拿住丹田炼内功，哼哈二气妙无穷。
动分静合屈伸就，缓应急随理贯通。

注解

拿住丹田之气，炼住元形，能打哼哈二气。

气沉丹田，不使外溢，如两手之搿（gě）物然。炼住元形者，即回光返照、抽坎填离，返后天归先天也。

元形不散，发手坚实。沉着而伸，挡之者无不披靡，故曰哼气、哈气，亦即吸气曰提、曰缩、曰收。遇敌时，手足与心意并吸，能吸得人起，或虚其隙，使其自仆，故曰哈气。

太极者，无极而生，阴阳之母也。动之则分，静之则合。无过不及，随屈就伸。

阴阳不分为无极，无极而生太极，是阴阳、虚实分也。我身一动，则阴阳分焉，即太极也；我身不动，浑然无间，则阴阳合焉，即无极也。

遇敌时，彼动我知，彼进我随，息息相合，虽彼意毫厘之末已动，然我已先彼及之。

人刚我柔，谓之走；人背我顺，谓之黏。

敌用刚袭，我以柔化之，即谓之走。敌刚我柔，敌力失效，谓之背。敌背，我即顺。趁其势而黏随之，无不应手奏效。

动急则急应，动缓则缓随。虽变化万端，而理与性惟一贯。由着熟而渐至懂劲，由懂劲而阶及神明。然非用力之久，不能豁然贯通焉。

敌急我以急应，敌缓我以缓随。以敌之缓急为缓急，自能黏粘不脱。沉肩坠肘，手有立桩，斯可言缓急相应。敌动之方向，虽变化不定，而吾之粘黏随之。理法与个性则一也。愈练愈精，渐至懂劲，由懂劲，而渐至变化。用功愈久，则豁然贯通而神明矣。

歌诀四

忽隐忽现进则长，一羽不加至道藏。
手慢手快皆非似，四两拨千运化良。

注解

不偏不倚，忽隐忽现。左实则左虚，右重则右轻。

演式时，身体要中正，不可左歪、不可右斜，忽而虚隐、忽而实现，变化不定，出没无常。

敌出手左边实，吾之左边与敌黏运处，立变为虚；敌出手右边重，则吾之右边与敌黏运处，即变为轻。虚轻者，化劲也。一用顶劲，即太极之病。总使敌不可捉摸，处处落空，乃为至善。

仰之则弥高，俯之则弥深。进之则愈长，退之则愈促。

敌仰攻，则觉我高不可攀，可望不可即。敌俯就，则觉我深不可测，邃陷尤如湍海。敌近手足以袭我，则觉我愈长而不可及。敌退走，则觉我踪其后，愈迫愈近，无处可避。斯言，初学者读之，率皆怀疑，一旦领悟，自可得其理与法也。

一羽不能加，蝇虫不能落。人不能知我，我独知人。雄豪所向无敌，盖皆由阶而及也。

太极拳至入化境，诚有不见不闻之知觉。不丢不顶，稍触即应。虽羽毛之轻、蚊蝇之微加诸身上，亦能预知而不容，其感觉灵敏如斯。

我之动作，敌不能知，敌之去向，我能预防，自然战无不胜，攻无不取。盖皆由初步而进阶，始能及此境也。

斯技旁门甚多，虽势有区别，概不外乎强欺弱、慢让快耳。有力打无力，手慢让手快，是皆先天自然之能，非关学力而有也。

国术名称极多，虽各有派别，然皆不外以强有力而欺弱，以手快胜手慢。凡有力者打无力，手快者胜手慢；如遇其力大我十倍者，则我之立于败地又立判矣。是皆各人先天自然之本能，并非由道理中所学而得者也。

察四两拨千斤之句，显非力胜。观耄耋能御众之形，快何能为。立如秤准，活似车轮，偏沉则随，双重则滞。

练太极达到至虚，其神妙能以四两气力拨动千觔。年登大耋之人能御多数之敌，由斯观之，绝非有力与快，便可取胜也。

立式如同秤，称之准确。头顶项竖，气贯丹田，演式圆转，以腰为轴，手足臂膀自然活似车轮。

敌用力，我松劲敌，敌虽力大，而我可化走，是为偏沉则随。敌用力，我亦用力，二人互相抵抗，卒为力大者胜，是为双重则滞，乃太极之最忌。

每见数年纯功不能运化，率自为人所制者，双重之病未悟耳。欲避此病，须知阴阳。黏即是走，走即是黏；阴不离阳，阳不离阴，阴阳相济方为懂劲。

治技若干年，练习甚熟，惟运用不化，出手仍为人制，是其双重之病仍未澈悟。欲避双重之病，须知阴阳。

阴阳者，虚实也，亦奇正也。遇敌时，如觉双重，我即偏沉，虚为阴，实为阳，敌虚我实，敌重我轻，黏着便走，走亦能黏，奇出可变为正，虽正立能变奇。奇正虚实，我不自主，皆随敌之动作而变化。能黏能走，知阴知阳，始能应付裕如，而可谓之懂劲矣。

懂劲后，愈练愈精，默识揣摩，渐至从心所欲。本是舍己从人，多误舍近求远。所谓差之毫厘，谬以千里，学者不可不详辩焉。

能黏能走，知阴知阳，谓之懂劲。懂劲后，仍须朝夕研习，愈练愈有进步，自己默化揣摩，镕之与心，铸之于手、眼、身、步。心动意至，手足随之，无不从心所欲，如愿以偿矣。

太极拳遇敌交手完全被动，而非主动，任何动作，皆随敌之方向、动作而动作；不许双重，注意偏沉，若用固定着法而袭敌，一味抵抗，是谓舍近求远，动辄反为人制，所谓以差毫厘即谬千里，故太极之极细微处，亦不容轻忽。盖稍纵即逝，其机必失，学者应视为玉律金科者也。

此论句句切要，并无一字陪衬，非有夙慧之人，未能悟也。先贤不肯妄传，非独择人，亦恐枉费功夫耳。

此论句句切中要窍，绝无一字敷衍，是非聪明智慧之士，未易领悟；并非先贤择人而传，实恐传非其人，枉费工夫耳。

歌诀五

掤捋挤按四方正，采挒肘靠斜角成
乾坤震兑乃八卦，进退顾盼定五行

注解

（长拳者，如长江大河滔滔不绝也。）

长拳有北派之长拳，有广平之长拳，虽姿势有别，其理则一。今人多以十三势为长拳，殊不知十三势外另有一长拳，王宗岳之顺项贯顶两膀松之歌诀，既拿住丹田之气，并披闪担搓之，皆论指此长拳而言也。

十三势

十三势者，掤、捋、挤、按、采、挒、肘、靠，此八卦也；进步、退步、左顾、右盼、中定，此五行也；合而言之曰十三势。掤、捋、挤、按，即坎、离、震、兑四正方也；采、挒、肘、靠，即乾、坤、艮、巽四斜方也；进、退、顾、盼、定，即水、火、金、木、土也。

以上系三丰祖师所著，欲天下豪杰延年益寿，不徒作技艺之末也。十三势批注已见前章及讲义中。

《十三势歌诀》注释

十三总势莫轻视，命意源头在腰隙。
变转虚实须留意，气遍身躯不少滞。
静中触动动犹静，因敌变化示神奇。
势势揆心须用意，得来不觉费功夫。
刻刻留心在腰间，腹内松净气腾然。
尾闾中正神贯顶，满身轻利顶头悬。
仔细留心向推求，屈伸开合听自由。
人门引路须口授，工夫无息法自休。
若言体用何为准，意气君来骨肉臣。
详推用意终何在，益寿延年不老春。
歌兮歌兮百卌字，字字真切义无遗。
若不向此推求去，枉费功夫贻叹息。

注解

气贴背后，敛入脊骨。静动全身，意在蓄神。不在聚气，在气则滞。

气沉丹田，使贴背后，提肛运用，收敛入于脊骨，直可顺项贯顶。静中触动，动即全身，而并非一部分单独之动作也，其意在敛气蓄神，神足气整自变化从心。切忌聚气，气聚则滞，不惟沦入外家，其害更有不堪设想者，可不慎欤。

内三合与外三合

心与意合，意与气合，气与力合，是为内三合。手与足合，肘与膝合，肩与胯合，是外三合，共为六合也。

二十字诀

披闪担搓歉，黏随拘拿扳。
软掤搂摧掩，撮坠续挤摊。

（披） 分也，开也，裂也。《史记》："披山开道，不折不披。"《汉书》："披心腹，见情素。"吴均诗："细叶能披离。"司马相如赋："汉军皆披靡。"《汉书》："披露肝胆。"

太极拳中，由侧方分进曰"披"。此手法太极长拳中最多，十三势中较少。

（闪） 躲避也，侧身避之，俗谓之"闪"。瞥然一见曰闪。《魏略》曰："日尝自于墙壁门窥闪。"杜甫诗："闪闪浪花翻。"《随书》："观其走马，称为闪电，喻其速也。"

在太极拳中，不顶而侧让，不丢而黏之为"闪"，非全空也。

（担） 负也，任也。《国策》："负书担囊。"《左传》："弛于负担。"《管子》："负任担荷。"

在太极拳中，任敌袭击，待其将着身时，负其攻势下松，以化其劲曰"担"；并非担挡敌人之击，或担出敌人之手足也。

（搓） 手相磨也。陆游诗："柳细搓难似。"

在太极拳中，我之手腕臂肘与敌之手腕臂肘相磨擦，试其劲之去向，敌进我随之退，敌退我趁势攻，黏粘不脱，中含圆滚之意。

（歉） 不足也，能仄不盈，试敌之谓也。出手不可太满，总要留有相当之尺寸，否则一发无余，非太极矣。

（黏） 沾也，染也，相着也。胶附曰黏。韩愈诗："土脉膏且黏。"杨维桢诗："香黏金鞚忆微兜。"

在太极拳中，缠绕不脱，不即不离，人背我顺，随机变化。

（随） 从也，循也，顺也。《礼》："父之齿随行。"《易》："随时之义，大矣哉。"杜甫诗："晓妆随手抹。"《汉书》："求党与，索随和。"

在太极拳中，敌为主动，我为被动，循其后而行，所谓亦步亦趋也。

（拘） 执也，取也。《书》："尽执拘以归于周。"王安石："我方官拘不得往礼。必加帚于箕上，以袂拘而退。”

在太极拳中，乃趁势拘住敌人手足臂腕而系之也。

（拿） 擒也，牵引也。《史记》：“汉匈奴相纷拿。”擒住敌人各部，曰拿。攫点敌人脉穴亦曰拿。顺势攀引亦谓之拿。

（扳） 挽也，援也，牵制也。《公羊传》：“诸大夫扳隐而立之。”《诸葛武侯文》：“足以扳连贼势。”

太极拳中，以挽住敌人各部为扳，顺势牵制敌人各部亦曰扳。

（软） 柔也。王维诗：“时降软轮车。”白乐天诗：“蒲轮驻软车。”《汉书》：“坐罢软不胜任者。”施肩吾诗：“酒人四肢红至软。”《唐书》：“彼委靡软熟。”

在太极拳中，不许用拙力，而听其天然之黏粘力，用以探敌之劲，然并非一味只虚无力也。

（掤）详前章。

（搂） 曳也，持也。《孟子》：“搂诸侯以伐诸侯者也。”握持或拽抱敌人之手腕臂膀，使不得脱曰“搂”。

（摧） 折也，挫也。《史记》：“梁柱摧乎。”司马光诗：“空使寸心摧。”《南史》：“所至无不摧陷。”《宋史》：“摧坚陷敌。”《晋书》：“将军之举武昌，若摧枯拉朽。”

在太极拳中，能摧刚折柔，乘势以挫敌锋，陷其中坚而折之亦曰“摧”。

（掩） 遮也，盖也。《礼》：“处必掩身，又，大夫不掩群。”《通鉴》：“掩耳盗铃。”近世军用语：“掩护射击。”在太极拳中，遮避之而袭敌“掩”，闭守敌攻覆护以化其劲，亦曰“掩”。

（撮） 聚也，采取也。《中庸》：“一撮土之多。”《汉书》：“撮名法之要。”

在太极拳中，以手指取敌各部，或点其穴皆曰“撮”。

（坠） 落也，陨越也。《列子》：“杞人有忧天坠者。”《庄子》：“坠亦不知也。”《左传》：“弗敢失坠。”《论语》：“未坠于地。”

在太极拳中，处处要坠。即为敌所牵挽，我沉肩坠肘，如万钧重，再乘其隙以袭之，无不应手奏效。

（续）连也，继也。《史记》："此亡秦之续耳。"白乐天诗："低眉信手续之弹。"杜甫诗："煎胶续弦奇自见。"

在太极拳中，能懂劲始可言续，黏粘不脱，式式贯串，其劲似断而意仍续连也。

（挤）详前章。

（摊）开也，展也。陈设以手布制曰"摊"。

太极有开合之劲，合而不开，其劲究窄，放手亦嫩，是为太极之病。近世有开合太极之说，故一开无不开，不惟吐放舒展，且可坚实着力，吾师兆东先生所传之形意后手在根节，亦此意也。

骨节相对，开劲攀梢为阳，合披坑窑相照，分阴阳之义；开合，引进落空，分宽窄、老嫩、入笋不入笋，有擎灵之意。

骨节贯串，动作灵活，开劲宛如扳挽梢节，至于极点则为阳；合劲又似披入坑窑，与阳相照，是焉阴。阴阳之义，繇斯分焉。

开合牵引、进退起落，使敌处处空虚，惟分尺寸畅仄，工夫久暂，至练神还虚，乃能式法完备，放手中的，曰老。用功虽久，滞涩忒甚；出手无着曰嫩，其弊则于得入诀窍，或不得之窍判之。然须有虚灵之意，其庶几焉。

斤对斤，两对两，不丢不项，五指紧聚，六节表正，七节要合，八节要扣，九节要长，十节要活，十一节要静，十二节抓地。

敌发一斤力，我用一斤力应之；敌发一两力，我亦一两力随之。力虽相等而非对抗，乃试其劲，黏随之意，既无双重之弊，自然不丢不顶。

虎口要圆，拇指分领，四指弯曲，如抓圆球，即紧聚也。中节、梢节、根节俱要安舒中正，尤须处处相合。肩扣、胸扣、手足臂腕均要引长，并非一发无余之长，实松肩沉肘之谓也。虽四肢百骸灵活，然仍须动中求静，虽静尤动，呼吸动作自无鲁莽灭裂之弊；进前退后之步法，皆极轻灵，其意又似抓地。

三尖相照，上照鼻尖，中照手尖，下照足尖；能顾元气不跑不滞，妙令其熟，牢牢心记。

演式时，手尖、鼻尖、足尖，式式相照，方能顾住元气，元气不散，无偾张疾走之害，亦无滞涩停顿之虞，妙在功纯，切要牢记。

能以手望枪，不动如山，动如雷霆，数十年工夫，皆言无敌，果然信乎？高打高顾，低打低应，进打进乘，退打退跟，紧紧相随，升降未定，沾黏不脱，拳打立根。

能以手望枪，并非以空手，敌长枪，系手可枪用，巍立不动，稳如泰山，动则如迅雷不及掩耳而闭目如此，练习数十年，遇敌交手，当者无不披靡。

敌由上方袭我，我趁其来劲而迎化之，亦顾上之意也。敌由下方袭我，我由下方以应之，敌进我乘，敌退我跟，上下相随，前后紧迫，一味绵绵不断。立根者，手足须有立法也。

《十三势行功心解》注释

以心行气，务令沉着，乃能收敛入骨。以气运身，务令顺遂，乃能便利从心。

气之所至，心与意亦俱至，是为以心行气。惟心意、手足均要沉着，则气始可收敛入骨；气能收敛入骨，而技艺日精，并能行气周流全身，气运全身。处处须要顺遂，不可有丝毫阻滞，明乎此，变化从心，不逾矩焉。

精神提得起，则无迟重之虞，所谓头顶悬也。意气换得灵，乃有圆活之妙，所谓变转虚实也。

拿住丹田之气，头顶项竖，则精神自然提起，因而动作如意，绝无迟钝笨重之弊，是即所谓头项悬也。

遇敌时，心意与气劲换得灵通，自无拙力，无拙力乃能圆活如意，既得圆活之妙，变化、转侧、虚实无不得心应手矣。

发劲须沉着松净，专主一方；立身须中立安舒，撑支八面。

放劲时，须要沉着，处处又要松劲，不许掺杂意念，而后始净，意志专一，无论敌来袭击，上下、前后、左右皆能随意应付。盖我之精神专注，意与气无不俱到。

头顶项竖，立身方能中正；气沉丹田，百骸自然舒适；意定桩稳，不惟撑持八面已也。

行气如九曲珠，无微不到；运劲如百炼钢，何坚不摧。

行气周流全身，如同串珠，圆转灵通，四肢百体，虽极微处，苟心意所注，未有不立至者。由脊而颈而颇顶，回光而下，由胸降至丹田，皆极圆也。

太极用内劲，不尚拙力，吐放之劲似若无力，实如百炼之钢，虽至坚极刚，挡之无不挫折。

形如抟兔之鹘，神如捕鼠之猫。静如山岳，动若江河。

动作之形，如抟兔之鹰，旋转无定。其神意又如擒鼠之猫，静如试敌，蓄势待机，动则一发便至。

静如山岳巍巍不动，言其沉着结实也；动若江河涨落不时，言其滔滔不断也。

蓄劲如张弓，发劲如放箭，曲中求直，蓄而后发；力由脊发，步随身换。

蓄势待敌，如拉满弓；发劲迅速，犹如放箭。我用黏粘以化敌劲曰曲，既已化敌势，必乘隙直攻，是谓曲中求直，有隙可乘，蓄劲尽可发出。

松肩含胸，气贯丹田，遇敌放手，其劲由脊背催出，力贯甲梢，姿势方向，转动步法，随身变换。

收即是放，放即是收，断而复连，往复须有折叠，进退须有转换。

黏粘为收，击敌曰放。黏着粘着，趁势便可放劲。虽击中敌，依然黏粘不脱，其劲似断而意仍复粘连。

折叠者，即变化横竖也。其往来之横竖，虚实不定，要有知觉；进前退后，必须变换；随机进退转换，亦要奇正相生，进亦是退，虽退仍能中敌也。

极柔软，然后极坚刚；能呼吸，然后能灵活。气以直养而无害，劲以曲蓄而有余。

演式时，愈柔软，内劲愈增，导而行之，然后由极柔而极刚；非纯刚不柔，乃柔中实刚也。

天然之呼吸，为哼哈二气之基。气随意至，进退灵活，养气用深呼吸，使其直归于丹田，是为浩然之气，缓缓下沉，可以常存。外家呼吸不能贯澈，故仅能达于中脘，且常聚气鼓腹，久之气滞，神态呆板矣。

能使心意导气于丹田，日积月累，气周全身，遇敌时，曲力蓄劲，待机而动，一发必中，则敌不及避让矣。

心为令，气为旗，腰为纛。先求开展，后求紧凑，乃可臻于缜密矣。

心为元帅，以发令使号，气为号令之旗，受命立刻分发四肢，即五营四哨也；腰为大纛，屹立中军，不偏不倚，监督手足之运用，亦即五营四哨之攻敌也。

无论演式推手，须要开合，开合得法，各部畅适，动作如意。所谓后求紧凑者，非一味窄仄，亦非一味速快，乃由开展后、收回时求紧凑，是能放能收之意，亦倦之则退，藏于密，动分静合也。

又曰：先在心，后在身；腹松净，气敛入骨；神舒体静，刻刻在心。切记一动无有不动，一静无有不静。

太极拳以心意为基础，以身体为作用，亦如今之以中央为主，发号使令之意义相同。肚腹须任其自然松开，气沉净方能敛入脊骨。气敛入骨，神意自然舒适，全体无不安静，由静而整，自无过与不及。

时刻在意，幸勿滑口，内与外合，联络一气。故手与足动，心意随之俱动；心与意静，手足亦莫不皆静。练习日久，始可得此妙处。

牵动往来，气贴后背，敛入脊骨。内固精神，外示安逸。迈步如猫行，运劲如抽丝。

遇敌相搏时，进退不定，故能牵动往来，最易气浮；气浮桩法必轻，易为敌人撼动。须松肩含胸，沉气提肛，气由背后收敛，直贯脊骨而入各部，气整则精神自固，外表仍示以安适，静逸若无事者。演式时之步法宛如猫行，轻灵无声，联络不断，连劲则如抽丝，循环相连，收缩贯串，则无断续之弊矣。

全身意在精神不在气，有气者无力，无气者纯刚。气如车轮，腰似车轴。似松非松，将展未展，劲断意不断，藕断丝亦连。

全身意思皆用精神，不尚丝毫拙力，专习运气鼓腹者，虽有气而无内劲，是为后天之浊气；无先天之浩然气，则纯刚不柔。

呼吸养气循环如车轮，旋转不一。腰似车轴，则如中枢能使先天之气遍轮全身，毫无阻滞。遇敌时，似松则又不松，将放却又不放，总以粘黏连随、以敌之进退为目的，凝神蓄势，遇隙而发放，劲似断而心与意仍未断也。

以上原文相传为王宗岳著，余与姚君馥春得乾隆时之抄本，复得光绪初年之木版书，与近世所传者大同小异，其理与法则一耳。

吴孟侠、吴兆峰《太极拳九诀》注解

牛连元

牛连元（1851—1937），民国时期南方富商，常往来京津间做生意。其货物多由水路进入天津，再销往北京。在天津有结义兄弟李寿泉，在京则与杨班侯相识相知，结为金兰之义。每次进京时亦多住杨班侯家，同时从杨班侯学习太极拳艺十几载，得杨班侯所传《太极拳九诀》和太极拳精髓，颇有造诣。

因其不以授拳为业，仅将杨班侯所传之拳再传给盟弟李寿泉之婿吴孟侠。

吴孟侠

吴孟侠（1906—1977），原名彩翰，福建人。少年好武，尤喜太极拳、形意拳和八卦掌。太极拳得传其岳父之盟兄、杨班侯传人牛连元。

1937年“七七”事变后，在重庆组建“中华国术会”，后任中央国术馆编审处长。抗战胜利后，在天津和平区建设路寿德大楼与其兄吴兆峰创建“广华哲宗同易武术社”及“葆真八卦掌房”，设场授徒。

1958年，由吴孟侠、吴兆峰合著的《太极拳九诀八十一式注解》出版，首次公开了杨班侯所传之太极拳秘谱，其内容深受广大太极拳爱好者和研究者所重视。

吴孟侠的主要传人，新中国成立前有刘子诚、王子任、李壮飞、牛明侠，及其胞兄吴兆峰等。这些大多以“代师传艺”的形式传授，不称师徒。新中国成立后的主要传人有吴光普（子）、彭过恩、蒙玉璋、马玉良、李绍江、吕朋敬、张荫深、李春奎、齐德居、余承镛等。

吴兆峰

吴兆峰（1904—1966），吴孟侠之胞兄，与其弟同在八卦掌名家高义盛门下习技，后旅居国外，抗战胜利后由美国回到天津，与吴孟侠同组“广华哲宗同易武术社”及“葆真八卦掌房”，设场授徒。1958年与吴孟侠合著《太极拳九诀八十一式注解》。

《全体大用诀》注释

“全体大用”是说明太极拳大功架全套的练法，内中有体有用。体，就是拳中的主体；用，就是拳中姿势的运用。它的主体有十三字，即掤、捋、挤、按、採、挒、肘、靠、进、退、顾、盼、定，用法是全套姿势在演练中的技击方法和体用相和的道理。

兹逐句注解如下。

太极拳法妙无穷，掤捋挤按雀尾生。

太极拳除了锻炼身体、增强体质的功能以外，在练和用的方法上也是具有特殊的妙处的。在它的开始式子揽雀尾里面，包含着掤、捋、挤、按四个动作，组成十三字主体中的精华。

斜走单鞭胸膛占，回身提手把着封。

“斜走单鞭胸膛占”：按照练法来解释，在技击方面如果对方用左手迎面打来，我急以右手勾挂来手，同时以左手击其胸部，是连顾带打、以守为攻的用法。

在进左手的同时，左腿要直向对方的裆中冲进，就是要左手左腿同时进击，对方自会被击跌出（左右用法相同）。

“回身提手把着封”：是用在互相接触时的搭手法，例如，左臂做提手姿势时，要用左手紧护住右肘与右手的中部，以封闭对方的来手和进着之用。

海底捞月亮翅变，挑打软肋不容情。

海底捞月式，是以腰劲为全身活动的主要枢纽，就是对方用脚来踢时，要急低身捞对方的来腿，同时跟着变成白鹤亮翅的式子。

挑打软肋是白鹤亮翅的用法。如果对方以右手迎头打来时，我用左手和臂急向上迎挑之。在挑架的同时，进右手直向对方软肌横击，动作要迅速，使对方来不及还手而被击出。

搂膝拗步斜中找，手挥琵琶穿化精。

对方如果以脚踢来，要是高不过膝时，急屈身以手向下搂之。用此式搂时要“大搂”。所谓大搂，是护着全身正面和膝下兼顾的防御法。因为在搂的时候，对方要同时向我胸腹或迎面打来，不能单纯用防脚踢的手法，在用左手搂迎对方的来势时，要同时发右手直奔对方的右肩头击去，路线是斜方向进击，因为“斜中找”可以使对方失掉重心，被击跌出。

手挥琵琶的用法是，如果对方以右手向我的正胸打来，我即以左手向右拨打，同时急用右手自下向上穿出，把对方的来手迎住，以静待动，看对方的转变再进着。

贴身靠近横肘上，护中反打又称雄。

俗话说“远拳近肘靠身胯”，就是说当靠近对方时，要用肘击之法。例如，在我用双手捋住对方的手和臂使用捋法时，对方趁着我用力捋带的劲，进步用肩头向我胸部顺势冲撞打来，这时我急屈肘向外横击，对方自可跌出。因为对方用肩头来撞，他的来劲是直线的，或者说是竖劲，我用屈肘迎击，是取横线，使对方的来劲向外泄出，这种着法在太极拳十三字主体里，占一个“肘”字。

护中反打是用肘的方法。此法和横肘用法迥然不同。例如，我右手和对方右手接触时，以左手从右腕下拨迎对方的来手，同时进步以右肘尖向对方胸部顶击，对方必用左手掩护，此时用我左手顺右腕向下接应，护住肘的中部，在接护的同时，要以肘尖为环心，急甩右拳作圈形，由我胸前反出，向对方的面部进击。

进步搬拦肋下使，如封似闭护正中。

对方如用右掌或拳奔我胸部正中打来，我急用左手搬拦其肘；同时进右手趁来势向其肋下进击，在进右手的同时，要上右步与手取一致行动；如对方以左手来攻时，就用右手搬拦，上左步用左手向对方肋下击去。

如封似闭的用法是，如果我的肘和腕部，被对方拦住时，要急出另一手，从肘部直向腕部接应，取掩拨的式子，这样可以抽撤出来被拦住的肘或手腕，并且寻机可以用着法进击。

护中的意义是用如封似闭的式子，来保护胸部和屈肘的部分。

十字手法变不尽，抱虎归山採挒成。

太极拳的手法，全可以由双手交叉中变动出来，十字手法不外是一开一合；开有法，合也有法，也就是一顾一进的方法，进与顾要用在同时，不可有快慢，不然就要有措手不及的可能。

“抱虎归山”在太极拳十三字主体中占採、挒二字。採就是取的意思，也就是抓法、捋法，用十个手指的力量，单手抓捋叫採，双手抓捋叫挒。

例如，我右手与对方右手相接时，我以右手捋住对方的腕子，同时出左手向对方面部进击，对方一定用左手来截击我发出的左手，这时要趁机用左手捋住他的左腕，并急出右手抓捋他的左肘部，用力向外捋带之，使对方跌扑而出。

肘底看锤护中手，退行三把倒转肱。

“肘底看锤”注重护住臂的中节部分，在技击方面最主要是护中节，俗话说：“中节不明，全身是空。”

例如，我的左臂向前伸时，右手要成拳，放在左肘下，为的是：倘对方使用抓捋时，可以用右手抓捋，摘开对方的手，来达到护中节的作用。

倒转肱的式子，在太极拳中十三个主体字里，占一个“退”字。

坠身退走扳挽劲，斜飞着法用不空。

第一句是说明退转两肱的意义。肱指胳膊而言，如果我的手腕被对方抓捋着时，我立即含胸坠肘，同时反转腕子、手心反上，使对方的手解力，用腰力坠身的方法向后带动；对方不进则已，如果要进，我即发另一手迎面截击，就是诱对方深入而进着的手法。坠身向后退时要用直步。

“斜飞着法用不空”：如与对方接搭右手时，要把对方手腕捋住，同时向对方身后进步，并且用左手连臂顺着被我捋住之胳膊底下向上斜穿，就是要用肩臂的斜撑力量，向对方肩腋下冲抗，使对方因我斜撑，把身躯横跌而出。

海底针要躬身就，扇通臂上托架功。

“海底针要躬身就”：如果对方向下进攻我腿部时，我即用腰力弓身向下，以手截护；用腰力弓身下护我腿之中，即有跟随发着进手的蓄势。

“扇通臂上托架功”：在和对方互相接搭右手时，来使用先发制人的进法，就是在搭右手的同时，要迅速地发左手，顺对方的右臂下向上穿出，并且要用左肘发出托架的力量，把对方的右臂托架起来，亮出了对方的右肋时，急用右掌和左掌，以虎口相对方式，直奔对方胸肋间进击。

撇身锤打闪化式，横身前进着法成。

撇身锤的用法，就是对方如果拿闪化（极快的转动）向我的侧身来攻时，我就用横身撇身锤的手法来对付，以防止对方得机进手。

“横身前进着法成”：是说对方如果将我的手闪化开，向我侧身进击时，我就进步横身用撇身锤向对方胸部进击。

腕中反有闭拿法，云手三进臂上攻。

“腕中反有闭拿法”：例如，我的右手腕，被对方右手捋住的时候，要急用左手，把对方捋住我手的右手，用力按住；同时坠身下拉对方的手，叫对方身体向前俯弯，这时就把我被捋住的右手腕向上反出，并立刻奔对方的颏下托击，在反右腕时，要用左手紧按住对方的手。

“云手三进臂上攻”：在和对方互搭右手的时候，用左手从对方的右臂下向上穿出，并用左肩直抗对方的右腋下，把对方右臂微抗起时，急用力反抖，我左手向外横拨。注意此手法，力点在反抖上，在太极拳十三字里占一个“进”字。

高探马上拦手刺，左右分脚手要封。

“高探马上拦手刺”：如果对方用双手或单手向我的正胸部打来，我就用左手连臂由上横拦而下，把来的手拦住，同时用右掌（手心向上）向对方的面部直刺。

“左右分脚手要封”：就是我要用脚踢对方肋部的时候，必须先用手把对方的手採住后再使着；这样子可以防止我的腿被对方搂住的危险。

转身蹬腿腹上占，进步栽锤迎面冲。

“转身蹬腿腹上占”：在和对方交手，倘如没有机会使用手法时，急转身出腿，直奔对方的腹部上蹬踹之；也是诱敌深入、转败为胜的着法。

“进步栽锤迎面冲”：此句所说的用法和高探马的手法略同，不过是击出的手法不同。例如，对方用手向我正胸打来，我急用手和臂由上向下横搂对方的来手；同时另一手从下向后抡起变拳，自脑后直奔对方面部击去；

在抡拳自脑后击出时，要低头弯腰，来顺增臂膀之力，并且要注意用此锤时，要与敌对面时使用，以防或左或右，不能击中。

反身白蛇吐信变，採住敌手取双瞳。

在练式里有个反身白蛇吐信的手法，就是和对方互搭右手时，把他的右手採住向下捋，急出左手直刺对方的眼部，这手法就是採住敌手取双瞳。

右蹬脚上软肋踹，左右披身伏虎精。

“右蹬脚上软肋踹”：是我手把对方的手封住后，急速出腿，直向对方的肋部踢踹。

“左右披身伏虎精”：例如与对方互搭右手时，略用採捋对方的手腕，急撤手变拳，腿往对方的右侧进步，用拳向对方乳部进击；在向对方右侧进步的时间圈起左臂，用拳击对方的后臂右下侧，左拳与右拳要相错对击。左右用法一样使用，所以叫“左右披身伏虎精”。

上打正胸肋下用，双风贯耳着法灵。

“上打正胸肋下用”：是说明披身伏虎的用法，就是往上打对方的胸乳部，往下可以打软肋。

“双风贯耳着法灵”：就是我用双手向对方取按式时候，对方如用双手向我双手中间往下拨时，我就顺对方下拨的劲，双手向上反转成拳，直奔对方的两耳，取双对拳的方式猛击。

左蹬脚踢右蹬式，回身蹬脚膝骨迎。

“左蹬脚踢右蹬式”：左脚的蹬踢和右脚的蹬式相同。

“回身蹬脚膝骨迎”：如果和对方交手时，对方攻势迫近，不及还着，我即回身避开，急以脚用扁踢方式，向对方的膝下软骨蹬踹。

野马分鬃攻腋下，玉女穿梭四角封。

“野马分鬃攻腋下”：在和对方接手时，如果我手被对方捋住，我身急向后微撤，同时用另一手（手心向上），随进步之势，顺着对方的臂下直向腋下托击。

“玉女穿梭四角封”：此手法用于在和对方推手时，如果对方的掤式很严，我不能虚实得机进手的时候，要用右手按对方的左肘，顺其化劲，穿向肘下，再以虎口向上把对方的上臂托起来，急进步用左手向对方的肋间推击。在练式时走四角方向，所以说玉女穿梭四角封。

摇化单臂托手上，左右用法一般同。

此句说明玉女穿梭的用法，要着重在把对方的单臂，用穿肘方法，将他单臂採化托上去，再向肋间进击，左右用法一样。

单鞭下式顺锋入，金鸡独立占上风。

“单鞭下式”的运用，是要以腰、胯、膝三个部分的关节，为发动的主力。

例如，对方由上向下的着法向我击来，我急顺其来势向下贴随，等对方下击落空，我即用贴随的手（同时用腰、胯、膝三个关节之力向前冲进）撩击对方的阴部或是腹部。

“金鸡独立”的手法，是在和对方搏斗已经扭结在一起的时候来用。用此着法，可以说是发必有中。用时分两方面，例如和对方纠结在一起时，我手在上挑对方的手和臂，或者横搂对方腰部的时候，可以急提起一腿，用膝盖直撞对方的裆部；另如和对方纠结不可分开的时候，可以急用一腿抬起，用脚跟对准对方的脚面猛力下踏，同时另抬一腿上提，为的是增加下踏的力量，使全身重力坠在一个脚跟上（就是下踏右脚，急抬左腿，使全身之力向下踏击，又名千斤坠）。

提膝上打致命处，下伤二足难留情。

此句说明金鸡独立一法使用起来是很厉害的，如用提膝向对方裆部撞去，对方就有性命的危险；如用一脚跟下踏的着法，对方就有伤损两足的危险。

十字腿法软骨断，指裆锤下靠为锋。

“十字腿”的用法，在用的时候是以我的脚掌由下而上，直截对方膝下软骨，用截时的高度，不可超过对方膝盖部分。

如果我用“指裆锤”手法，被对方将手臂採捋住，并向下捋带时，我就顺对方的捌势急进步，用肩头直奔对方胸部，用力靠击，此着法在太极拳上十三字主体中占一个“靠”字。

上步七星架手式，退步跨虎闪正中。

“上步七星”的用法，和“十字手”的用法相同，是为了取防御的式子，所用手法都由十字之中变出来。七星是指肩、肘、膝、胯、头、手、足等七处出击点。在使用上，除了头部不可乱用外，手可以打，肘可以顶，膝可以撞，足可以击，肩胯可以靠击；所以和对方交手时，对此七点须加以谨防，以免被对方乘隙进攻。架手式是说明对方和我接手交架的时候，必须要用以上的七点作为攻击和防御最要紧的部分。

“退步跨虎闪正中”：在和对方接近时，对方的进势过猛，来不及还手时，我急将正中点退步闪开，再乘对方来势可以进攻之点进击之。

转身摆莲护腿进，弯弓射虎挑打胸。

“转身摆莲护腿进”：是说明用腿时的注意点。例如与对方搭手时，须先用两手把对方的左臂向右捋开后，再急用右脚向对方的左肋部踢去，如不捋开，就有我腿被对方捞住的危险。

“弯弓射虎挑打胸”：例如对方用右手来进攻时，我用左臂将对方的来臂挑起，同时进步出右拳向对方的胸部直击去，如果对方手势是自上而下的来击，也可以用此方法还击。

如封似闭顾盼定，太极合手式完成。

在运用“如封似闭”手法中，要顾住自己的三前：手前、足前、眼前；盼七星，就是注意对方的肩、肘、膝、胯、头、手、足七个出击点。定是中定，就是稳住心神，沉着镇定。

太极拳到“太极合手式”已经完成。在练拳时，不只是知道练法，还要明白用法，把体用结合起来锻炼，方可以得到太极拳的大成。

全体大用意为主，体松气固神要凝。

“全体大用意为主”：此句说明了太极拳的全套练习，都是以意为主体，意就是以意识来支配动作，在生理方面说就是中枢神经系统的领导作用，也可以说练太极拳是增强中枢神经在身体里所引起的反射作用和对外界刺激的敏感运用。拳诀中说：“练时情中有，用时形内含。”“情中有”和“形内含”，都是意的作用。“情中有”是神经中枢主导活动的表现；“形内含”，是完成统一活动的运用，也就是形成条件反射的练习过程。

“体松气固神要凝”：这是指出练太极拳的三大要点和阶段。体松，就是在演练时全身上下不用拙力（有意识的笨力），要轻松自然的活动；再一方面要松开关节，使姿势舒展，这样的松开活动，可以自然生出筋骨间的劲，这种劲发出来，一般称为惊力、弹力；并且因为骨节松开，也可以扩展四肢的长度。

气固，是在练式时呼吸自然，不要憋气，动作与呼吸自然配合，达到按式换气的呼吸作用；气力相合，意守丹田，不致散漫无边，这样，才可以气固。

神要凝，就是意要专注，神有所视，每一式的动作都要有凝视的所在，达到此地步是与“全体大用”的手法运用分不开的。如果不知道每式的用法和动作的寓意，那么就不易得到意气相合，出入有法。练习太极拳，如果得到这三大要诀的传授，恒心锻炼，能得到一定的效果。

《十三字行功诀》注释

本诀叙述掤、捋、挤、按、採、挒、肘、靠、进、退、顾、盼、定等方法。

掤手两臂要圆撑，动静虚实任意攻。

掤的姿势要两臂圆撑，高与肩平，作一圆形。分单掤和双掤，单掤是左臂或右臂抬高与肩平，作半圆形，手指与肩头平；双掤是左右臂同时动作如上述。

撑的主要意义是：在两肩下腋部好像放有两个弹簧，两臂如在弹簧之上，被弹簧力支撑起来，按之则落，抬之则起，随高则高，随低则低，攻时能发出弹簧性的弹力，即以机警的动力，向外抖发出去，这叫作弹劲。这样的弹劲在静时要含而不露，动的时候就要发出去，要做到得机即发，不得机则守。

这种劲路运用演变得手后，与敌角斗，随时都有力的反射作用，俗说：劲在不发动时，似棉裹铁，软中有硬，做到软而能刚和刚柔相济。这种弹簧性的支撑活力，能在静动虚实里应用出来。

搭手捋开挤掌使，敌欲还着势难逞。

此句说明用挤的手法，如和对方互搭右手时，就用右手按住对方的右腕，同时左手也按着对方的肘部，顺着对方的来势向着横侧方捋之，叫对方的掤式失去作用；到这时急反出左手，用左手背向对方的右肩下击去，并且右手按住左手腕，加以辅助之力发击之，也就是用两手之力，合力发出，这样叫对方难以还手。

按手用着似倾倒，二把採住不放松。

“按手用着似倾倒”：用双手向外齐推，在太极拳中叫作按，用法是双手向对方的腹上胸下，或者在已将对方的掤式封闭后来使用。用的时候，双手按去，急进步向对方的裆中冲进，同时用身子倾扑的式子，来倍加推力，也就是用全身的力量，加在对方身上。

“二把採住不放松”：是说明和对方搭手时，如果把对方的手臂抓捋住，就不可松，不叫对方的手腕脱开，好使用自己的手法进取。

来势凶猛挒手用，肘靠随时任意行。

“来势凶猛挒手用”：是讲挒的手法，如果对方进击之势过猛，我就急用一手找对方的腕，一手找对方的肘，要是得手，就急力向侧后方猛带之。

“肘靠随时任意行”：就是说如果我使用挒法，把对方身子捋带过来，可是对方趁着我的捋带力量，用肩部向我撞靠而来，我就急用採住对方肘部的手，顺对方靠击之势，用屈肘的着法向外横击，并且转侧身体来增加横肘的力量，叫对方被肘靠跌出。

进退反侧应机走，何怕敌人艺业精。

此可说明採、挒、肘、靠都能运用纯熟了，在和对方交手时，就可以得心应手，对方虽然艺高，自己也无所惧了。

遇敌上前迫近打，顾住三前盼七星。

拳诀上说：“近人先进身，身手齐到才为真。”就是说既然不怕敌，就不避敌，如果畏惧迟疑，是技击上最大的缺点。

所以在和对方交手时要能上前迫近，能够迫近对方才可以发着进手，先发制人；但是迫近时，必须把自己的三前顾住，把对方使用进攻的七个部位注意到。

敌人逼近来打我，闪开正中定横中。

如果对方用先发制我，逼近我身打来，我急转身，闪开我的正中部分，使对方着法落空；同时我急向对方的侧身进击，也就是取对方的横线，要拿对方的横线，作为我的正中线进攻。

太极十三字中法，精意揣摩妙更生。

此名说明太极拳的体用法，有十三个字为他的主体，这十三个字，字字有法，法法有用。必须切磋琢磨下功夫，才可以得到它的妙用。

《十三字用功诀》注释

逢手遇掤莫入盘，黏沾不离得着难。

在推手时，如遇对方的掤式很严密，两肩腋下的弹簧性的知觉很灵敏，随动的功夫也很严密的情况，就只有采用入手的方法，叫对方不得还手为是，如只用黏沾不离（听劲），不易得势。

闭掤要上採挒法，二把得实急无援。

和对方相接，如遇对方掤式不易攻入，就要用採、挒的手法；如果已经被我抓捋住，就急向右带或者趁机进用其他手法，因为迟则变，疑则慢，都容易被对方乘机攻入。

按定四正隅方变，触手即占先上先。

四正就是四个正方，四隅就是四个斜角。在和对方交手当中，我一面要主动地把持着四个正方，一面要寻找对方的四个斜角，为的是转移对方的正方，先破他的中心之力。

假如对方守住了他的四正，我就设法变动自己的正方，来找对方的四隅进击。总起来说，就是用我的正面来袭击对方的侧面，所以叫作“按定四正隅方变，触手即占先上先”。是说明先发制人的方式，不是以静待动的方式。如果对方距我太远，当然要以静待动，假若已经临近，或是偶然接上手的时候，即应先发制人。

捋挤二法趁机使，肘靠攻在脚跟前。

在太极拳中，捋和挤归为一法，因为有捋必有挤，例如将对方的掤式捋开，即可以趋势使用挤法进攻。

肘靠是说明用肘、肩、胯来靠撞对方时，必须进攻在对方的足跟之前，如在对方的左侧，就进右脚；如在对方的右侧，就进左脚。

遇机得势进退走，三前七星顾盼间。

此句说明和对方攻守之间，对于进退要相机运用，当进则进，当退则退，必须进退有法。

怎样才是进呢？进是进身、进步、进手，是先发制人，而不被对方所制的方式；退是闪、展、腾、挪，要看对方的来势，灵活转变，是取守的方式，走要做到展转变化，通行无滞。

周身实力意中定，听探顺化神气关。

“周身实力意中定”：是说明全身竖力发出的方法。全身大部分，可分三节：脚跟是根节；腰、胯是中节；头、颈、肩是梢节；此三节是发周身实力的重点。俗说：“根节动，梢节发，三节齐到力增加。”所谓三节齐动，必定意注于腰，即三节力量主宰在腰上。如果腰不动，根梢二节虽然动也不能发整力，只是局部之力。所以在技击中，必以腰为主力，才能发出周身之力。

“听探顺化神气关”：太极拳中的听劲，是由于手、腕、肘、臂的摩擦而生出来的知觉，是便于攻和守的方法，在与对方接手时，感觉出对方或刚或柔的出处和部分运动的方向，就可以化解对方的来势和乘机顺势地向对方发着进击。也就是沾黏连随的进攻方式。

听者，不是以静待动，而是在动的里边，沉着应付，随机进取之意。探，是在沉着应付中，审知对方的虚实，可攻者，就以迅雷不及掩耳之势进击；宜守者，就蓄意待机。顺，是不与对方的来势顶抗，在顺随之中，存暗中袭取之意，也可以说是顺其势而取其法，随着对方来势的高低、进退而顺势变化，也就是不丢不顶的意思，叫对方不能为所欲为，做到我的所取无阻。化，是分化转变对方的来势而取主动的方法。化去其来势而进我的着手，遇虚变实，遇实变虚，以柔化刚，而刚紧随其后。以刚运柔，而柔不失其坚（坚是坚定，乃柔之本体，不是软而无力）。

“神气关”的意义，是在运用听、探、顺、化的进程当中，要全神贯注，不可怠慢，才不致于失机和错乱，要应付裕如，非将气沉着不可；如紧张恐慌，气必上浮，气一上浮，动作失措，易被敌乘。太极拳论中所谓“意气君来骨肉臣”“以意行气，以气贯神”和“神贯顶”者，也就是这个道理。

见实不上得攻手，何日功夫是体全。

在虚实的运用上，如果已经得到入手，就是手已得实的时候，就立刻放手来发着，不可错过机会；如果见实没有立即发着，便成落空，有体无用了。

操练不按体中用，修到终期艺难精。

练太极拳的人要明白体和用，练拳得到健康的效果和自发性的劲路，就算得到了本拳基本功夫，再能发挥拳义，可以在技击上应用，才算集其大成。俗说，“功夫好练劲难得”，“能练筋长一分，不练肉厚一寸”，是有道理的。

《八字法诀》注释

三换二捋一挤按，搭手遇掤莫让先。

“三换二捋一挤按”：是说在推手时三次换手的过程中，要有二捋一挤按的手法，来破对方掤的守式，便于进手发着。如果三次换手还得不到二捋一挤按的时候，就知道对方是难以取胜的对手。

“搭手遇掤莫让先”：在和对方推手时，如遇对方的掤式难以制胜时，即要另法攻击之，要以先发制人的方式进手，不能让对方占先来制我。

柔里有刚攻不破，刚中无柔不为坚。

“柔里有刚攻不破”：太极拳的柔，是软中有硬，真柔表现在，按之则下，起之则上，可上下相随，才是柔中有刚、外柔内刚；有了这种真柔的功夫，才不易被人攻破。

“刚中无柔不为坚”：例如用刚劲进攻对方的虚式时，要柔劲紧随刚之后，才叫真刚；如果刚中没有柔劲在后支持的力量，这种刚就容易被折断，所以说“刚中无柔不为坚”。这里指出了刚柔相济的道理。

避人攻守要採挒，力在惊弹走螺旋。

“避人攻守要採挒”：例如对方向我接触太近，我要封闭对方的来势或破对方的掤手时，须先用採挒的手法撤解对方的锋锐，使对方失去攻或守的时机。

“力在惊弹走螺旋”：如果与对方搏斗难分或是劲路纠缠不分的时候，就用惊弹力向外发射，或用转环力卸去来势，以化除对方得手进着之势。

逞势进取贴身肘，肩胯膝打靠为先。

如与对方交手能够进身，而拳、手来不及进击时，即可屈臂用肘来顶击之。又如对方来势凶猛，我来不及还手闪避时，也可顺来势用肘击之。

如与对方贴身不得用肘时，就用肩靠胯打和膝盖顶撞的方法进击。这都是来不及还手的后备着法，须在靠近对方时使用，如贸然冲用，则有被对方所乘的危险。

《虚实诀》注释

虚虚实实神会中，虚实实虚手行动。

在推手时，全凭精神贯注，虚实变化得巧，并要探听对方的虚实劲路如何，以使随机应变；要想晓得对方的虚实，要用手臂动作的感觉力，审慎试听。

练拳不谙虚实理，枉费功夫终无成。

练太极拳的人，如果不知道虚实的道理和作用，就会脱离太极拳的锻炼原则。虚实，就是一空一实，也就是一攻一守。此理不懂，就得不到体用合一的地步。

虚守实发掌中窍，中实不发艺难精。

此句说明，与对方盘手时，要在掌中得到对方的窍要，探听对方的虚实究竟，逢虚则守，遇实则发。如果中实得着而不知发放，就等于坐失良机。

虚实自有虚实在，实实虚虚攻不空。

与对方盘手，自己要能虚中有实，实中有虚，还要掌握对方的虚实情况，虽然应本遇虚当守，遇实则发的原则，可是得着对方的实，更不能忽略对方的虚尚存在，免得上对方“引进落空”之当。

如我以虚迎对方之实，而实紧随在后，若以实破对方的虚，虽然以实当先，但虚守仍不离我身，能掌握虚实变化的原则，才不致有落空或被对方所制的危险。

《乱环诀》注释

乱环术法最难通，上下随合妙无穷。

太极拳的运用，以圈环方式为变化的基础。乱环是表示太极拳没有固定的圈环方式，例如在手法上有高低、进退、出入、攻守，都走圈形，而圈是变化的；有大圈、小圈、平圈、立圈、斜圈、正圈和有形圈与无形圈的分别，并且圈又分以大克小，以斜克正，以无形克有形。

什么是无形的圈？就是在出手动作中，随时都在螺旋力量的范围之内，这种螺丝力量要成为动作中的习惯力量。所以虽然用手直入直出，但是只要接触对方的某部，便显示出直进是由螺旋力在推动的。由于这种螺旋力的主导作用，就能随着对方的来手上下进退，并能在顺随之中相机地发挥螺旋力以入手克敌。

陷敌深入乱环内，四两千斤着法成。

此句说明将对方诱入我的无形圈内，对方失去了主体力量，受我乱环螺旋力量牵制以后，即可随时达到得心应手的机会。而且，这时只要以“四两”的劲，即可拨动对方的“千斤”之力。俗语所谓“四两拨千斤”，是以小力胜大力之意，并非纯四两来拨真千斤。拳诀说：“练成千斤力，只费四两功。”是说要有千斤的收获，只用四两的力量达到成功。

例如，对方以全身整力如同千斤之势来袭我时，因我用圈环法，滑走来力，使他失去重心，就可以用四两之力拨动千斤之势，达到制敌之目的。倘若四两的力量不成功时，尚有似千斤之力在后接应周旋，也并非以纯四两敌真千斤的说法。

手脚齐到横竖找，掌中乱环落不空。

此句说明在用乱环时发出整力的方法。按发力可以分全部力与局部力。全部力是把全身整力发出去，局部力是四肢单发的力量。要想发全身整力必定手脚齐进才可以。拳诀上说：“手到脚也到，打人如蒿草。手到脚不到，打上不得妙。”就是说要发全力冲击对方，需要手脚齐到，才可以收到最大的效果。

横竖找：是找对方的横侧方，来进我的坚正方，就是向对方横侧进击，可以使对方失去重心，而不得守其中心。在我用乱环时，虽然对方陷入我的圈环内，但必须向对方的横线处发击，用我正直线的力量，再加上手脚齐进的方法，才可以用小力胜大力，着法才不致于落空。

欲知环中法何在，发落点对即成功。

究竟怎样运用乱环的方法，才可以心手相应地运用呢？例如当我向对方之横侧身发击时，所进击之点为发点，并且要找准对方的跌落之点，由发点用全力直向对方的落点猛击，才可以收获全功。

《阴阳诀》注释

在这个诀内，说明太极拳十三法中的后六法半。前六法半已在《十三字行功诀》内说明，即挪、捋、挤、按、採、挒、肘、靠、进、退、顾、盼、定。后六法半是本诀的：正隅、收放、吞吐、刚柔、虚实、单双、重（定、重合为一法）。前六法半加上后六法半，共为十三法。

太极阴阳少人修，吞吐开合问刚柔。

阴阳包含着两个对立的性质和现象。例如，反正、软硬、刚柔、屈伸、上下、左右和前后等等。练太极拳的人很多，钻研这个道理的人现在还不多。

吞吐和刚柔在太极拳十三法中占两个法。这两个法在开合动作中来运用。例如平推四手，称为合手，即是以吐法为首要，以吞法为次要，以柔当先，刚劲紧随其后，尽量使用推法；此推法即如同吐出一样，要脆、要快、要冷、要急。

如由推手分开，出了平推四手的原则，即称为散手，即是以吞法为首要，吐法为次要，以刚劲进击，尽量施展打法。此吞法如蛇吸食之状，也须要冷、急、快、脆之突击法。此句说明，和对方交手后，由开合之分，运用吞吐之法，发挥刚柔的劲，刚和柔就是阴阳，刚属阳，柔属阴，也就是说开合吞吐之分，合乎阴阳虚实之理。

正隅收放任君走，动静变化何须愁。

正隅和收放，占太极拳十三法中的两个法。正是四个正方，隅是四个角度，用我的正方向对方的隅方进攻是手法上的必要路径，如果正对正就要犯冲撞（也叫犯双重），就要互相顶劲；角对角就要犯“轻对轻，全落空”的毛病，必须以重击轻，以轻避重，才不失制胜的道路。

收放，是先诱对方深入，也就是俗说“欲擒先纵”之理。收是先向怀中带进，放是趁势放手，向外击出。此句说明，在和对方交手当中，要利用正和隅两方的机会进退，再按收放的方法进击，在动静变化中从容对待，随机应变。

生克二法随着用，闪进全在动中求。

在用手法时，有生的手法，就是先发制人的手法；有克的手法，就是防备对方进击的手法。生手与克手要紧密配合着应用。

如果对方来势凶猛，不及还着时，必先闪开他的锋锐，虽然是闪，但不可失去还手的余地，要做到“逢闪必进，逢进必闪”。拳诀说：“何谓打，何谓顾？打即顾，顾即打，发手便是；何谓闪，何谓进？进即闪，闪即进，不必远求。”这是说明闪进和顾打是一致的行动，不可截然分割开用，这些都要在动中随时注意。

轻重虚实怎的是，重里现轻勿稍留。

武术上的摔法、打法的用劲和用力，不出三个劲，即轻劲、重劲和空劲。轻、重、空这三个劲路也就是小力、大力、空力。按说大力可以克制小力的，可是太极拳讲求以小力制大力的技术，也就是用小力巧制拙力的技术，这里关健问题在于轻重、虚实的变化。

武术中的轻重变化是和虚实分不开的。如和对方交手，发觉重里现轻的时候，就应立即发手，只要遇力不顶，就要顺着力的趋向进攻，这样子击无不中。所以说“重里现轻勿稍留”，达到此地步，必在轻重虚实上运用纯熟才可。

关于轻重用力方面，有单重和双重的分别。如在练拳时来讲，前腿虚后腿实（即重心在后腿），叫单重；双腿着地力量平均，叫双重。按实际运用上说，单重和双重的意义不在将重心放在前腿或后腿上，而是在运用劲的出发点上。所谓随重用轻，随轻使重，才能发挥轻重的效能。拳诀说：“双重行不通，单重倒成功。”就是说，双重是力与力争，相持不下。我欲去，你欲来，结果是力大制力小。

单重是我用力击出时，使对方失去抵抗力，达到我的发着用手的目的，能作到此种功夫，必有纯熟的“随”的功夫。单重用得好，就可以使对方落个“空”字。所以说用重不如用轻，用轻不如用空。能够运用使对方处处落空，这在武技上可以说是最上的高手。

这里所说的轻重，就是分清单和双。单、双和虚、实在太极拳十三法中占两个法，另外半法是重（中）字。按重和定合为一法，因为定和重有紧切的关联。定是稳定，重和中不能离开定，故常说：逢中必定。太极拳中所讲的力是中心力和重心力。用在技击上，是用我的重心力向对方的中心进击。重心是在我对准对方可击之点（定），即将全身之力集中于手掌上或拳上，这掌和拳就是我发力的重心，我手的着落点即是对方的中心点。简要的说，就是以重击中，以定用手。

总结太极拳十三法，全是两个不同的、互相对立的矛盾统一体，合乎太极阴阳之理，这是太极拳术运用方面所具有的变化规律。

《十八在诀》注释

掤在两臂

掤劲的功能，发挥在两臂的圆撑力量上。这种支撑力，在任何动作中，都须主动使用。

捋在掌中

捋是破掤的手法，左右两捋的知觉力全在两掌，由掌的知觉力，採听对方之轻重虚实，然后可以随着捋式进着。

挤在手背

挤是击出的手法，在捋开对方防御的掤式以后，随以挤手进而攻之。搭手要用手和臂加在对方的空隙点上挤按之，如两手合用可增加击力。

按在腰攻

按是用两手推出之势，发出进击的力量，全以腰部为主力。

採在十指

採是用手抓实，以十指之力，用力箍牢。

挒在两肱

挒式是取对方的全臂，用我一手抓住对方之肘，一手抓住其腕，用力向下捋带之手法，两肱就是两臂。

肘在屈使

肘是运用肘力发击对方，不论进攻与反击，在用时要屈回前臂，以肘尖顶撞或横击。

靠在肩胸

靠法是要用肩头靠击对方的胸部，或者用膀来靠击对方的腰肋部。

进在云手

云手的手法，在太极拳里占一个“进”字，就是要向对方进入手法，云手是其一。

退在转肱

在太极拳里面，“倒转肱”的走法占一个“退”字。就是在闪避对方来势和不及还手时使用，是退的方法之一。

顾在三前

顾是照顾和防护的意思。就是和对方接手时先要把自己的眼前、手前、脚前三方面照顾好，以免被对方击中。

盼在七星

盼是注意看望，也可说是警惕的意思。七星是指身体上主要部分的七个所在，就是肩、肘、膝、胯、头、手、足这七个部位。在与对方接手时，不论是在静中或动中，都要时时刻刻的小心照顾到。

定在有隙

定是找对方的空子。在和对方交手时，不可冒进，得到进手的机会，就立刻不停地发手，达到先发制人的目的。

中在得横

中是击中。要想将对方击中，必须得到对方的横；横就是在和对方交手时，我转身找对方的侧面；对方的侧面在我面前叫作横，得着对方的横，立即发着进击。

滞在双重

双重是两方的重心相遇，就是力与力争了，这样不能闪、转、腾、挪的灵活变化，故要避免双重。

通在单轻

单轻就是避重就轻的意思。也就是进用单重才可以使对方失掉抵抗的能力。

虚在当守

虚是在和对方交手时，在不得手或得不到机会进攻的时候，应当取防守之势。

实在必中

实是在和对方交手时，已经得手了，可以乘虚而入，在这时即立刻冲击，这叫得实。

《五字经诀》注释

（这是二十个字冠顶之诀，每五个字一句）

披从侧方入

披是经过对方的侧身进势进着，也就是找对方的横线，以我的竖线（正身）进着攻击。

闪展无全空

闪是闪开的意思；展是转变我的身法手法。闪和展都是不得手而转移的办法，可是在闪展的解手时候，要有后式接应，或者闪展里面有藏着的手法，这样的闪展应付，才不致于落个“全空”，在技击上是不能有全空现象的。

担化对方力

担是负担的意思。就是用我的臂膀的弹簧力化开对方的来势，使对方失去了中心和重心，以便我发手进着。

搓磨试其功

搓磨是和对方交手时，先要不丢不顶。不丢是顺随对方来势，不顶是对对方的来势不用力拒阻，在黏粘之中，试出对方的虚实情况。

歉含力蓄使

歉是不足的意思。含是力储在内，含而不露。蓄是聚积的意思。就是和对方交手时，先用一部分力量作试探，保存着大部分的后援力量，等到试探出对方有机会进着的时候，再把蓄积的含力，全力发出，这就是蓄力待发的意思。

粘沾不离宗

黏粘是粘连不离，就是说和对方交手，用黏粘的方式粘着对方，进退周旋，使对方想进不得手，想退也不得脱，以不即不离的方式为宗旨。

随进随退走

随是跟随，就是用黏粘的方法，随着对方的进退而进退；对方如前进我即后退，对方后退我即前进，可以在随势之中寻机找势进而攻之。

拘意莫放松

拘是抓拿的意思，就是在与对方进退周旋，施展黏粘里面，时时要有抓、捋、採的手法作准备。如果得着用手的机会，就可立即使用抓拿的手法，以捋带之。

拿闭敌血脉

拿闭是武术技击上的擒拿手法之一，如果对方来势阴毒时，就可用拿闭的手法，使对方被箝制，或者叫他窒息，失去他的活动力。

扳挽顺势封

扳是反转制阻，挽是拘住不放的意思。我如将要遭到对方扳挽手法时，要顺着来势，封闭他的来手，不让他得逞。

软非用拙力

软是外似绵软不硬，而刚实蕴于内。太极拳中讲的软，并非是不用力和没有力的软，而是不用拙力的柔。

柔在前，可是刚紧随在后，为的是以柔在前便于试探对方的来势，一旦得机，再用刚劲发手。

掤臂要圆撑

掤是掤手，用时臂膀要圆撑起来。

搂进圆活力

搂进的力量，以圆活为主。圆活力就是横竖皆有力的混元劲，也就是横竖上下左右，各方面都有含蓄力，否则有横力无竖力，或有竖力无横力，都容易被人所制。俗说：太极拳以球作例，要有混元的沉力，此力如环无端，也就是刚柔不现端倪的意义。在运用上要不偏不倚，圆整灵活。

摧坚戳敌锋

摧是拒拦，就是要把对方坚锐的来势戳闭，不叫他攻进来。

掩护敌猛入

掩护是用方法遮避敌锋，先求保护自己，再说寻机进袭。

撮点致命攻

撮点是用手指戳点的意思。此句是说如果对方恶毒进攻，我不及掩护时，就可用戳点致命的手法，以避其凶。

坠走牵挽势

坠是由高下落之势。此句说明，如果我的手或臂被对方抓捋住的时候，对方必用牵挽的手法来牵倒我，或是扳折我臂膀；这时不可以用撤手还式的手法来解除，要用沉肩坠肘和坠身退走的式子来应付。

继续勿失空

此句接连上句，是说在退走的当时，要乘机用手法进击，也就是黏粘不断，式式不空的意思。

挤他虚实现

挤是挤法，这里说明了用挤法的时候，含有引逗的意义。用挤法来迫挤对方，使他现出虚实来，以决定我应付的着法。

摊开即成功

摊是撒开的意思。就是用挤法逼出对方的空隙后，就急速用撤开的着手进击。摊开也就是大舒大展、直发到底的手法，使对方不得还手，一举成功。

吴志青拳经拳论注释

吴志青

吴志青（1887—1949），安徽歙县人，中华武术会创始人，武术研究家。幼好技击，兼学翰墨，后入中国体操学校学习。宣统三年（1911）参加攻打上海江南制造局，得陈英士褒奖。曾从于振声、马金标、杨澄甫学拳。

民国8年（1919）初创建中华武术会，后任总干事。民国12年创办中华武术会体育师范学校，任校长，同年加入西北军，任第五军总教练。民国17年，任职于南京中央国术馆，并参加中华武术会的复会工作。著作有《科学化的国术》《查拳图说》《三路炮拳图说》《七星剑图说》《戚门十三剑》《六合刀》《螳螂拳》《太极正宗》《国术理论概要》《国术枪丛》《国术理论体系》等书籍。

晚年皈依佛教，1949年随活佛入藏，染疾逝于途中。

太极正宗十三字行功法

太极拳之盛行已数十年，有关著述达数十种之多，但多标新立异，以眩独得秘传，分歧百出，莫衷一是。

余于研究之余，确定八十一式，作为太极正宗，民国二十九年春在滇，吾宗孟侠先生，转请金一民先生介绍相识，孟兄精八卦，擅太极，为当今国术界之佼佼者，一谈倾心，相见恨晚。

孟侠于太极正宗一书许为同调，惟书中未将十三字行功法刊入为惜！经余请益，孟侠慨将歌诀十六句，计一百一十二字录出，回还把诵，一字有一字之用，一句有一句之法，字字珠玑，句句锦绣。复经孟侠不吝讲解，乃如醍醐灌顶豁然开朗。兹得孟兄许可，特公之于世，并作释义。

歌诀

掤手两臂要圆撑，动静虚实任意攻。
搭手捋开挤手使，敌欲还着势难逞。
按手用着似倾倒，二把採住不放松。
来势凶猛挒手用，肘靠随时任意行。
进退反侧应机走，何怕敌人艺业精。
遇敌上前迫近打，顾住三前盼七星。
敌人逼近来打我，闪开正中定横中。
太极十三字中法，精意揣摩妙更生。

掤

掤者，二臂撑开如捧圆盘，稳定中心，如盘之承珠，任敌攻击，我惟以盘闪展迎击，惟仍盘不离珠，亦即不失中心之所寄，以中心为迎拒之谓。此即“掤手两臂要圆撑，动静虚实任意攻”是也。

比如敌方以按势反攻，我虽以圆形之掤势承受来势，惟仍急将腰胯后吞，身胸内敛，则敌按势已如误踏陷阱，脚底顿空，我再乘虚而入，强敌自摧矣。

拳经云“不得机不得势，在腰胯中求之”。老子曰：“心要虚，腹要实。”可为掤势写真矣。

捋

捋者，借敌攻势，而顺其势反击之谓也。

比如二人推手，敌方以左手掤来，而我左手扶住敌左腕，右掌扶住敌右肘，两掌顺势，虚心敛腹，往怀中左下侧捋开，则来势因此而化。

如乘机反攻，即联用挤手，敌一攻扑空，必定缩回，不意我迅雷不及掩耳接踵扑入，怒风袭危墙，不倒者几希。此之谓“搭手捋开挤手使，敌欲还着势难逞”是也。

挤

挤者，乘机突袭之手法也。

比如敌使右掤手，我以右手接应敌腕，左手背贴近敌右肘弯，敌则侧身擎臂以护右肘，我乘此急将右掌按住自己左手尺骨处，出其不意直攻当胸；敌因侧身，已失中心，遭此猛挤，则无不应手倾跌也。

按

按者，若推山入海，势如奔马，用两掌按敌双臂之谓也。

比如敌人以掤势攻来，我在敌将达未达刹那之间，中途邀击，急以双手封敌，按手向上略逗，以松敌劲，再往下按，同时上身略向前倾，使用肩、肘及腰、胯、足、膝等功劲由下而上，势如烈风拔树，则敌势难再逞，所谓“按手用着似倾倒”是也。

採

採者，擒也，即两手粘敌，不即不离，欲擒故纵，准备攻击之势也。

比如二人交手，两手互使盘法，觉敌似有怯战意，仍先发制人，粘住敌臂，不使敌离我掌握，我即开始攻击。此之谓“二把採住不放松”是也。

挒

挒者，捽也，亦即先採后挒以杀敌之势也。

比如二人决战时，敌以全力进犯，我先用採法粘住敌两手，而后借敌凶猛之势，加以自身力量，迅速转动腰胯，同时一脚后撤，摧枯拉朽，捽敌于自身之外，此之谓“来势凶猛挒手用”是也。

肘靠

肘靠者，以敌逼近身旁，我反守为攻，以肘克之，靠近敌身，使其无旋回余地。

比如敌以势逼近我身，此时我两手不及抽回，或无法收回，可急含胸敛腹闪开，以避其锋；再以臂肘短兵相接，直封其面门，同时以肩胯逼近敌身，使全身力量，迫敌离开中心，我即乘机摆弄，则敌自倾，此所谓“肘靠随时任意行”也。

进退

进退者，即避实乘虚，不即不离，伺机而动之法也。

比如：（一）为活步推手时，敌进我退，即避实之法也。（二）为大捋（即拗步）推手时，敌反击我侧，即为乘虚之法。此所谓“进退反侧应机走，何怕敌人艺业精”是也。

顾盼

顾者，从容之看；盼者，迅速之看也。看准敌手动静，我已成竹在胸，须有泰山崩于前面不更色之从容，要有敌不动我不动、敌一动我先动之迅速。此全须顾得定，盼得准，所谓“遇敌上前迫近打，顾住三前盼七星”是也。

三前者，眼前、手前、脚前，此三前为敌我决胜之场合。七星者，头、肩、肘、手、胯、膝、足，此七部为我攻敌之利器，亦为我被攻之弱点。故在我目中应如黑夜中七颗闪烁之明星，星一微动，我已了然，自可应付裕如，此之谓顾盼是也。

定

定者，稳定中心之谓也。

比如敌由前奔进，攻我正面，我即迈步闪开，侧袭敌后，乘虚截击敌之腰杆（即横中），所谓“敌人迫近来打我，闪开正中定横中”是也。

综观十三字之意义，均系脱险制胜，未经人道之妙法。所谓“太极十三字中法，精意揣摩妙更生”，意义虽大致如上释，终不过皮毛肤浅之谈，实际运用，仍需有深刻功夫，再四揣摩，方能奥妙无穷也。

太极正宗八字诀

三换而捋一挤按，搭手遇撑莫让先。
柔里有刚攻不破，刚中无柔不为坚。
与人攻打要採挒，力在惊弹走螺旋。
逞势进取贴身肘，肩胯膝打靠当先。

按八字诀者，即掤、捋、挤、按、採、挒、肘、靠八字也，此八字诀为两敌对垒、决胜负之秘诀。兹诠释如后。

三换而捋一挤按，搭手遇撑莫让先。

比如逢敌推手，已经三换（即三掤）二捋，当知来敌不弱，应即以挤按之法制之。所谓“搭手遇撑莫让先”，撑者掤也，有捧即非俗，不必多耗光阴，应以当仁不让之决心，先发制人。

柔里有刚攻不破，刚中无柔不为坚。

世人以太极拳练时多不使力，便谓无力。不知其外表似柔，内中蓄劲如钢，有守时如处女，走时如脱兔之势，所谓“柔里有刚攻不破，刚中无柔不为坚”是也。若一味柔若无骨，虽有十年苦功，亦难当大敌也。

与人攻打要採挒，力在惊弹走螺旋。

假使对方来势凶猛，当虚以待实，所谓“借人之力，顺人之势”。採挒者，即以逸待劳，借敌力为我用，所谓“四两拨千斤”是也。

敌来攻击，我于确定敌方虚实之点后，便可使用“力在惊弹走螺旋”之诀。力者，为敌力聚集所在。走者，粘住敌方，化敌力反为我所用。惊弹，为触觉之灵，敏若雀鸟之惊弹，使出动作如螺丝之旋转，无坚不入；即于极细微之间，将敌主力化去，我乘虚而入之谓。又发放敌人非直力所能奏效，应以螺旋力撼敌。

逞势进取贴身肘，肩胯膝打靠当先。

比如敌来攻我，我急趁势利用肩胯膝三部挺身靠近，使敌不及腾挪，我再以短兵相接，追之以肘，此所谓“逞势进取贴身肘，肩胯膝打靠当先”是也。

太极正宗虚实行功法

虚虚实实神会中，虚实实虚手行功。
练拳不谙虚实理，枉费功夫终无成。
虚守实发术中窍，中实不发艺难精。
虚实自有虚实在，实实虚虚攻不空。

练武术者，务须研究虚实之理，不仅太极拳如此，其他武术亦莫不皆然。惟此中窍要，神妙异常，初学者实难索解，兹释之如后。

虚虚实实神会中，虚实实虚手行功。

虚实二字，在技击上意义广大，今举例明之。虚者，空洞无物之谓，虚则圆转自如，不为外物所牵引。实者，为坚固之体，固则滞碍横生，易为外物所毁。技击之学，贵乎自如（即主动），则人为我制；滞碍（即被动），则受制于人。

又，固如山者，真空不灭，实物亦毁，故有愚公之诚，终有可移之山。空者，虚也。

又如白云之行迹靡定，若受外力（风）激动，东来则西推，西来则东浮，此为吸引外力为己行动之助也。佛偈曰“本来无一物，何处惹尘埃”，可谓深得“虚实”二字之三昧者也。

练拳不谙虚实理，枉费功夫终无成。

习国术者如不明虚实之道，虽有十年苦功，不能当为名家之一击。语云:“拳不攻力，力不克功，功不胜巧”。巧者，即虚实之理，能运用己实，攻人之虚；运己之虚，代人之实，非执一不变之谓。所以善用虚实者，即应用巧妙之机动战术也。

虚守实发术中窍，中实不发艺难精。

按此二句为虚实应用之体，遇虚则守，逢实则发。“虚守实发”是技击上攻守不易之法，无上之巧妙。

比如敌以猛力（即实）攻来，我不做正面之对抗，以免元力之虚耗，待敌扑空，化实为虚时，我即乘虚而入。

中实者，敌虚我实，未即进攻，以致坐失良机。不发之谓，似此不能确定虚实，其艺自难精湛。

虚实自有虚实在，实实虚虚攻不空。

细味虚实在、攻不空之意义，兵法云“虚则实之，实则虚之”，善用“虚实”二字则守能坚，攻能克，所谓“虚实自有虚实在，实实虚虚攻不空”是也。

双重行不通　单重便成功。

单重、双重即虚实之形容也。双重则滞，故行不通者，执滞也。单重则活，活则圆转自如，则易于成功。

双重即如佛经所云“有相”，单重即“无相”。无相则一切皆空，便是虚；有相则一切实在，即固体也。总之实可攻人，但涩滞不灵；虚易被击，但圆活灵便。虚实之分，在毫厘千里之间，纯在体会敏捷，使用得当，有非楮墨所能形容者。

故习国术者，纵有聪颖之资质、多年之功夫，如无明人指导，虔心体会，殊不易豁然开朗，而能于千钧一发之时判断孰实孰虚也。

上释各义多为虚实之道，行功二字则未谈及。行功者心领神会之后，再身体力行，勤加研练，朝于斯，夕于斯，行之有恒，积成工夫，所谓精神揣摩，肉体锻炼是也。

太极正宗十三势总劲

太极拳法共有十三势，盖根据五行八卦之理而成者，五行又分内外，形于外者为进、退、顾、盼、定；发于内者为粘、连、黏、随、不丢顶。八卦亦分内外，形于外者为四正、四隅，蕴于内者为掤、捋、挤、採、挒、肘、靠八法。推手亦然，形于外者为势，蕴于内者为劲。用劲之时其根在足，发于腿，主于腰，而形于指，故盘架子所以练劲，推手所以懂劲也。

粘

如两物相交，粘之使起，在太极拳则谓之劲，而非直接粘起之谓，乃间接以生，含有劲意。

比如推手或交手时，敌对者体质强大，气力充实，马步稳固，似难将其掀动、移其重心，惟有使其全神上注，体重足轻，因其自动而失重心，我则顺势撒手，而以不丢不顶之劲，引其悬空，是曰粘劲。

夫粘劲如粘球，一抚一提之间，运用纯熟，则球不离手，粘之即起。语云："粘即是走，走既是粘。"对方实力充足，据险以守，不畏攻势，不畏力敌，惟有处以镇静，或寻瑕抵隙，出其不意，攻其无；此而不果，则故显破绽，诱之使进，使其弃守为攻，使其实力分散，而后因销带击，则未有不败敌于不知不觉之间者，所谓之诱而杀之，使其自取败亡；所谓攻其所必守，守其所必攻之道。

连

连贯之谓，手法毋中断，毋脱离，接续连绵，无停无止，无休无息，是谓连劲。

黏

黏贴之谓，彼进我退，彼浮我随，彼沉我松，丢之不开，拔之不脱，如粘如贴，不丢不顶，是谓之黏劲。

随

随者，从也。缓急相随，进退相依，不先不后，舍己从人，量敌而进，是谓随劲。

不丢顶

不脱离，不抵抗，不抢先，不落后，是谓不丢顶劲。

内功八法歌诀

掤劲作何解，如水负行舟，先实丹田气，次要顶头悬，
全体弹簧力，开合一定间，任有千斤力，漂浮亦不难。

按，此处以水力虽微，而竟能因物自中空，乃负其重之意义，以喻掤劲；于此可知其义，即摇动敌人之重心，使敌势空虚，而后出我之销闪法，以化敌之谓。

捋劲作何解，引导使之前，顺其来势力，轻便不丢顶，
力尽自然空，丢击任自然，重心自维持，莫被他人乘。

此说明借敌人攻我之力，引之使前，俾抛离其重心之谓。故遇敌切忌硬对硬，务以柔制刚，顺其来势，拖之前倾，但自己之重心，须绝对保持，勿为人所乘。

挤劲作何解，有时有两方，直接单纯意，迎合一动中，
间接反应力，如球撞壁还，又如钱投鼓，跃然声铿锵。

此挤字之用义，如球撞墙；以钱投鼓，已曲形其义，盖即借人之劲，以击其人，亦即乘机陷敌之意也。

按劲作何解，运用似水行，柔中寓刚强，急流势难当，
遇高则澎满，逢洼向下潜，波浪有起伏，有孔无不入。

此又以水为譬，意谓水性虽柔，然疾流冲下，为势难当。故遇敌时，手法宜急转直下，神出鬼没，必陷敌于无备。所谓按，即交手时，必以手按于敌手，而乘隙急取是也。

採劲作何解，如权之引衡，任你力巨细，权后知轻重，
转移只四两，千斤亦可秤，若问理何在，杠杆之作用。

此则以秤为譬，意谓交手时，先探对方之力量。然后以四两拨千斤之法以御之。秤锤虽小，然引之平衡，则千斤可秤。能知此理，则所谓四两拨千斤，殊非奇事也。

挒劲作何解，旋转如飞轮，投物于其上，脱然掷寻丈，
君不见漩涡，卷浪若螺纹，落叶堕其上，倏尔便沉沦。

此先以飞轮能掷物于寻丈之外为譬，指动作如敏捷，则借来物之主力而掷出之，实至易易；来势愈猛，则掷出愈远。

继又以漩涡为譬，因其漩转而发出带引之力至巨。故虽至轻如落叶，遇之亦无不沉。由是可知太极拳之动作，必取圆形者，盖以此。

肘劲作何解，方法有五行，阴阳分上下，虚实须辨明，
连环势莫当，开花捶更凶，六劲融通后，运用始无穷。

此乃说明融通六劲，则运用无穷。明虚实、察阴阳、连环使、引敌深入，而后乘隙击之，以肘攻入，无有不见克者。

靠劲作何解，其法分肩背，斜飞势用肩，肩中还有背，
一旦得机势，轰然如倒碓，仔细维重心，失中便无功。

此法乃深入敌境，逼近敌身，以肩背制敌。斜飞式及野马分鬃式，均为靠劲之架势，然非功深技熟者，不能制胜也。

又，靠为肘所克，肘为如封似闭所化，此乃展转循环，运用克敌之谓也。

靠劲运用肩背，乘机而发，势如山崩地塌，其势莫当。然必保持自己之中心，不失重心则敌为我所制。

第二卷 太极拳名词术语悟解汇集

李先吾解三十七式释名与效用

三十七式释名与效用

1. 揽雀尾

释名：此式内含掤、捋、挤、按等法；取手执雀尾随其动作之意。假设敌人之臂为雀尾，揽之使其无进取之力，趁势向前加以切劲掷之也。

功效：此为太极拳中最重要之式，及运动头、颈、肩、肘、胸、腰、腹、腿各部，而使血脉调和，循环全体；可愈头晕、腰疼、胃疼、便秘、关节不灵与轻微之肺疾。

用法：敌用右拳击来，我以两手向前掤化其力；敌欲逃遁，我即随腰下捋敌手；彼如向后将手抽回，则随其劲往外排挤，或向前按之。然敌攻势无一定法则，宜随机应变，观其动作而应付之可也。

2. 单鞭

释名：单鞭者，即单手击敌之意。鞭者，如鞭之击人也。

功效：此式运动肩、背及四肢；能治肩背疼痛与手足麻木之症。

用法：敌用右拳击来，我即用右手粘住敌臂，顺其进击之力，引领向前，使彼重心移动，趁势用左手直击敌胸部——用切劲或推按劲。

3. 提手上式

释名： 提手上式者，如手向上提重物状，故名。

功效： 此式运动肩、背、腕、肘、腰、膝各部，使诸关节灵活。

用法： 敌用右拳迎面击来时，我以左手下按敌腕，以右手由下向上提击敌下颏及鼻等处。

4. 白鹤掠翅

释名： 白鹤掠翅者，两臂斜伸，作鸟翼状；两足并立，如鹤之独立，双手如鹤之掠翼，故名。

功效： 此式运动胸、背、肩、臂、腰各部，而练习其伸缩力。

用法： 敌在左侧用拳击来，我扭身用双掌粘住敌臂，随其进击之力往右引领，使敌身前倾，后以双掌向敌身齐按，则敌跌出矣。

5. 搂膝拗步

释名： 搂膝者，以手向下搂过膝盖之意；拗步，乃拳术步法之名词也。习拳术者，以伸右手，进右足，谓之顺步，左亦如之；若伸右手，进左步，或伸左手，进右步，则谓之拗步。

功效： 此式运动腰、脊、肩、臂、膝、腿各部；可治肾足之疾。

用法： 敌用右拳向我腰部击来，我用左手向旁搂开，以右掌击敌胸部。如敌用左拳击来，我用右手向旁搂开，以左掌击敌胸部，此即推按劲也。

6. 手挥琵琶

释名： 手挥琵琶者，两手一前一后，如抱琵琶（琵琶乐器也）形，双手如手指按弦然，故名。

功效： 此式运动两臂及腰部。

用法： （1）敌用右拳击来，我以右掌粘住敌腕，用左掌托敌肘，双掌交错，则敌臂断矣。

（2）如敌握我右腕，我即将右掌向怀内收回，揉化敌力，使其重心移动，复以左手指点按敌肩窝，则敌臂失其轨力矣。

7. 搬拦槌

释名：搬拦槌者，即搬开敌人之手，拦阻其进击之力，而后用拳击之，为太极拳五槌之一。

功效：此式运动肩、背、腰、腹、胯、臂、腿诸部。旋转如球，使各部筋肉发达；且治肾、胃、便秘之病。

用法：敌用右拳击我胸部，我以右掌下按敌腕；若敌再以左拳回击，即以左掌搬开之；敌欲逃，我即拦阻，趁势用右拳击其胸部或腹部。

8. 如封似闭

释名：封闭者，封锁格拦敌人之手也。如敌人进攻，即将双手抽开，复向敌身推去，谓之封闭。

功效：此式运动胸、肘、腰、腿各部，能愈肺、肾及手足麻木之病。

用法：我用右拳击敌，如敌用左手横推我拳或肘时，即将右拳向怀内收回变掌，同时左手从下方拦敌手腕，腾出右掌按敌肘，复与左掌齐向敌胸部推按之。

9. 十字手

释名：十字手者，两手腕相搭，交叉置于胸前，如十字状，故名。

功效：此式运动两臂及膝、腿诸部，使腿部坚实而有弹力。

用法：我两手与敌两手互相粘住，敌欲逃遁，即趁势引领向前，使敌身前倾，我两手乃向左右分开，使敌落空。复将两手置于胸前，交搭成斜十字形，以防敌回击之用。

10. 抱虎归山

释名：抱虎归山者，假设敌人为虎，将敌抱住，敌欲逃，即乘机向前掷之也。

功效：此式运动肩、背、腰、腿各部。

用法：敌用左拳由我身后右面击来，我即转身以右手搂开敌臂，用左手击敌面部；如敌欲逃，我即进身伸右臂抱敌，趁势击之。

11. 斜单鞭

释名： 此式与单鞭式同，唯方位宜斜，故名。

功效： 与单鞭同。

用法： 与单鞭同。

12. 肘底看槌

释名： 右手置左肘底下为槌，看守以防敌人之进攻，是名肘底看槌。此亦太极拳五槌之一也。

功效： 此式运动肩、肘、腕、胯、腰各部，使诸关节灵活。

用法： 敌用右拳击我左肩，即以左手格开敌拳，用右拳击敌胸部。如敌用左手来格，即将右拳撤回左肘底下，复用左拳击其下颏。设敌又用右手来格，即以右拳趁势由左肘下直击敌胸部，则敌无法逃脱此拳矣。

13. 倒捻猴

释名： 倒捻猴者，以猴轻灵活跃，性喜扑人，以手引之，俟其前扑时，即退步抽手，另以掌按其头顶之意。

功效： 此式运动腰、脊、肩、臂、膝、腿各部；可治肾足之病。

用法： 敌用右拳击我胸部，即用左手搂开，以右掌击敌面部。反之，敌用左拳击我胸部，即用右手搂开，以左掌击敌面部。

14. 斜飞势

释名： 斜飞势者，如鸟斜展两翼而飞状，故名。

功效： 此式运动腰、腿、两臂；可愈肾病。

用法： 敌用右拳向我左方袭击，我即以右手採敌右腕，趁势用左手进击敌胁部或面部。

15. 海底针

释名： 海底针者，即用手向海底点刺之意。海底，乃人身之穴名也。

功效： 此式锻炼脊椎之力。

用法：敌用右拳击我，即以左手往外搂开，以右掌击其胸部。如敌用左手握我右手腕时，即将右掌略往后撤，复向下直伸，则敌力被化散也。

16. 扇通背

释名：用两臂为扇幅，脊骨为扇轴，如扇之开合形；而运用脊背之力，使通于两臂，谓之通背。

功效：此势运动脊背，使脊力通于两臂及腿部。

用法：敌以右拳进击，我以右手刁住敌腕，向上提起，化散敌力，复以左掌击其胁部或胸部。

17. 撇身槌

释名：撇身槌者，闪身向后，转腰部，右掌变拳撇出，故名。此太极拳五槌之一也。

功效：此势运动腰、腿、肘、腕各部；而使腕力发达。

用法：敌由身后击来，我即转身，以右拳撇出，击其下膊，以左掌击其面部；彼思逃遁，复以右拳向敌胸击之。

18. 左右云手

释名：云手者，左右两手往来运行不断，如云之旋绕状，故名。

功效：此势运动腰、背、臂、腿诸部；可愈手足麻木及腰背疼痛之病。

用法：敌用拳击我右方，我以右手捋敌，化解其力，趁势发劲击之。若敌迎面击来，以右手化散其力，以左手击敌腹部。

反之，敌用拳击我左方，我以左手捋敌，化散其力，趁势发劲击之；若敌迎面击来，以左手化散其力，以右手击敌腹部。此势手法往来运行，如云之旋绕状，绝无停滞，故敌进击时，则被掷出也。

19. 高探马

释名：收步耸身，向前探出，如乘马之探身状，故名高探马。

功效：此势运动腰、胯、膝、腿各部；能治肾脏之病。

用法：敌用右拳击来，我以左手接其腕，复用右掌击敌颈项或面部。

20. 左右分脚

释名：分脚者，左右脚向两边分踢之谓也。

功效：此势运动腿部，使筋肉发达。

用法：敌用右拳击来，我以两手缠住敌腕，以左手挑击其臂，趁彼不备，即起左脚踢敌肋部。反之，敌用左拳击来，我以两手缠住敌腕，以右手挑击其臂，趁彼不备，起右脚踢敌肋部。

21. 转身蹬脚

释名：此势向后转身，脚尖向上，脚踵向前蹬出，故名。

功效：此势运动腿部及足踵。

用法：敌由后击我背部，我即转身闪过，趁势起脚蹬敌胸、腹等部；两手随之分开，防其搂腿也。

22. 栽槌

释名：栽槌者，右拳左掌，由上向下击去，如栽植物状，故名。亦太极拳五槌之一也。

功效：此势锻炼脊椎之力。

用法：敌用右拳击我胸部，我以左手向外搂开，用右拳击其腹部。

23. 二起脚

释名：二起脚者，连续踢左右两脚也。

功效：此势运动肩、臂、胯、腿各部。可治手足麻木之病。

用法：敌用左拳击来，我以两手缠住敌腕，以右手挑击其臂，趁势起右脚踢敌胁部；设敌以手搂我右腿，即将右腿撤回，再起左脚踢之。

24. 打虎式

释名：打虎式者，如武士打虎状，故名。

功效：此势运动腰、脊、膝、腿各部；锻炼脊力，且使腿部肌肉发达。

用法：敌两手握我左臂，我向左方后撤，化散其力，以右手握敌左臂，同时左手由下而上，转击其头部。

25. 双峰贯耳

释名：双峰贯耳者，以双拳由两旁贯击敌人两耳，其快如风，故名。

功效：此势运动肩、臂、肘、腕各部。

用法：敌用左拳击来，我以左手缠住其腕，以右掌击其面。如敌以右手挑我右掌时，即起右脚蹬敌肋部或腹部。若敌再以左手下搂我腿，用右拳当胸击来，我即将右腿收回，以手格开敌拳，趁势以双拳由两旁绕上贯击敌人两耳。

26. 披身踢脚

释名：披身踢脚者，身作斜披势，左脚向前踢出也。

功效：此势运动脊、腰、腿各部。

用法：敌用右拳击来，我即披身，以右手握其腕，左手挑其臂，趁势起左脚，踢敌胁或胸部。

27. 野马分鬃

释名：此势运行如野马奔驰；双手分展，如马之头鬃，披落两旁。

功效：此势运动头、臂、胸、腰、胯、腿各部。可治肾病、手足麻木及轻微之肺疾。

用法：敌用右拳当胸击来，我以右手按其腕，进左足至敌右腿后弯，同时以左手进击彼胁部或胸部。敌若用左拳击来，我以左手按其腕，进右足至敌左腿后弯，同时以右手进击彼胁部或胸部。

28. 玉女穿梭

释名：所谓玉女穿梭者，运转四隅，往来不绝，如机织穿梭状也。

功效：此势运动肩、肘、腕、腰、腿各部，而锻炼其收缩力。

用法：（1）敌用拳击我头部，我以左手向上掤化敌臂，以右掌击其胸部或胁部。

(2) 敌由后面击我背部，即转身以左手採住敌腕，进右步，以右手向上掤化敌臂，以左掌击敌胸部或胁部。

29. 下势

释名：下势，乃身体由上降下之意。

功效：此势运动背、膝、腿、足腕各部；锻炼脊椎及腿部之力。

用法：敌用猛力前扑我身，我即以双手下捋敌臂，同时身体下坐，使敌落空而前仆，复趁势击之。

30. 金鸡独立

释名：此势如鸡与鹤之独立形；一足立地，一足提起，双手做展翅状。

功效：此势运动腰、脊、两腿，使腿部坚实有力。

用法：敌用右拳击我胸部，则以左手下按敌腕，以右手击其下颌，乘敌不备，提起右腿，以膝击其小腹。敌如思遁，我右足即落地，以左掌击其面部。敌以手格我掌，则速起左脚踢其腹部。

31. 劈面掌

释名：劈面掌者，拳术名词，以掌劈击敌人面、胸各部也。

功效：此式运动肩、臂二部。

用法：敌用右拳击来，我以右手下按其腕，进左步，以左掌背劈击敌面部。

32. 十字摆莲

释名：右腿向旁摆踢（旁踢为摆莲腿），左掌成十字形，故名十字摆莲。

功效：此式运动腿部。

用法：敌从后方以右拳击来，我转身以左手格之，趁势起右足，由旁踢其胁部。

33. 指裆捶

释名：此势乃进击敌人下部，故名。亦为太极拳五捶之一。

功效：此势运动肩、背各部；锻炼脊椎之力。

用法：敌用右拳击我腹部，即以左手格开，趁机以右拳击敌下部。

34. 七星

释名：七星乃拳术名词，技击家以两拳相叉于面前为“七星”式。

功效：此势运动腕、腿各部。

用法：敌用右拳击我胸部，我以两手上架，同时起右脚踢之。

35. 跨虎

释名：跨虎亦拳术名词，技击家以双臂前后分张，右掌左钩，步为虚式，是名“跨虎”。

功效：此势运动腕、肘、颈、肩、腰、腿各部；而锻炼其伸缩力。

用法：敌用右拳从右侧击来，即以左手刁住敌腕，以右掌击其胸部。如敌用左手来格，即趁势起左脚踢之。

36. 双摆莲

释名：双摆莲者，右足提起，向旁摆踢双掌，故名。

功效：此势运动腿部。

用法：敌用右拳由后方击我侧面时，即转身以右手接其拳，以左手推其臂，趁势起右脚从旁踢敌胁部或背部。

37. 弯弓射虎

释名：此势如古代人打猎时，在马上拉弓射箭状，故名。

功效：此势运动肩、肘、腰、胯各部，而发达其肌肉。

用法：敌用右臂从上方下劈我时，我以双手接住敌臂，向右引领，使敌落空，复趁势以双拳击之，则敌跌出也。

陈炎林论太极拳诸劲

陈炎林

陈炎林，名公，生平不详，太极拳家。中医骨伤科医师，为太极拳名家田兆麟之弟子，著有学术专著《太极拳刀剑杆散手合编》。

详论太极拳诸劲

劲与力，在未学拳击之时，固无从分别，但已学拳击，不可不分析了然。尝见学习武艺数年之久者，仍莫名所以，殊属憾事。

须知力由于骨，陷于肩背，而不能发；劲由于筋，能发，且可达于四肢。力为有形，劲则无形。力方而劲圆，力涩而劲畅，力迟而劲速，力散而劲聚，力浮而劲沉，力钝而劲锐。此力与劲不同也。

少林拳中之力，有直力、横力、虚力、实力之分。直力显而横力隐，虚力刚而实力柔。未学者，力直而虚，是真力也；已学者，力横而实，此乃劲也。但劲之中，又分创劲、功劲、崩劲、粘劲等，初学者多创劲、功劲、崩劲。创劲太直，难以起落；功劲（即艺劲）太死，难以变化；崩劲太促，难以斩接；要皆强劲，露形而不灵。

艺高者多为粘巧劲，又灵又捷，不见其形，手到劲发。未中之先无劲，既中之后无劲，惟中肯之倾，疾如闪电，一发便收，敛气凝神，毫不费力。夫阳劲以刚胜，阴劲以柔胜，如大风过处，百草俱偃，此为少林拳中之上乘功夫，太极拳亦然，全尚巧劲而不尚拙力。

其人呆力愈大、愈厚，则巧劲愈小、愈促。故劲之门类甚繁，例如沾黏劲、听劲、懂劲、走劲、化劲、借劲、发劲、引劲、提劲、沉劲、拿劲、开劲、合劲、拔劲、掤劲、捋劲、挤劲、按劲、採劲、挒劲、肘劲、靠劲、搓劲、撅劲、卷劲、钻劲、截劲、冷劲、断劲、寸劲、分劲，抖跳劲、抖擞劲、折叠劲、擦皮虚临劲等，其中尤以粘黏劲、听劲、懂劲、化劲等数劲，为该拳中之擅长特点，若能将此数劲了解，用之于身，则可明了太极拳之奥妙矣。

虽云太极拳至大成时，仅尚意而不尚劲。然初学者，升阶有级，入室由门，必须从劲着手，盖不知用劲，即不明运气之功；不明用气之功，则不知太极拳真意。所谓登高必自卑，行远必自迩，可见用劲实为学习太极拳之初步纲领。故本篇对于劲之一项，撮其大要，分析述明，以为初学者之研究焉，兹将各劲分述如下。

粘黏劲

即不丢之劲，主前进，为太极拳中最需要之基本内劲，由推手而来。

初练时，两手不知所觉，犹如木棍。渐复由手而臂、而胸、而背，以至周身皮肤，逐渐生有感觉。有感觉，始可粘黏；有粘黏，始可将敌吸住，为我所制。此种粘黏，须由高明教师引领之，宛如蓄电池之过电，教师为一有电之发电机，学者为一无电之蓄电池，引领犹如过电，功成则如发电机已将电过入于蓄电池中，嗣后蓄电池亦能单独发电，俗称喂劲；以其如慈母喂食于小孩，日久以后，小孩亦知自食方法。

故练习此劲至相当程度后，皮肤上有似云似雾之气，如漆似胶，一遇敌手，即不丢不离，非但两手如此，周身皆然；其艺愈高者，气愈厚，而面积愈大。但此气不能自观，仅能自觉，或使具有同样功夫者，互相感觉耳。故艺高之人，于推手时，一搭手即知对方程度，其理即在彼此粘黏圆圈面积之大小也。此劲为练习太极拳推手中最重要者，初步必须练习，否则不能研究其他诸劲，此为初学者不可不注意也。

听劲

此听，乃周身皮肤感觉之听，非通常用耳之听也。故在未练习听劲之前，必须先练粘黏劲，若不明粘黏，则不能听。或以推手之纲领，全在懂劲；而未知不听，即不能懂（懂其动作变化），犹如言语，若不用耳静听，即不能会解人意，故欲懂，非听不可。太极拳之听劲亦然，非先将己身呆力俗气抛弃，放松腰腿，静心思索，而敛气凝神以听之不可。

夫不懂，如何能走？不走，如何能化？不化，如何能发？由此可知太极拳中之听劲，甚为重要，希学者深注意焉。

懂劲

能听，然后能懂，此固为一定之理。然听或不准确，即不能全懂。故懂劲一门，亦甚困难，非由名师口授与自己切实研究不可，经相当时期后，方能全明其理。

在太极拳推手中，未懂劲之先，固易犯顶、偏、丢、抗等病。然已懂劲后，往往易犯断、结、俯、仰各病，此乃后者，在似懂非懂之间。断、结无一定之标准，皆因视听不能准确，尚未能达于真正懂劲之境，倘能闪、还、撩、了、转、换、进、退，行动自然，随心所欲，如是，方可谓真正懂劲也。

真正懂劲之后，即能得屈、伸、动、静之妙，开、合、升、降之效。见入则开，遇出则合。看来则让，就去即升。果能到此地步，即入神明之域。太极拳论中所云，“懂劲后，愈练愈精”，此之谓也。

在未懂劲前，若先求尺、寸、分、毫，斯为小功，不过末技而已。所谓能尺于人者，实非先懂劲也；必须懂劲后，神而明之，自能量尺、量寸、量分、量毫。能量，然后能节、拿、抓、闭，到此境界，又分自己懂劲、于人懂劲二种。自己懂劲，接及神明，能反探战己身中之阴，时时皆然，俗谓阳得其阴，水火即济，乾坤交汞，性命葆真矣，此乃修道中要诀。若于人懂劲，视听之际，随遇变化，不着思虑形相，而无往不宜，自得太极之妙，此即技击中之要纲。上述两种，乃为太极拳之大成。故习太极拳者，非懂劲不可，如莫名此道，则难与言太极拳者矣。

走劲

即不顶之劲，主后退，由懂劲而来。不懂如何能走？譬如人来势，或高或低，或横或直，或坐或有，或长或短，原无一定标准，若不懂其势，如何能走？走者，走避人之重力，而不与之相抵之谓也。

故搭手时，手部一觉人有重意，即变为虚。如遇偏重，则偏松之；遇双重，则偏沉之，泻去其力，随彼之力方向而去，不稍抵抗，使人处处落空，毫不得力，所谓左重则左虚，右重则右杳也。然初学者非遇大劲不走，是尚有抵抗之意，而非懂劲后之真走也。

走劲之枢纽，全在腰腿，腰腿无功，亦属徒然。学者对于此节，亦不可不知焉。

化劲

化劲由黏劲与走劲而成，不丢不顶，随感随化，前进后退，左顾右盼，相济不离。

化之要点，全在我顺人背，若能达此境界，则彼虽有千斤之力，亦无所用。故化劲在太极拳中洵为重要，而化劲中须略含掤劲，无掤劲则又不能化，化劲要非以手或肩化之，全用腰腿；若用手或肩，是谓硬拨，非真太极拳之化劲也。

倘能顺人之势，或高或低，或横或直，快慢相合（化之太快，不能引其入笋，过慢仍未化去），粘而化之。至于直来曲化，或左或右，或上或下，使彼劲路变更方向，在乎随机应用耳。但往复须有折叠，进退须有转换，使人不知己之劲路，直至对方势背为止，是谓真化也。化后乃可拿可发，要亦不可化尽，化尽则己之粘黏劲易断，而去势随之远矣。又不能化之过后，过后则势背，不能前进。

至于化敌之发劲，须俟敌劲将出而未全出，将至而未全至之顷，随势而化，勿太早或过迟；太早未到，无有所化；过迟已着，化之无益。至于化圈之大小，艺愈高者，圈愈小，反之则越大。或以太极拳全尚软化者，非也，该拳实乃有化有发。化之得势，则发亦自可矣；化不得势，何能言发。全由学者领悟运用耳。

艺高者，后化即前进，其上身似往后化退，但下步同时已前进矣，此为以退作进之法，诚奥妙无穷焉。反之，初学者泰半以退步为后化，实不知此乃逃避，而非真化也。上乘者外操柔软，内涵坚刚，此坚刚非有意之坚刚，实乃练工日久，自然增长之内劲也。所难者，内含坚刚而不施于外；即迎敌化人时，亦以柔软应付坚刚，使人坚刚尽化无存。然此步功夫，何等深玄，要非粘、黏、连、随，已由懂劲而达神明之域者，不能轻灵玄妙，收四两拨千斤之效也。

引劲

引劲即人不动，而引其动；或人既动，而引其入于己之路线是也。

人仅知化劲、拿劲、发劲，而不知有此引劲，实则引劲处于化拿之间，而较化为难。盖对方来势，不能随己心欲，故必须用引劲以引之。譬如两物行走，方向不一，则无由相合，必须引之，然后乃能相合。至引之方法，须化到对方之劲将尽未尽时，如此方可引之入壳。易言之，引劲乃欲引出对方背势中之焦点。遇对方艺浅者，固易为之。若稍有能为者，又须用假引之法，如引高打低，引直打横；或故出一虚拳以引之，使彼丹田气上升，失却重心，在惊惶之际，出其不备，即可拿而发矣。

故在发之先，须有拿；在拿之先，须有引；在引之先，须有化，斯为一定之理。此种引劲之法，非专习有年者不能成，因引劲非仅手引，同时亦须应用身法、步法、腰法等。盖引之愈长，则发之愈有势，故太极拳论中所谓“进之则愈长，退之则愈促”即此意也，但终不离粘、黏二字，是又不可不注意。

拿劲

此劲较引化两劲，尤为难学，且在太极拳中颇为重要。

盖不能拿，即不能发，能拿方可发。发之不中，皆由拿之不准。拿实为发之先锋，拿至敌发呆顿而己之意到时，即发其焦点，未有不中的。

惟拿时须动作轻灵，重则易为人知觉，变化脱去。其难亦即在斯将拿未拿到之顷，若拿到后，敌即不能脱去。故拿之妙，妙在人不知不觉之间。但拿人必须拿其活节，如腕、肘、肩等处，否则易被人化脱。双手拿人犹如以秤衡物，重者秤锤移于外，轻者则移于内，务使高低轻重相等，勿失其衡。拿时除沉肩垂肘，含胸拔背，敛气凝神外，己之重心，尤须注意；务须尾闾中正，顶悬步稳，勿失重心。所谓拿人不过膝，过膝即不拿，乃此意也。

如离人远，非己进步不可，不然有失去重心之虞。拿人非手拿，手拿钝而易化，拿之枢纽，全在腰腿。拿人非力拿，力拿呆而易脱，拿之主使，全在意气。而拿之步法、身法、方向亦均重要，非口授不可。功深者拿人，一搭手无论何处，一索即得，且能使被拿者身不自主，随其所欲，俗曰入笋。但艺高者，往往拿而不发，其理乃因拿到后，人既知势败必负，已认屈服，可毋庸再施发劲，令人更觉难堪，此亦君子之道也。

拿又分有形、无形二种。有形者，拿之圆圈愈小，其功夫愈深；反之圆圈愈大，其功夫愈浅。无形者，在二人皮肤相黏，各施引拿时，艺浅者之圆圈，常被艺深者遮蔽。此种奥妙功夫，虽由名师教授，然非本身练之以恒，不克有成。

发劲

欲击人，非发劲不可。不知发劲，焉能击人，更无以言拳击。其以太极拳为养身者可无言，如欲防身，则非知发劲不可。因太极拳若仅知化而不知发，是乃知守而不知攻。须知化中有时不能手手化净，岂能安然无事，一有失败，即牵连全部。进言之，纵不求胜于人，至少亦应不败于人。故非一化一发（即一守一攻）不可，如此可使敌不能致全力于发，亦须顾及于化矣。故前辈发人有“出手见红”之语，意为一出手即使敌人跌倒，不令人攻而守，或已守而攻，免得多费时间与精神也。意为至理名言，否则既须注意于守，又须注意于攻，反使己之精神分散，为人所乘。

太极拳中之发劲，分有截劲、长劲、沉劲、钻劲、寸劲、分劲、冷劲、断劲、抖跳劲等。其中截劲较长劲为猛；钻劲较沉劲为厉；分劲较寸劲为狠，其发人能将人双足离地，以一次腾出为佳，如人双足不能离地，仅带跳、带退为次。后者缘气与劲不足，爰不能摧敌根腾起焉。至于冷劲，因引发人于不知不觉，故其势甚猛，用之固不易，但为艺高者所不取，盖有损于君子之道也。

何谓断劲？断劲乃在引人得势后，中间内劲稍断，随即以全身蓄劲，直发于人身；此劲猛烈异常，用于不知太极劲或知而不精者，最为灵验。习固不易，但亦为艺高者所不取，盖因斯劲之发，全皆暗昧不明，殊非丈夫所为。

相传昔日杨班侯发人，能使人双足离地，一跌腾出三丈六尺。在今人观之，杨之艺事可谓高超矣，然其父杨露禅反不以为是，其理亦以彼之发劲，实含有断冷性，而非光明磊落，用心意巧发也。

此外尚有抖跳劲，当己劲与敌劲黏住时，即用腰腿劲抖拍之，敌身则双脚腾起，亦应之而拍于地，如拍球然；尤奇者，先拍之若干下，复以长劲发之，敌发出后，亦能腾跳若干起，故此劲甚为奥妙。

发劲中除借劲、钻劲外，其他诸劲在未发之前，均须有化、引、拿。拿之得势，方能言发，不然，发亦无效。此在初学者，固觉困难，然一劲通后，他劲亦可通矣。未有精一劲，而不能使用他劲者也。

学者于习发劲之初，当先知劲路。人之全身，何处为根，何处为枝，何处为叶；人之上身，何处为根，何处为枝，何处为叶；人之下身，何处为根，何处为枝，何处为叶。夫人之全身，足为根，身为枝，头为叶；人之上身，肩为根，肘为枝，手为叶；人之下身，腿为根，膝为枝，足为叶。故拿人、发人，须先制其根，是谓登堂入室，亦即摧敌摧根是也。能明此旨方可发人，否则犹如缘木求鱼，终不可得，然以劲发人时，必有三种要点：(1) 机势，(2) 方向，(3) 时间。机势，即己势顺，敌势背，敌之重心偏于一方，显露其焦点。易言之。敌之重心已失，身上有一部分发呆（即拗住之一点），同时其气上升也。方向或上或下，或左或右，或正或隅，必须随敌之背向而发之。时间须恰当其时，即在敌旧劲已完、新劲未生之时候（发呆时）或后退之时，不可或早或迟；早则敌势未完，易生顶抗之弊；迟则敌已发觉，而生变化。此三者，不可缺一，如知机势而不知方向，易犯落空或与敌相顶之弊；然知机势与方向，而不知时间，亦易犯顶抗或发之不足等弊。果能三者俱全，则发人甚易，犹如弹丸脱手，无往不利；反之，发势虽猛，仍无效用可言。

除此三者意外，尚须注意己与敌之距离。过远则劲不能达，太近则己劲被闷闭，不能发出。至于发劲之高低、上下，亦有关系；人高我高，人低我低。人过低则我发其上部；人过高我则发其中部，或下部。而敌之身躯长矮、大小、轻重，亦概须留意。大抵矮者，宜发其上部；长者，宜发其中部、下部之间；上下轻重相当者，宜发其中部；上轻下重者，宜发其下部；上重下轻者，宜发其上部；此种轻重，可于推手时，用粘黏劲与引化劲侦知之。

发之地点，有时发其呆实处，有时发其虚而不能变化处，有时手指引其力出，而以掌发之。总之，虚虚实实，先使敌意气散乱，引出来其焦点，然后发之；并随屈就弯，人屈则随其屈以发之，人弯则就其弯以发之，可随机而运用。

夫艺高者，己之焦点甚小，而发觉人之焦点甚大；且在敌之身上任何一部分，皆能引出焦点而发之，同时己身之任何一部分，均可以发人；而其发人，又在一刹那之间，随引随发，诚令人惊羡不置也。

发劲时，须求周身一致，且出于不知不觉。发者本身自觉愈无劲，而受者愈觉沉重。反之，本身自觉出劲甚猛，但被击者，并未受得如其理想中之重量。此中原由，实因发者自觉有劲，其劲并未全部透出，其自觉无劲者，彼劲已全部透出矣。故发劲须如放箭，曲中求直，当完全吐出，毋稍停留于手臂中。盖发多不畅者，每有三停，以上肢言，一停于肩穴，二停于拐肘，三停于掌根；以下肢言，一停于髀，二停于膝，三停于踵；以中部言，一停于胸，二停于腹，三停于丹田。发时，己身应尾闾中正，虚领顶劲，含胸拔背，沉肩垂肘，坐腕伸指，两臂直而不屈（内劲如九曲珠之成一大珠式），同时将背脊骨稍加凸出，并坐腰松胯，如枪弹出膛之状；但坐腰不能向后，向后则劲缩于后，而不能前发矣。

发劲中内部气之运用有二。一由前往后，俗谓由先天往后天，是为丹田气沉；再由丹田逼出，贯之于四肢。一为由后往前，俗谓由后天往先天，是为气贴脊臂；再由脊臂而出，贯之于四肢。

发人之劲，一如抛物，欲抛则抛，切不可稍有要抛不抛之疑虑。设有此思虑，则意气易断，意气既断何能发人？故发人时，须敛气凝神，目注对方，切勿视地，防人跌到。视地则劲往下，太极拳论中所谓“仰之则弥高，俯之则弥深”即此谓也。须知神之所在，意气随之，劲虽发出，而意气依然不断，所谓“劲断意不断，意断神可接”是也。艺高者能随化随发，其中含有一小圆圈，功愈深则愈小，半圈化与半圈发，因此常不见其形，此即所谓进即是退，退即是进，收即是放，放即是收也。

相传昔时杨健侯一日坐于庭中，手持烟筒吸烟，其徒前趋请益，乃命徒以拳尽力击彼腹，徒拳将着，杨在一笑一哈之顷，将腹一鼓，徒跌出庭外，杨仍安坐吸烟如常，其徒竟不明由何劲而被抛出。

杨之长子少侯，在金陵时，一日道遇疯犬，犬扑其腿，将及未及之际，杨用膝一屈，犬即腾出数丈，此皆上乘发劲之妙用，亦神乎其技矣。

借劲

为太极拳中奥妙而上乘之发劲，非艺高者不能应用。因借劲之发人，无引无拿，期间仅含有少许化劲耳；随到随发，发不加思虑，其速犹如风驰电掣，乘人之势，借人之力，高来高往，低临低去，无须觅其焦点背势，能使敌不知不觉而出。其尤奇者，敌来亦去，敌不来亦往，来势愈大，则被击之劲愈猛。打手歌中所谓“牵动四两拨千斤”者，即借劲之谓也。

能借劲，则力小可挫力大，弱者可攻强者，倘更能善于此道，则人之任何部分，皆可借之；而己之任何部分，咸可发之。惟发人时必须腰腿一致，沉肩垂肘，含胸拔背，尾闾中正，以意气发出。尤须顾及时间，不可或早或迟，早则敌劲未出，何由假借？迟则己身已中，无能为矣。最恰当之时间，为敌劲将出犹未全出，或将到而未全到之际，在斯一刹那间，发之方为有效。犹如人之入室，一足正将踏入，而室门忽闭，人即无从入内，而反被门叩出。又若人之说话，正待开口发音时，即掩之，口被掩扪，气阻音塞，无言矣。由此可知借劲之学习，实匪易事，倘能运用自如，是谓太极拳中之上乘者。上述发劲项内，杨家父子所发之劲，盖即此借劲也。

开劲

见入则开，即见人劲来时，化开之谓也。开劲乃方劲，而有开展之意，用以达人之内门，其势非常勇猛，用时身法、步法，皆有相连关系，距离不能过远，过远则不能运用。开时须用腰腿劲，加之以意气，并非只用手臂；若仅以手臂硬开，则呆而钝。开敌至适当程度，恰到好处时，当即发之。过则己劲易断，即失效用，不足又反为敌所乘。总之，须开至己顺人背时为止，开之得势即可直迫敌身，任意所为。

但艺高者，往往故意自开其门，任敌进入，待彼深入即乘机反攻之，此种反施之法，合于老子所谓欲取姑先予之说；又如窃贼盗物相同，若不入汝室，何以捕之？待彼入后，将盗汝物时而捕之，既容易，又合理。

开劲在十三势拳架中，应用甚多，如提手上势、白鹤亮翅、如封似闭等，要在学者自能检讨之耳，开劲非仅化人，亦可发人；其发人含有掤意，故开后即须发，不发则失其机矣。

合劲

开之反为合，俗谓一阴一阳，一开为阳，一合为阴。有开必有合，有合必有开，故开合二字，有连带关系，就去则合，即乘敌去合之之谓也。

合为圆劲，亦即紧凑之意。合时用腰腿劲，须沉肩垂肘，含胸拔背，气黏脊背，在十三势拳式中，如提手上势、手挥琵琶、如封似闭、合太极等，皆有合劲之意。合劲于太极拳中，甚为重要，发劲时多含此意。盖能将周身之气，合而发敌之焦点，则敌无不创焉。故十三势行功心解所谓“行气如九曲珠，无往不利”一说，即发劲之时，合众气一鼓而出，如九珠合而为一。盖发劲无此，则气不能凝，不凝则散，发亦无效。

提劲

提即提上拔高之谓，亦即太极拳中“粘”之一字，其效用乃拔敌之根，使其失去重心，敌重心即失，则势败矣。惟本身重而提身轻者固易，反之则难，非用巧法不可。

此种巧法，即乘人不觉时，往前进步，用腰腿劲向上粘提，使人在不知不觉间，失去重心。至提之方法，全在腰腿，非用手提，手提则重而笨，易被人发觉。故提时，足部当取稳实，丹田气松，虚领顶劲，其贴脊背，尾闾中正，敛气凝神，眼神注视对方，大有拔山提岭之概。

此外对于方向、距离、身法及步法，尤应与对方凑合；不然，仍属无效。是在运用者随机应变耳，提之得势，加以后引，则无论何劲，皆可发击，敌未有不出焉。此即打手歌中所谓“引进落空合即出”之意也，但提劲非艺高者不办，不然反为人乘虚而入，弄巧成拙，学者不可不注意也。

沉劲

沉与重，人均以为一也，实则非耳。盖重为有形，沉为无形，重力呆而滞，沉劲活而有似松非松、似紧非紧之形，与重绝不相同。

学者在推手时，对于沉、重、轻、浮，大都不能分析了然，故每易误入歧途。著者有鉴于斯，特将该沉、重、轻、浮四字，缕述如下，俾习者有径可踵，而达正途。

盖双重为病，由于填实，填实则气闭力呆。双沉不为病，因其活泼能变。双浮为病，由于飘渺。双轻不为病，因其自然轻灵，然轻浮亦不等也。半轻半重不为病，偏轻偏重斯为病。因半者，半有着落也；偏者，偏无着落也。偏无着落，则失方圆；半有着落，不出方圆。半沉半浮为病，失于不及；偏浮偏沉为病，失于太过；半重偏重为病，滞而不进；半轻偏轻为病，灵而不圆；半沉偏沉为病，虚而不实；半浮偏浮为病，芒而不圆。然则果如何而后可，吾曰：双轻不进于浮，是乃轻灵；双沉不进于重，是乃离虚；此二者，斯为最佳也。

总之，内须轻灵不昧，而外气清明；能留于肢体，始为正法。发劲能沉，则敌出更厉，因丹田之气，由背而臂、而手，达于敌身，使敌腾空跃出，如拍球然；拍之愈急，其升愈高。此劲颇猛，为发劲中重要之一。太极拳论中所云“如意要向上，即寓下意，若将物掀起而加以挫之之意，斯其根自断，乃坏之速而无疑”，即上述大意也，学者不可不注意耳。

掤劲

此劲在推手中，甚为重要。推手如无掤劲，一搭手后，即为人压瘪，无以相抗。但掤敌非用手臂，须用腰腿，加以意气，使敌不易攻入，此为防守之法。

若欲发敌，则未掤之先，应往后向下，用引劲诱之，使其劲出而显有焦点，复借其劲而掤之，无不获胜。否则对方势必空虚，无由借假，不能掤也。

掤之地点，以人活节或拗处为最佳，盖使其不易化脱也。掤至适当时机，亟须发击；不然，徒劳往返，有何意义？掤发人时，须凝气敛神，眼神注视对方，若掤东视西，则无效矣。

捋劲

捋者，一手（掌缘近腕处）粘人腕部，一手（肱部）粘人臂，捋其至己身后，所以补其他发劲之不足也。盖其他发劲，敌多往后跌出，如彼已知此弱点，故将重心前仆，不使后仰，斯时当用捋劲，乘其前仆，即引捋之，使彼前仆而跌至己身后方。然功浅无粘黏劲者，可勿用之，盖易被人乘隙而直入也。

纵有粘黏劲者，若捋之不得其法，亦多不克制敌。其故有二。一则不能引敌，盖未捋之前，须故意先用掤劲，掤则对方必起抵抗，有此抵抗之力，方可捋也。二则不明捋之方向。初学者捋之方向，多用直线，此在艺高者有身法、步法，固能为之；若技艺不精，反不如用三十度左右之斜角线为佳；因前者之劲，易被滑脱，后者犹可借人劲也。捋人之主动关键，全在腰腿与意气，而非手臂也。

夫捋之初，己身腰腿应略上升，掤至胸口前，人背己顺时，乃坐腿松胯，转腰而捋发之。但已过则不能发，未到亦然。盖已过则势尽，发亦无能，未到尚难得势也。故以捋发劲时，须全身精神贯之，眼神尤须注视对方，即对方跌倒，亦须注视勿怠，此即十三势行功心解中所谓“劲断意不断”是也。

捋劲在推手中，甚为重要，不能捋，即不能使对方前俯，更不能移动其重心。重心不动，取胜难矣。

挤劲

挤者，以肱部（即前臂）挤击人身之谓也。为推手中主要动作之一，不可过高过低。挤生于敌捋己之后，故欲挤之势足，先须故意任彼捋足，而变挤挤之；挤亦可用于人靠之后。但挤不能用手臂之力，须用腰腿劲，加以意气，其姿势应圆满，勿生棱角，顶悬身正，沉肩含胸，尾闾收住，上身勿向前仆，免失重心。

若用力挤，则己臂反易为敌借劲，故艺高者能将挤气贯于人之足部，使人处于背势，身体不得自由。其发可用长劲、沉劲、截劲等。惟初学推手，在四手中，泰半缺挤一手，故推手盘圈不甚圆满，希学者加以注意焉。

按劲

按乃以单手或双手按人身之谓也。按以顺步为得势，否则不易为也。按中有开合之意，并含有由前往后之一纵圆圈；如仅直按，即失效用，而反为人所制。至按之开合，须手足相应，前进后退，有升降之势。

艺高者用按法，以起步为虚，落步为实；虚则为引，实则为发。按须用腰腿劲，加以意气；又须眼神注视，虚领顶劲。然亦不可去之太速，太速，反易被人借劲。如能借腰腿之前伸，手臂蠕蠕按出，人必觉累而受制矣。

按时须顶悬身正，沉肩垂肘，含胸拔背，坐腰松胯，收住尾闾，上身勿前仆；仆则重心向前，易被捋出，故须谨慎。凡艺高者按人，大都在其真劲未发之前，即可使对方势背，自动倾仰跳跌。

按之发劲中，亦分有长劲、截劲、沉劲等，尚望运用者随机而施之也。

採劲

採即以手执人手腕或肘部，往下沉採之谓也。其效用与捋略同，欲使敌人重心已向前时，而乘机更使其前仆。此採非用手，手採则功效小，须用腰腿劲，加以意气。

採如得势，能使对方头昏眼眩，连跟全身採起，跟起即可发之。惟採人不能採两边，因只採一边，可使对方重心偏于一方，否则反被其借劲而不失重心。

夫採人不可採得过轻，轻则易为所借，故不採则已，採则必须採足，方为有效。採时宜己身中正，沉腰坐腿，含胸拔背，沉肩垂肘，气沉丹田，眼神下视。太极拳论所云“仰之则弥高，俯之则弥深”，即此谓也。十三势拳架中，“海底针”一势，即为採之用法，“海底针”后连以“扇通背”，是即採后随发之意。

挒劲

此劲在太极拳中，不甚运用，故知者甚少，不如掤、捋、挤、按、採、靠等劲为人所熟悉，然此劲实甚重要，学者不可不知。

譬如己在倾仰势背之际，欲使转顺，即须运用此劲，他劲不能为也。挒劲用于捋或採之后。其用法，一手按住人臂，一手即用手背反挒人之领际，使人后仰倾跌。如已被人用野马分鬃，至势背后仰之时，即可用挒以转顺势，反借其势，使之后仰，此即艺高者所谓“吃何样还何样”，彼欲使我仰跌，我即以仰跌还彼也。

挒又分横挒、採挒等法，但均须用腰腿之劲，而不用手也。用时应注意与对方之距离，不可过远，远则无效；故当用身法步法，使之凑合，方为有效。此外尤须防己内门，否则弄巧成拙，反为人乘隙而入矣。

肘劲

手之击人（包括掌、拳、腕），应有相当距离。太远固易犯手未到而劲已断之病；过近则势闭，而又不能发。故欲弥此缺点，在距离过近、用手不得势时，惟有用肘劲以助之。肘为人之二门，较手为短，发之得势，较手为猛，可直攻人之心窝，是为毒手。发时须与膝相合，用腰腿劲加以意气；而身体正直，虚领顶劲，含胸拔背，沉肩垂肘，尾闾收住，眼神注视对方，亦为主要条件。

大捋中之肘，含于人捋己时，以肘还击之。推手中之肘，含于分开人手之时，一手执人手，一手用肘击其胸口。此劲虽属凶猛，然用不得其法，反为敌借势，故用时不可不注意之。

靠劲

靠乃以肩靠人之胸口，其势又较肘更厉，用之于己身与敌距离更近之处，助肘之被闭而不能发劲时。

靠时己身中正，肩与胯合，不可以肩硬碰敌身。须在己身与敌双方皮肤稍相接触之际，以腰腿劲，加以意气靠之。或上、或下，随机而行。至于己之身法、步法，尤应注意。顺步须插入敌之裆内，成丁字形，否则不能得势。

靠在大捋中，用之甚多，故学者极易明了。惟靠时应虚领顶劲，含胸拔背，尾闾中正，眼神注视对方，即对方已倒亦然。此外更须防护己之面部，及所靠之手臂。不然，一有疏忽，则易为人击面，或撅臂之虞。故靠时另一手须护于靠之手臂肘弯处，以防不测。能靠，则身瘦劲小者亦可以攻力厚之人，因肩部较手劲、肘劲为大故也。

长劲

即柔慢而伸长之劲，用之于手、臂、肘、肩、腰、胯、膝、腿、足，或周身各部均可。在推手中，引拿人之后，将己劲渐渐伸长，发于敌身焦点之上。倘其后化至不能化时，势必胜出。如遇敌劲阻扰，则己劲须绕曲前进，随其势，勿丢勿顶，有隙则进。斯种情形，若以线穿一九曲之珠，劲大线折，不能进；劲小遇阻，亦不能进；非随其曲弯势，以巧劲穿之不可。《十三势行功心解》内所谓“行气如九曲珠，无往不利”一说，即此谓也。发时须沉肩垂肘，尾闾中正，用腰腿劲，加以意气。

艺高者用长劲时，或先用截劲，参以长劲；或先用长劲，至敌将出未出时，补以截劲。先截后长，则对方先倒退，退至长劲完时复腾出；先长后截，则对方先腾出，后倒退。因先后所发之劲，咸蓄于敌身，先入后出，后入先出。譬如弹簧，旋之愈久，则驰亦愈久；旋之愈暂，则驰亦甚暂，非驰至尽处不止。夫太极拳之奥妙，即在于此，故练习太极拳者，长劲不可不知也。

截劲

一名刚劲，用之于手、臂、肘、肩、腰、胯、膝、腿、足，或周身各部均可。其运用全在引人落空，将知而不能变化之际，随即对其中心发之，故其势速而促；被击之人，跌势甚猛。

发时应虚领顶劲，含胸拔背，沉肩垂肘，尾闾中正，敛气凝神，用腰腿劲，加以意气，眼神注视对方，即对方已倒亦然。此劲发出，有弧线形及直线形二种，随势应用，初学者欲用之得法，固非易事。

钻劲

即入劲，用之以指或拳，其用于与人皮肤相触之时，如钻之入木，旋转而入。此劲甚为勇猛，可以击伤人之内部。用时含胸拔背，沉肩垂肘，虚领顶劲，气沉丹田，全以意气发出。

此劲亦可破人内功，如气功、闭口功之类，确为太极拳中之专长劲。但用之地点不合，即易伤人，初学者可不必深究，以免伤人，故本编亦从简而言。至于此劲之练法，及发人何处穴道，非经名师口授心传不可。

凌空劲

此劲异常奥妙，近于神秘，而非目见者所能信，实乃一种精神上之作用而已。艺高者发此劲时，仅须口中一哈，对方即双足离地而后退；盖因被发者，精神已为发者所吸引，无可抵抗。然被发者必须先明粘黏等劲，故一哈之后，即由感觉而后退，否则发者仍无效。此劲虽奥妙莫测，但学者可不必深求，仅作游戏观可耳。

相传昔时杨健侯、少侯父子，能吸引烛火近尺，一手隔之，火光遂熄，即凌空劲中之一法，惟此功夫今已失传云。

以上为太极拳主要之劲，或粘、或走、或引、或化、或拿、或发，此外尚有拨劲、搓劲、撅劲、卷劲、寸劲、分劲、抖擞劲、折叠劲，及擦皮虚临劲等，种类甚多，因非必需，故从略。

总之，功夫先练开展，后练紧凑。紧凑得法，再研究尺寸分毫，由尺而寸、而分、而毫，达乎缜密，乃不动而变。至于用法，能懂、能化、能拿、能发后，太极拳中任何一势一式，或另一种散手法，或已至少林派拳中一着，均可参入应用，只须分清外门、内门，上、中、下三部，得机得势，随意运用，不必拘于一式，或一法也。学者如欲求各劲之彻底了解，非由高艺名师口授心传不可，本编仅述其大要耳。

十三势解

十三势，或以为乃十三种姿势者，实谬也。十三势者，即八门五步也。八门即四正、四隅。四正，乃掤、捋、挤、按，四隅乃採、挒、肘、靠。方位八门，乃阴阳颠倒之理，周而复始，随其所行，以身分步，则有五行，以之支撑八面。五行者，进步为火，退步为水，左顾为木，右盼为金，中定为土，而以中定为其枢纽，此乃十三势之原理也。

至十三势拳式，又称为长拳者，盖昔日练太极拳者，皆从单式着手，一式熟后再练一式，因恐日久易生油滑，或入于硬拳也；故无一定拳路，直至各式皆练习纯熟后，互相连贯，合为一套，以其滔滔不绝，周而复始，称之谓长拳，故长拳即十三势拳，亦即太极拳，非谓太极拳外，别有所谓长拳也；至今人之所谓另有一长拳者，乃后人编造，而非正传。

太极拳中节拿抓闭解

太极拳之深奥，不仅盘架子、推手、大捋、散手、刀、剑、杆子等，有粘、黏、化、发诸劲而已；昔日尚有所谓节、拿、抓、闭四种功夫，惟因原理深邃，不易传习，以故迄今渐渐失传，殊深扼腕。本编为不厌求详计，略加阐述，务使学者皆能知其大概，并望艺高者共同研究之。

节者，节络；拿者，拿脉；抓者，抓筋；闭者，闭穴。络若被节，则血不周流；脉若被拿，则气难行走；筋若被抓，则身无主裁；穴若被闭，则神气全无。血不周流，犹如半死；气不行走，呆若木鸡；身无主裁，则劲断死；神气全无，则难生存。

夫推手至相当功夫后，手能得尺、寸、分、毫，即可以量人；能量人，即能节络、拿脉、抓筋、闭穴。惟节不量，可由按而得；拿不量，可由摩而得；抓不量，可由推而得；至于闭，非量不可，若不量即不能得其穴也。此种功夫由尺而缩至寸、分、毫，人身有百八穴，七十二穴不致命，三十六穴能致命，而内有七穴可以立时绝气死亡。

穴被闭时，如皮肤灼火，似梦地受惊，可使分骨绝筋，毙命于顷刻间。徜遇得解，则如唔道忽醒；而闭者，必须明其所具，知其所发，神其所用，然后乃能入窍。譬如射矢，倘能明其中心，不偏不斜，敛气凝神，即无不中的，此为闭穴之大概情形。至于节、拿、抓、闭之四种功夫，非名师点传不可。

注：此篇拳论出自署名为“陈公（陈炎林）”所著的《太极拳刀剑杆散手合编》一书，初版由上海国光书局于民国三十二年（1943年）六月分册出版，1949年1月再版时合订为两册线装本。此书系由太极拳名家田兆麟口述，并由田兆麟学生石焕堂等人拍摄拳功照片，并找画工线描勾模演示，然后由田兆麟学生陈炎林执笔完成。

喻润川论太极拳之劲

喻润川

生平不详。据喻润川先生长子喻鲁生云：“我记得父亲曾两次习杨氏太极拳。第一次是在北京念大学的时候，直接从杨澄甫先生习太极拳。三十年代武汉太极拳爱好者拟聘请杨澄甫先生来武汉传授太极拳，当时因杨澄甫先生已受上海聘请，故派其高足崔毅士先生来武汉教太极拳。当时教拳的地点是武昌蛇山抱冰堂内，崔毅士先生把他的长子带在身边辅导练拳。我的父亲第二次就是师从崔毅士先生习杨氏太极拳。”

喻润川先生在其 80 岁高龄时，编写了《太极拳概要》一书，自序云：“练太极拳数十年如一日，以至年届八旬而饮食睡眠如常。”可见先生精神健旺，养生有得，太极功夫深厚。

劲与力之区别

劲无形而力有形。劲沉而力浮。劲聚而力散。劲由筋而达于四肢，可发可放；力由骨阻于肩背而不能发。太极拳尚巧劲而不用拙力，呆力愈大者，巧劲愈小。螺旋劲、抽丝劲、麻花劲如千年枯藤，不易拆毁，即引即发，蓄发相变，即用巧劲之谓。

太极拳之劲

太极拳的八种劲别，由锻炼拳路得来，兹分述如下。

1. 掤劲

练太极拳全身无一处无掤劲。和人推手时如无掤劲，即为人压瘪。掤劲分防御和攻击两方面。掤乃有弹性之劲，如蓄气于球内，此按彼起，令力不得下落，但必须用腰腿劲，加以意气，此就防御方面言之也。在攻击方面说，如未掤之先，若想发人，应往后向下用引劲诱之，使敌劲出，焦点显露，借其力而发之。若敌不用气力，无由假借，即不能发。

掤乃单手或双手向上激出之劲，掤之地点，以人之活节或拗处为最得势，使人不能滑脱。

2. 捋劲

凡人掤挤我时，用捋劲以舒散其力，使人力腾散，不得复聚。用捋劲时，一手掌粘其腕，一手肱部粘人臂外面，捋至己身左右边，补其他发劲之不足，使人跌至己身后。

未捋之先，故意用掤劲。到己胸口前，使人抵抗，一变即捋。捋之方向，以弧线为好。捋发之时，必坐腰、松胯而转腰。捋发之际，必须借人之力。如已过则势尽不能发。未到尚难得势，不能使人前俯，更不能移动其重心；重心不动，不能倾倒。

掤劲居于人手下而向圈外，捋劲系居于人手上而向圈内。由捋旋转以变掤，谓之逆抽丝；由掤旋转而变捋，谓之顺抽丝。掤捋两劲，随便倒换。捋为蓄之功用居多，掤为发之功用居多；掤捋倒换，劲效显著。

3. 挤劲

挤乃补助掤不够之劲，多用于双手互相交叉，亦可谓之左右手的合劲。挤生于人捋时，我顺势将身前升、屈臂，将另一手补其腕部而挤之。挤亦可用于人靠之后，但挤不可用手臂之力，必须用腰腿劲加以意气，身体勿向前俯，免倾重心。

挤用双手，防御固而变化多，攻守并备。须双手俱有掤劲，如车轮之功用，旋转自如，变化自灵。挤亦可用于捋人之后，顺势加以挤劲，使其倾倒，所谓捋挤不分。

4. 按劲

按劲。以一手或双手向下沉按，使对方之足跟浮起。彼用挤时，我乃变捋为按，以顺步为得势，并含有由前往后之纵圆圈；如直按，反易为对方借力。

用按时，以起步为虚、为引；落步为实、为发。按必用腰劲，手臂蠕蠕按出，敌人必觉累而受制；上身重心勿前俯，恐被人捋。

按人时，必须在其真劲未发之前，即可使对方势背，自动后跌。按须范定一点，不使对方滑脱，以掌根和指为主，变化时，即可为採和其他三劲。

掤、捋二劲近于走，按、挤二劲近于粘。捋近蓄劲，掤近运劲，挤近接劲，按近发劲。拳谱云："掤捋挤按自四手，须费功夫得其真。"四手以四正手为主，系在圈内。若遇对方大开大合，必定越出圈外。若出圈，四正不能用，必用四隅手补救之，四隅即採、挒、肘、靠是也。

5. 採劲

採乃反方向之挤劲；挤为合劲，採为分劲。

採即以手执人腕或肘，往下採沉，使人重心向前者，更使其前倾；採则顺手来势，接取其劲，此法即捋之变，捋则把持在人手臂外面，採则在内。

捋必双手顺人方向并用，採则以单手接抓。採用双手时，乃一手外掤，一手顺势下採，如取树上果品一样，一手执枝，一手摘果。用採之手，亦须抽丝向后下斜採，并非平向后採。

採如得势，使对方头晕眼花，全身连根拔起，即可发之。採人不可过轻，轻则易为人所借力，不採则已，採必採足。

6. 挒劲

挒法系执人之手，反捩其势，控其关节，即一处以制其全身，亦捋之变；还有因我势背，来不及还着，用另手照对方面部闪挒，趁其惊惶，转败为胜。

挒为击劲之一种，求击中而不求击倒，遇对方有空隙或拗处，顺其方向而击之。挒时，一手用挒，另手须有里缠丝劲以保持身体平衡。

挒时，须与对方相距数寸远，方可用之，当用身法步法与之凑合。挒必须捋和採之后，一手按人臂，一手用手背反挒人领际，使之后仰倾跌。

如已被人用野马分鬃式至势背后仰之时，即可用挒以转顺，反借其势，使之后仰跌出。

7. 肘劲

肘为击人之二道门，遇手出圈时，贴近已身，亦为出圈，不及用採挒补救，只可用肘击之；比手短而力猛，发之得势，可直攻人心窝，是为毒手，不可用。发时须与膝合，大捋中之肘，含于人捋己后，以肘还击之；推手中之肘，含于分开人手之时，一手执人手，一手用肘击其胸部。

用肘劲之时，则手腕间之劲转换至肘点，肘以下如指腕处，则空空无物；若对方防肘劲时，则肘以下之手，自可回归中正，此乃是以隅手补助正手之法。

8. 靠劲

靠为击人三道防线，乃以肩击人胸口或腋下，较肘更猛。

如有用双手掤时，来不及收回，只用靠以济其穷。靠用于与人距离较近，所谓七寸靠，亦有离地七寸用肩靠人膝以下者，在上为肩靠，在下为膝靠；以胯为发劲之枢纽，迎面为腹靠，转身为背折靠。除手足外，以身击人者均为之靠，如能节节贯串，即能节节发人；所以用靠时，必须手足失其用以靠补救之。身进似挤，激出似掤。靠须己身中正，肩与胯合，脚根发劲，顺步用靠，就插入对方裆内成丁字形。

靠时须防己之面部及靠边之手臂，恐对方击面或撅臂。故靠时，另一手顺护于靠边之手臂处，以防意外。能靠，则身瘦劲小者可以攻力大者，因肩劲较手足劲大故也。

四隅手中，採挒二劲用于制止浮飘乱舞之手居多，用在粘黏之先，以救四正手之不及；肘靠二劲，因个人势已出圈无法挽回时，用在粘黏劲之后，以补助四正手之太过。因不及和太过，均系病手，所以在推手时有不过界之说也。

以上所列八门劲别在太极拳全套架势中，均系隐于内之劲，不可显于外。若外显，则内劲不能生，意思用不尚，近于外家拳术之滑脱病态。

太极拳除以上八劲外，还有粘、黏、走、借、拿、长、发等劲。兹分述如下。

1. 黏劲

黏由不丢而得。黏劲发生后，方可将对方吸住，为我所制，我顺人背谓之黏，此劲出来后，皮肤上似有云雾之气，如胶似漆，一遇敌手，即不丢不离，不仅手上有，周身皆有。气虽厚，而不能目睹，仅自知耳。

四字密诀：敷、盖、对、吞，无形无声，是以气言，全身发之于毛，亦意气为之也。

2. 粘劲

粘如沾衣欲湿杏花之沾，又如蜻蜓点水，一触即起，形容轻灵善变，活泼不滞之谓。与人交手，稍触即知。所谓彼不动，己不动；彼微动，己先动也。

3. 走劲

走劲，即不顶之劲。人刚我柔谓之走，此劲由懂劲而来。不懂不黏，如何能走。

人之来势高低、上下、横直、左右、长短、屈伸，原无一定方式，走化人之重力，不与之相抗；推手时，觉人有重意，即变为虚，遇偏重则松之，双重则偏沉之，泻去其力，随其方向而去，使人处处落空，此劲全在腰腿。假令腰腿无功，即不能黏走。若黏化劲，须快慢相合，快则不能引人入笋，慢则不能化去其劲。

若化人之发劲，必须俟其劲将出而未全出，将至而未全至之倾。勿过早过迟，早则无有所化；迟则已着己身，化之无益。化圈以愈小愈好。

还有后化前进，即上身似化，下身同时前进；又有上半圈化，下半圈发之法；又如人以柔法听我，我以柔法听人。拳各有界，人引我进，只可至吾界边，不可再进，倘再进则失势，无有不败者。如人引我前进，未出吾界即变为刚，是人惧我，所以变为刚，我当乃以柔对之；如人引我至吾界，是时正宜窥彼之机势，形色魄力如何，假令有机可乘，即以柔忽变为刚击之。如到交界之际，强为支架，亦宜击之。如人引至吾界，不变柔为刚，柔劲如常，是对手也，当退看吾门户；人若误以我怯，冒然变刚，我但稍低其手，徐徐引之使进，且令其不得不进，至彼不得势时，我只以柔变刚击之，不费大力，一转即克之。

如人来击，其势甚猛，我不与之硬顶，手足与身顺其来劲而卸之，步手落彼之旁面，让过彼之风头彼之锐气，在彼前冲，不顾左右，彼向前之气力，陡然转至左右不易，我从旁击之，以我之顺力击彼之横面甚易，可拿可发，收四两拨千斤之效。

4. 借劲

此劲仅含少许化劲，无引无拿，乘人之势，借人之力，高来高往，低来低去，无须觅其焦点背势，人不知不觉出去。

如果来势愈大，则被击之劲愈猛。能借劲力，小可挫力大，弱劲可攻强劲，人之任何部分可借，我之任何部分可发。

然必须注意时间、机势、方向，不可或早或迟。早则人劲未出，无从假借；迟则已中己身，亦无从假借；须在人劲将出犹未全出，或将至犹未全到之一刹那间，顺其方向，乘其机势发之，最为有效。

5. 拿劲

拿较走为难，拿时须动作轻灵，使人不知不觉。又须拿其活节，如腕、肘、肩等处，使其不能滑脱。

双手拿人，如以秤衡物，全凭力学，重者秤锤于外，轻则移于内，使高低轻重相等。拿时自己要稳定重心，不使丹田起浮，又要拿人不过膝；如离人过远，须进步进身才可以。

功深者拿人，一搭手即得，被拿者身不自主，名曰入笄。拿又分有形圈、无形圈两种。无形者两人皮肤相粘，稍一转变即可引拿。拿为发之先锋，故发之先须有拿；拿至人发呆，而己之意到时，即发其焦点，即拗处。

6. 长劲

此劲即柔慢伸长者，或激出亦可，用于手臂、肩、肘、腰、胯、膝、脚和周身各部均可。

惟手之长劲，须用肩肘劲，但必须腰、腿、脚一致出发，才能发出劲来。化拿人之后，人现出焦点，即将己劲渐渐沉而长，发于焦点之上，彼必跌出。

用丹田之气，由背而臂而手达于人身，使人腾空跃出，如拍球然。拍之愈急，其升愈高。先用长劲，致人将出未出时，补以截劲；或先用截劲，再使人将知而不能变化之时，再参加长劲对其中心发之。先截后长则人先倒退，退至长劲完时后腾出；先长后截，则对方先腾出，后倒退。因先后所发之劲均蓄于敌身，先入后出，后入先出。

7. 发劲

发劲之初，当先知劲路，故拿人发人，先制其根，所谓摧敌先摧根。

发劲有三要点

1. 机势

即我顺人背，人之重心偏于一方，露出焦点，同时其气亦上浮，重心不稳。

2. 方向

与人推手时，无论上下、左右、前后、正隅，顺其方向而发之。

3. 时间

在人旧劲已完，新劲未生之时，即发呆时或后退之时而发之。不可或早或迟，早则人势未完，易生抵抗；迟则人已发觉，而生变化。

发人之距离亦甚重要，远则劲不能达于敌身；太近则劲被闭闷，不能发出。发之地点，有发其呆处，有发其虚而不能变化处，有时用指引其力出而以掌发之。虚虚实实，先使敌意气散乱，重心不稳，引出其焦点，即拗处而发之；并随屈就弯，人屈则就其屈处以发之，人弯就其弯处以发之。

发劲时，须周身一致，发者本身自觉无劲，而受者愈觉沉重，因发者全部劲已透出，勿使稍停留于手臂中。发劲不畅达者约有三停：以上肢言，每停于肩、于肘、于掌；以下肢言，每停于髋、于膝、于踵；以中部言，每停于胸、于腹、于丹田。发劲时，将背脊骨稍微突出，坐腰松胯，才能周身一家。

发劲中，内部运气有二：一为由前往后，将丹田所沉之气由丹田贯于四肢；一为由后往前，即将气贴脊背，由脊背贯于四肢。

发人能将人双足离地腾空而倒。发人者劲与气不足，被发者仅带跳带退而已。发劲中，又分冷劲、断劲、抖跳劲等。冷劲在引发人于不知不觉，势甚猛；断劲即在引发得势后，内劲稍断，即以身蓄劲直发于人身；抖跳劲即己劲与人劲粘住时，用腰脚劲抖拍之，敌身则双足腾起，亦应之而拍于地。还有半圆化而半圆发，常不见其形而人已发出。至于发人，高低上下亦须慎重。人过低则发其上部；人过高则发其中部或下部；矮者宜发其上部；长者宜发其中部下部之间；上下轻重相当者，宜发其中部；上轻下重者，发其下部；上重下轻者，发其上部。此种轻重可于推手时粘引化各劲探知之。

注：此篇《论太极拳之劲》摘自太极拳家喻润川先生所著之1979年10月自印太极拳著作《太极拳概要》一书。此书印刷数量极少，开本亦很袖珍，但其内容则对太极拳之理法阐述较为详尽透彻，是一本不可多得的太极拳学术著作。可惜印刷不多，存世较少，极易失传，故收录于此，以求保存历史资料之用，更可供广大太极拳爱好者参研学习。

第三卷 太极拳源流考略及名家轶事录

杨家小传

——陈炎林

杨福魁，字露禅，一曰禄缠。河北省（昔直隶）广平府永年县人。幼时至河南陈家沟从陈长兴学习太极拳术。陈立身中正，不倚不靠，状如木鸡，人称为“牌位先生”。

其时从陈习拳者皆陈族人，异性惟杨与其同里李伯魁二人而已，故陈姓颇歧视之。因是，杨居陈家数载，无所得。一夜杨醒，闻隔院有哼哈之声，遂起越垣，见广厦数间，哼哈之声及由此而出。乃破墙隙窥之（迄今古迹尚在），瞥见其师正教诸徒拿发诸术，大奇。自是每夜必往窥，与李互相结纳，悉心研究，功夫乃大进。后陈命杨与诸徒决，徒皆败北，陈始惊杨为天才，遂尽授其秘术焉。

杨归，传授同里之人，从学者甚重。当时称杨拳为化拳，或曰绵拳，以其动作绵而能化也。后至北平（昔北京），清代王公贝勒等从其学者颇多，旋为旗营武术教师。性刚强，勿论何门何派，均喜与比试，尝身负小花枪及一小包裹，遍游华北诸省。凡所至之地，闻有艺高者辄拜访，与之较量。即有人自认弗敌，亦必强与之较，但未尝伤人。因武艺高超，所向无敌，故世称“杨无敌”云。

杨生于嘉庆四年，卒于同治十一年。生三子，长曰锜，早亡。次曰钰。三曰鉴。皆能传父业。杨之生平轶事甚多，兹摘录数则于后。

杨在广平时，尝与人斗于城上，其人不敌，直退至城墙边缘，足立不稳，身随势后倾，将坠落。于此千钧一发之际，杨忽于二三丈外，陡跃而前，攀握其足，得不坠死。

杨善用枪杆，物之轻者，经杆一沾濡，可即起，无稍失。其救火辄以杆头拨墙垣，使火势不至蔓延。且能在马上不用弓弦，仅以手指投箭，百无一失，亦绝技也。

一日天雨，杨坐堂上，见其女捧铜盆自外入，比及阶，帘未揭也，而苔痕滃滑，女足适跛蹶。杨即一跃而出，一手揭帘，一手扶女臂，女既未仆，而盆中之水亦竟涓滴未倾，其功力之神异，即小见大，于此可见一斑矣。

又一日，杨钓于河畔。有外家名拳师二人，适于杨之背后过。因素震其名，独不敢与之当面较。今见杨正垂钓，以为有机可乘，拟从杨后推其背，使颠覆溺水，以损其名。乃相约蹑足左右，同时疾趋以为进袭。讵杨眼梢特长，已早审知有人暗算，于二人手猛力到时，遽以含胸拔背，高探马一式之法，惟见其背一隆，首一叩，二人同时被掷河中。乃曰："今日便宜汝等，否则若在地上，将欲再加一手。"二人闻言，仓皇泅水而逝。

钰，字班侯，人皆呼为二先生。生于道光十七年，幼随父习太极拳术，终日孜孜苦练，不间寒暑。然其父犹不使少息，且备受鞭挞，几至逃亡。性刚强，善用散手，喜发人，往往出手见红，被击者常跌出三丈六尺之外。其功力火候，备臻上乘，惜不愿多传门人，以致曲高和寡，终成绝调，良可慨矣。卒于光绪十六年，遗子一，名兆鹏。

鉴，字健侯，号镜湖，人呼为三先生。晚年后人呼为老先生。生于道光二十二年，练功亦在幼时。其父严厉，终日督视，不使少怠，以致身心疲敝，不能胜任。曾拟雉经数次，幸均被觉，未果，可见当时练功之刻苦精神，卒能成其大名。性较兄柔和，从业者甚众。教习大中小三种架子皆备，其功刚柔并济，已臻大成。当时他派中有善用刀剑者，与之交手，健侯仅以拂尘挫敌，每一搭手，多被擒拿，处于背势，而不能近其身。

又善用枪杆，任何劲力均可发于杆头，他人枪杆遇之，无不连人带杆同时跌出。其周身皆能发人，而发劲辄在一笑一哈之倾。且善发弹，发无不中，三四弹在手中，往往能同时射中三四飞鸟。尤奇者，止燕雀于彼掌心中，不能飞去。盖因为鸟类在将飞前，两足必先下沉，沉后得势，方可耸身上飞。杨能听其两爪下沉之劲，随之往下松化，则燕雀因无力可借，故不能耸身飞去，由此可知彼听劲与化劲之灵敏巧妙，绝非他人所能望其项背也。

晚年练功，常在卧式，衣不解带，倏忽即醒。夜深时，侍者常闻其卧床作抖动之奇声，卒于民国六年，无病而逝。在临危前数小时，得一梦兆，知将死，呼家人及生徒至，一一叮嘱。届时沐浴更衣，含笑而终。有三子，长曰兆雄，次曰兆清。

兆雄，字梦祥，晚字少侯，后人呼为大先生。生于同治元年。

七岁时即习太极拳术，性刚强，亦喜发人。善用散手，有乃伯遗风。功属上乘，拳架小而刚，动作快而沉，处处求紧凑。其教人亦然，因好出手即攻，学者多不能受，故从学甚少。彼对于借劲、冷劲、截劲、凌空劲，确有深功，惜不愿多传，故知之者稀。卒于民国十八年，有子一，名振声。

兆清，字澄甫，后人呼为三先生。生于光绪九年。

性温和。幼时不甚喜拳击，年将弱冠，始从父学。父在，亦未深研拳中奥妙。父逝后，顿起觉悟，日夜苦练，终负盛誉。各种功夫，确由自研而得，诚绝顶聪慧之天才。如能幼时悉心从父学习，则其造就当不在乃祖之下矣。

身材魁梧，外软如绵，内坚如铁，引人发人，均臻上乘。其教人多属大架子，以求姿势大开大展，适与乃兄相反。因性情和顺，从业者众，誉满南北。

卒于民国二十四年。有四子，长曰振铭，次曰振基，三曰振铎，四曰振国。

综之，今人言太极拳，无不推崇杨氏，著者述杨氏三代祖孙小传于此，有世代隆替之兴感。大凡艺事，往往一代逊于一代，拳术亦然。以杨氏论，则露禅可谓登峰造极，莫与之京。然传至其子已较逊，传至其孙而俞逊，今少侯、澄甫子，亦各得遗传。幸其子孙，克绳祖武，黾勉有加，则杨氏令名，得以保存矣。

注：此篇内容出自杨式太极拳名家陈炎林所著的《太极拳刀剑杆散手合编》，据云此书是由田兆麟口授，其弟子陈炎林润色合编而成。其书内容真切，对太极拳进行了系统的阐述和讲解，其中很多论述皆阐幽显微、精辟透彻，堪为杨式太极拳之教科书。

由于田兆麟早年深得杨健侯器重，得其亲传，并于杨少侯、杨澄甫从小同宿共餐，每日一起练拳，其与杨家之渊源可谓深厚，是以对杨家之事亦知之尤详，所以此《杨家小传》所描述之杨家各代宗师之事迹当非常真实，非道听途说之小说野史家言所可比拟也。

太极拳之流派

——许禹生

自伏羲画卦，阐明阴阳，而太极之理，已寓于其中。嗣更命阴康作大舞，以宣导湮郁。黄帝作《内经》，采按摩导引诸法，均本太极之理，为无形式之运动。华佗本庄子“吐故纳新、熊经鸟申”，作《五禽经》，以授吴普。是时已开姿势运动之先河矣。

唐许宣平（许先师，江南徽州府歙县人，隐城阳山，结庐南阳，辟谷不食，身长七尺六寸，髯长至脐，发长至足，行如奔马。唐时每负薪卖于市中，独吟曰：“负薪朝出卖，沽酒日夕归。借问家何处，穿云入翠微。”李白访之不遇，为题诗于望仙桥云），所传太极拳术名“三世七”，因只三十七势而得名。其教练之法，为单势教练，令学者一势练熟，再授一势，无确定拳路。功成后各势自能互相连贯，相继不断，故又谓之长拳。其要诀有八字歌、心会论、周身大用论、十六关要论、功用歌等。传宋远桥。

俞氏（江南宁国府泾县人）所传之太极拳，名先天拳，亦名长拳，得唐李道子之传（江南安庆人）。李居武当山南岩宫，不火食，第日啖麦麸数合，人称之为“夫子李”云。俞氏所传之人，可知者有俞清慧、俞一诚、俞莲舟、俞岱岩等。

程氏太极拳术，始自程灵洗（字元涤，江南徽州府人。侯景之乱，惟歙州得保全者，皆灵洗力。梁元帝授以本郡太守，卒谥“忠壮”）。其拳术得之于韩拱月，传至程珌（绍兴中进士。授昌化主簿，累官礼部尚书，拜翰林院学士，追封新安郡侯，端明殿学士。致仕。精易理。著有《洛水集》），改名小九天，共十四势，有用功五志、四性归原歌。

殷利亨所传之太极拳术，名后天法。传胡镜子（扬州人）。

胡镜子传宋仲殊（安州人，尝游姑苏台柱上，倒书一绝云：“天长地久任悠悠，你既无心我亦休。浪迹天涯人不管，春风吹笛酒家楼。”）。其式法十七，多属肘法，虽其势法名目不同，而其用则一也。

张三丰，名通，字君实，辽阳人。元季儒者，善书画，工诗词。中统元年，曾举茂才异等。任中山博陵令，慕葛稚川之为人，遂绝意仕进。游宝鸡山中，有三山峰，挺秀仓润可喜，因号三丰子。世之传三丰先生者，不下十数，均未言其善拳术。

洪武初，召之入朝，路阻武当，夜梦玄武大帝授以拳法。旦以破贼，故名其拳曰武当派，或曰内家拳。内家拳者，儒家之意，所以别于方外也。又因八门五步为此拳中之要诀，故名十三式，言十三法也。后世误解以为姿势之势，则谬矣。传张松溪、张翠山。

先是宋远桥与俞莲舟、俞岱岩、张松溪、张翠山、殷利亨、莫谷声七人为友，往来之金陵之地，寻同往武当山。访夫子李先生不遇，适经玉虚宫，晤三丰先生。七人共拜之，耳提面命者月余而归。自后不绝往拜，由是而观，七人均曾师事三丰。惟张松溪、张翠山传者名十三式耳。

或曰三丰系宋徽宗时人，值金人入寇，彼以一人杀金兵五百余，山陕人民慕其勇，从学者数十百人，因传其技于陕西。元世祖时，有西安人王宗岳者，得其真传，名闻海内。著有《太极拳论》《太极拳解》《行工心解》《搭手歌》《总势歌》等。温州陈州同、曾多从之学，由是由山陕而流传于浙东。又百余年，有海盐张松溪者，在派中最为著名（见《宁波府志》）。后传其技于宁波叶继美（近泉）。近泉传王征南（来咸），清顺治中人，征南为人勇而有义，在明季可称独步。黄宗羲最重征南（其事迹见《游侠遗闻录》），征南死时，曾为作墓志铭。黄百家（主一），为传内家拳法，有六路长拳、十段锦等歌诀。

征南之后又百年，始有甘凤池，此皆为南派人士。其北派所传者，由王宗岳传河南蒋发，蒋发传河南怀庆府陈家沟陈长兴。其人立身常中正不倚，形若木鸡，人因称之为“牌位先生”。子二人，曰耿信，曰纪信。时有杨露禅先生福魁者，直隶广平府永年县人，闻其名，因与同里李伯魁共往师焉。初至时，同学者除二人外皆陈姓，颇异视之。二人因更相结纳，尽心研究，常彻夜不眠。牌位先生见杨之勤学，遂尽传其秘。杨归，传其术遍乡里，俗称为软拳，或曰化拳，因其能避制强硬之力也。

嗣杨游京师，客诸府仰，清亲贵王公贝勒多从受业焉。旋为旗营武术教师，有子三。长名锜，早亡；次名钰，字班侯；三名鉴，字健侯，亦曰镜湖，皆获盛名。余从镜湖先生交游有年，谂其家世，有子三人。长曰兆熊，字梦祥。仲名兆元，早亡。叔名兆清，字澄甫。班侯子一，名兆鹏，务农于乡里。

当露禅先生充旗营教师时，得其传者盖三人，万春、凌山、全佑是也。一劲刚，一善发人，一善柔化，或谓三人各得先生之一体。有筋、骨、皮之分，旋从先生命，均拜班侯先生之门，称弟子云。

有宋书铭者，自云宋远桥后，久客项城幕，精易理，善太极拳术，颇有所发明，与余素善，旦夕过从，获益匪鲜。本社教员纪子修、吴鉴泉、刘恩绶、刘彩臣、姜殿臣等多受业焉（吴为全佑子、纪常与凌君为友）。

太极拳源流考略与太极拳名人录

——卞人杰

卞人杰

太极拳研究家，江苏常州人。曾从师于徐哲东（徐震）学习文学和太极拳术，对太极拳有较深造诣。

徐哲东弟子郑正之在《怀念徐哲东先生》文中讲到：“常州弟子中以卞人杰、徐翔云、程烈夫等人技艺为精，能传其技。”

从 1934 年开始，卞人杰在上海《健康杂志》和《勤奋体育月报》上发表了很多关于武术、养生等内容的文章。这些文章后来结集成书，出版了《国技概论》《国术初阶》等著作。

太极拳源流考略

近年，太极拳风尚一时，研究的人着实不少。可是，太极拳究竟始于何时?传自何人?差不多没人能够清楚地说出来。然而，这两个问题，又正是学者所需要知道的。为此，作本篇。

一般的传说，多谓太极拳始于宋之张三丰，学者亦不加详辨，大都误信此说。于是，提到太极的源流，张三丰的名字跟着挂上了嘴角，几乎成为必然的事。考黄梨洲的《南雷集·王征南墓志铭》：“少林以拳勇名天下，然主于搏人，人亦得以乘之。有所谓内家者，以静制动，犯者应手即仆，故别少林为外家，盖起于宋之张三丰。三丰为武当丹士，徽宗召之，道梗不得进，夜梦元帝授之拳法，厥明以单丁杀敌百余。”称三丰善拳术者，始见此书。其次《宁波府志略》据王征南墓志铭作的张松溪传，也有和此相类的记载：“盖拳勇之术有二：一为外家，一为内家。外家则少林为盛。其法主于搏人，而跳跟奋跃，或失之疏，故往往为人所乘。内家则松溪之传为正，其法主于御敌，非遇困危则不发，发则所当必靡，无隙可乘，故内家之术为尤善。松溪姓张，鄞人，师孙十三老，其法自言起于宋之张三丰。”

可是，上列二书，虽称内家拳始于三丰，并没有说起太极拳。一部分太极拳家，以为内家拳就是太极拳，内家拳是太极拳的别名，而以《太极拳论》的著者王宗岳得三丰嫡系之传，来做太极拳始于三丰的证据。但据《征南墓志铭》叙述，内家拳传授的源流：“三丰之术，百年以后，流传于陕西，而王宗为最著。温州陈州同，从王宗受之，以此教其乡人，由是流传于温州。嘉靖间，张松溪为最著。松溪者，鄞人，师孙十三老，其徒三四人，而四明叶继美、近泉为之魁。由是流传于四明。四明得近泉之传者，为吴昆山、周云泉、单思南、陈贞石、孙继槎，皆各有授受；昆山传李天目、徐岱岳；天目传余时仲、吴七郎、陈宏茂；云泉传卢绍岐；贞石传董扶舆、夏枝溪；继槎传柴元明、姚石门、僧耳、僧尾；而思南之传则为王征南。”只有王宗，没有王宗岳。有人以为王宗和王宗岳的名字相类，宗岳或即王宗之误。但相传王宗岳是山右人，王宗却是陕西人，姓名虽相似，籍贯却不同。且征南墓志虽称王宗得三丰之传，未言其有何著述。可见这种说法的不足凭信。还有些人，明知此说不可靠，但又不肯放弃，故意转圆其说，谓王宗岳是王征南所传，故世不详悉。但据王征南的学生黄百家，在《王征南传》中说：“先生之术，所授者唯余；余既负先生之知，则此术已成广陵散矣。”征南之传只有黄百家一人，此说当然也不可信了。

不但太极拳和内家拳在史的方面绝对无关，即在本质上也大相径庭。黄百家在《王征南传》中叙内家拳的大要，称其练法有练手者三十五，练步者十八，而总摄于六路十段锦之中。其六路曰：“佑神通臂最为高，斗门深锁转英豪；仙人立起朝天势，撒出抱月不相饶；扬鞭左右人难及，煞搥衡掳两翅摇。”

其十段锦曰：“立起坐山虎势，回身急步三追；架起双刀敛步，滚斫进退三回；分身十字急三追，架刀斫归营寨。扭拳碾步势如初，滚斫退归原路；入步韬随连进，滚斫归初飞步；金鸡独立紧攀弓，坐马四平两顾。”和太极拳的谱名，完全没有相类的地方。

又，内家拳的打法有“长拳、滚砍、分心十字、摆肘迎门、弃物投先、推肘补阴、弯心杵肋、舜子投井、剪腕点节、红霞贯日、乌云掩目、猿猴献果、绾肘裹靠、仙人照掌、弯弓大步、兑换抱月、左右揭鞭、铁门闩、柳穿鱼、连支箭、双架笔、金刚跌、双推窗、顺牵羊、乱抽麻、燕抬腮、虎抱头、四把腰”等。

太极拳研究致用之术者，却只有推手的方法；内家拳讲究“搏人必以其穴，相其穴而轻重击之，无毫发爽者”，太极拳并没有点穴的方法；内家拳有“不以为用，而所以神其用，非入室弟子，不以相授之‘敬、紧、径、劲、切’五字诀”，太极拳中所有的歌诀，无此一项；内家拳有破少林“搂地挖金砖”等法的所谓“卫掳”的手法，太极根本没有这样单零运用的散手。够了，即此几点看来，设谓太极就是内家拳，何以这样没有一点相通之迹可寻呢？足证太极拳和内家拳无涉，和张三丰无涉。

除前说外，另有一说，以为太极拳在唐代就肇始了，并有四家之传：“一曰三世七，始于唐许宣平，传宋远桥。一曰先天拳，亦名长拳，始于俞氏。俞氏者，得唐李道子之传。李居武当山南岩宫，不火食，第日啖麦麸数合，人称之为夫子李云。俞氏之传，有俞清慧等。一曰小九天，始自程灵洗，传至程珌；程则得之韩拱月者也。一曰后天法，始于殷利亨；传胡镜子，胡传宋仲殊。考许宣平，‘徽州歙县人，隐城阳山，辟穀不食。身长七尺六寸，髯长至脐，发长至足，行如奔马；唐时每负薪卖于市中。'见宋计有功《唐诗纪事》。"并没有说起他会拳术。李道子、韩拱月、殷利亨，则无可考征，均不详何许人？既不能提出可信的证据，又不能叙述详尽的源流，比前说更荒诞无稽了。

三年前，有称陈沟嫡传者陈子明氏，出版了《陈氏世传太极》一书。说太极为其九世祖陈王廷所首创，书末并有唐范生为之考证。引陈氏所藏家谱，及陈王廷遗作长短句一首之前半："陈王廷，又名奏庭，陈氏拳、手、刀、枪创始之人也。""叹当年，披坚执锐，扫荡群氛，几次颠险；蒙恩赐，枉徒然。到而今年老残喘，只落得黄庭一卷随身伴；闷来时造拳，忙来时耕田。趁余闲，教下此子弟儿孙，成能成虎任方便。"以为"陈长兴为世所知名之太极拳师，而在谱中注有'拳师'二字；同时，陈沟村人，至今不习外来拳法"以证太极的确始于陈氏。然据上引二证，虽有"造拳"之语，并未说明所造者就是太极。且一种艺术的造就，决非一人之力所能完成。又据李亦畬太极拳小序："太极拳不知始自何人，后传至河南陈家沟陈姓；神而明之，代不数人。"李亦畬是武禹襄的学生；禹襄之技，则得之于和传杨露禅的陈长兴同时的陈清平。李去二陈未远，设太极果为陈氏所创，陈清平绝不会不对武禹襄说起；武禹襄假如知道这段历史，也决不会不告诉李亦畬；而李氏更不必出此数典忘祖之说。

然而，末后唐氏所说："考明戚继光《纪效新书·拳经捷要篇》所载三十二势的懒扎衣、单鞭、金鸡独立、保马势、七星势、二换腿、雀地龙、跨虎势等，和太极拳中诸势的名称及姿势，大致相同，可证三十二势即太极拳之前身。"这倒是确然的事实。据个人的研究，太极拳的起源，或者就是如此。不过，就"拳经捷要篇"所绘姿势及歌诀看来，纯是外家拳（借用）的格式，一点没有太极拳的意义。据此，太极拳在当初，也许只是一套平常的拳术；后来经过许多人的研究和改革，才成为一种极精微的技术。而首先说明太极拳和别种拳术不同的是王宗岳，太极拳的衍变，或就在王氏时始臻成熟。其后，传于陈氏，杨露禅和武禹襄闻名往学，流传遂日广。

但在河南得太极之传的，我相信决不止陈氏一族。据李亦畬太极拳谱跋文说："此谱得诸舞阳县盐店。"舞阳，清属河南南阳府；如果没有懂得太极拳的人，拳谱决不会流传于该处。同时，谱中各篇文词，皆陈氏所无，则又可为太极非创自陈氏的一个证据。

太极拳名人录

希望在这里可以约略看得出太极拳衍变的趋势，并不单是给读者以各个名人的印象而已。这是写述本篇的宗旨。

本篇所录，始于二陈，因二陈以前，从不乏名人，已不可考信也！再，为力求简明，故用文言叙述。

陈长兴

河南怀庆人，世居温县之陈沟。得太极之传。杨氏称其技为蒋发所授，陈氏则谓是陈氏世传，年远代久，不可详考。长兴动止有威仪，身常中正，人因称之为“牌位先生”。传其技于广平杨福魁。

陈清平

一作清萍，精于太极，居河南怀远之赵堡镇，广平武禹襄闻而往从学焉。武禹襄与杨福魁相识，则清平与长兴当亦同时。

杨福魁

字露禅，河北广平人。闻长兴之名，与同里李伯魁共往师焉。初至时，同学者皆陈姓，颇歧视之。二人乃深相盟结，刁心研习，常彻夜不寐，长兴喜其勤，遂尽传其秘。露禅有三子，曰锜，曰钰，曰鉴。既在北平充旗营教习，有高弟三人，曰万春、凌山、全佑。于是太极遂有杨氏之学。

武河清

字禹襄，广平人。同郡杨露禅得太极之传，禹襄见而好之，常向诘询；露禅深自秘惜，不肯轻授于人，仅能得其大概。既闻怀庆陈清平精是技，往访之，从学月余，精妙始得，著有《十三势行功心解》。传其技于李亦畬。遂创开合太极之派。

杨锜

露禅长子，早亡，无传。

杨钰

字班侯，露禅次子，既承家学，又从学于武禹襄，故其技特精。败外家名手“雄县刘”于北平，一时名震京师，人称“杨无敌”云。继其父为旗营教习露禅之徒万春、凌山等，乃又复师事班侯。

杨鉴

字健侯，亦字镜湖。亦充旗营教习，传其子兆熊、兆清及许禹生等。

李经纶

字亦畬，永年人。从其母舅武禹襄习太极数年，备极精巧。著有《五字诀》《撒放密诀》及《走架打手行功要言》，又《太极小序》一篇，合称八篇。传同县郝和、清和县葛顺成。

万春

旗人，得露禅、班侯之传。传授不详。

凌山

旗人，得露禅、班侯之传。传授不详。

全佑

旗人，得露禅、班侯之传，授其子吴鉴泉。

郝和

字为真。得亦畬之传，窥其精微。然尝自谓终亦畬之世，虽朝夕追随，终不能及。亦畬卒后，始得步其迹云。传其子月如。游于北平，又传孙福全。卒于清末。于是太极又有郝家之学。

杨兆熊

字少侯，健侯子。得班侯之传，故其架势与郝氏之学犹有相似之迹可寻，人因有谓为系练断劲者。传田兆麟、尤志学等。

杨兆清

字澄甫，健侯子，能传家学。南来设教各地，传授颇繁；武汇川、陈微明等，其尤著者。

吴鉴泉

得其父全佑之传。授技北平，及都城南迁，因南来旅居京沪，传褚民谊、徐致一等。

郝月如

幼承家学，技艺精强。尝任教江苏省国术馆。既寓居金陵，以其术教授。客岁，病卒旅次，年五十九。

孙福全

字禄堂，河北完县人。精于形意。逢郝为真于北平，遂从学太极。其后，又搀入杨氏之学，故其架势与郝氏又不尽同。尝副长江苏省国术馆，从学者甚众，创太极、形意、八卦三家合一之说，著有《太极拳学》，学者称孙派云。

李香远

会宁人。初习杨氏之学，未能餍其欲，既亦受学郝氏云。

陈子明

怀庆人，称陈沟嫡传，而谓太极系其九世祖陈王廷所首创。其架式与杨郝两家又不相类。于是，近年太极复有陈氏之学。

以上所录凡十九人，然而太极知名之士备矣！

注：此篇内容出自卞人杰所著之《太极拳练法的十二个基本要则》，其所记述的太极名家事迹应是作者所处年代口耳相传之资料，这对于了解历代太极名家事迹当有所帮助，其每条虽寥寥数语，但也大略描摹出每个人物的基本情况，特收录于此，供广大读者了解研究。

太极拳术源流及名人轶事

——陈微明

张真人传

真人，辽东懿州人，姓张，名君实，字元元，号三丰子，又号昆阳。或云姓张，名玉，字君宝，号元元子，宋末时人。

生有异质：龟形鹤骨，大耳圆目，身长七尺余，修髯如戟。顶作一髻，常戴偃月冠，一笠一衲，寒暑御之，不饰边幅。人皆曰为张邋遢。所啖升斗辄尽，或避谷数月自若。

延祐间，年六十七，入嵩南，遇吕纯阳、郑六龙，得金丹之旨。或云入终南得火龙真人之传。秦淮渔户沈万山，好善乐施，真人传以点石成金之术。元末，居宝鸡金台观，至正丙午九月二十日，自言辞世，留颂而逝。士民杨轨山，置棺殓讫，临定窆复生，时年百三十岁矣。

入蜀至太和山，结茅于玉虚庵，庵前古木五株，赏楼其下，猛兽不伤，鸷鸟不搏，众皆惊异。有人问仙术，绝不答；问经书，则论说不倦。常语武当乡人曰，此山当大显。明永乐间，敕修武当，真人隐于佣工，人皆不识。

孙真人碧云为武当山住持，与真人来往，多受其教。永乐帝闻之，遣使屡召不赴，以诗词托碧云奏之。后以道授道士丘元靖，不知所终。世传太极拳术，乃真人所传也。

太极拳术源流

拳术有内外家之别，外家传自少林，内家始于宋之张三丰。三丰为武当丹士，徽宗召之，道梗不得进，夜梦元帝授之拳法，厥明，以单丁杀贼百余。

三丰之术，百年后，流传于陕西，王宗岳名最著。传温州陈州同。明嘉靖间，传于张松溪。松溪恂恂如儒者，遇人恭谨，求其术，辄逊谢。有少林僧数辈，闻其名，至鄞访之，遇于酒楼，一僧跳跃来蹴，松溪稍侧身，举手送之，僧如飞丸陨空，坠重楼下，几死，众僧骇散。

松溪传于四明叶继美近泉，近泉传吴昆山、周云泉、单思南、陈贞石、孙继槎。昆山传李天目、徐岱岳。天目传余波仲、吴七郎、陈茂宏。云泉传卢绍歧。贞石传董扶兴、夏枝溪。继槎传柴元明、姚石门、僧耳、僧尾。思南传王来、咸征南。

征南搏人，每点其穴。有死穴、晕穴、哑穴。其术要诀，为敬、紧、径、切、勤五字。明亡，终身菜食，以明此志，识者哀之。至清传山右王宗岳。《太极拳论》，宗岳所著也。数传至河南陈先生长兴，蒋先生发。长兴授徒数十人。广平杨先生露禅，名福魁，倾赀从学。居数载，与同门诸人较，辄负。偶夜起，闻隔垣有呼声，越垣见广厦数间，破窗隙窥之，其师正指示提放之术，大惊，于是每夜必窃往，久之，尽得其奥妙，隐弗言。长兴以露禅诚实，一日召授其意，所言无不领会，长兴异之，谓诸徒曰："倾心授尔，尔不能得，杨生殆天授，非汝等所能及也。"厥后，与同门角，无不跌出丈余，曰："吾以报复也。"技成乃归。长兴传杨露禅、李白魁、陈耕芸诸人，惟露禅最精。传其子锜、钰、鉴及王兰亭诸人。大先生锜早死无传。二先生钰，字班侯，传万春、全佑、侯得山、陈秀峰。三先生鉴，字健侯，传其子兆熊、兆清、兆元、兆林、兆祥、刘胜魁、张义。兆熊字少侯，传田兆麟、尤志学等。兆清字澄甫，传武汇川、牛春明、阎仲魁等，兆麟等亦从学；许禹生亦从少侯、澄甫研究。予与徐苕雪、陈农先从澄甫先生学。全佑传其子艾仁、夏贵勋、王茂斋。所不知者，尚多遗漏，不及备载。陈微明述。

太极拳名人轶事

中国拳术，千门万派，不可阐述，惟武当派太极拳张三丰所传，乃纯粹内家，以其毫不用气力也（浑身松开，不用气力，方能长内劲）。广平杨露禅先生受术与河南陈长兴，传于其子班侯、健侯。健侯传于其子少侯、澄甫，今将杨氏及其弟子就余所知者略述其轶事如下。

露禅尝习外家拳，其后闻河南怀庆府陈家沟陈长兴者精太极拳。露禅倾产挈金，往怀庆从长兴学。数年，偶与其师兄弟相较辄负。夜起溺，闻有声于墙外，乃越墙往观其异。见师兄弟辈群集于厅中，其师口讲指授，皆拳中精意也。乃伏窗外窃窥，自后每夜必往。他日其师兄强露禅与之较，露禅不得已许之，不能胜露禅，众人惊异。其师招露禅曰："吾察子数年，诚朴而能忍耐，将授子以意，明日来予室。"翌日，露禅往见其师，假寐于椅而仰其首，状至不适。露禅垂手立于侧，久之不醒，于是以手承师之首，良久臂若折，而不敢少移。及其师醒曰："孺子来耶？予倦睡矣。明日再来。"露禅退，明日复如约而往，其师已陶然入睡乡矣。露禅屏声息气而待之。其师或张目四顾，见露禅俟于旁，无怨色，且加敬焉。又言如前。露禅第三日往，其师曰："孺子可教也。"于是授之术，令归习之。后其师兄弟或与之相比，而无有能胜之者。长兴谓其他弟子曰："予以所有之功夫与子辈而不能得也，不予露禅而已得之去矣。"

露禅学即成而归，财产已尽，或荐至京师某富家，其家先有一教师，其人庸者而富于嫉心。闻露禅之来，心其不快，强欲与露禅斗。露禅曰："吾子必欲一较也，请往告主人。"主人曰："子辈相斗，以戏可耳，然不可至其命也。"露禅即至场中，直立而不动，教师力击之，未见露禅之还手也，而教师已仆于丈外矣。主人大异之，揖露禅而言曰："不知吾子之功如是其深也。"于是设筵以款之。筵毕，露禅束装辞去，留之不可。遂授徒于京师，是以京师之习太极拳者皆杨氏之弟子也。

露禅传太极拳术于其子班侯、健侯，期望甚深，日夜督责，二人不能胜任。一欲逃走，一欲雉经，皆觉而未果。然二人年未至冠已成能手，名震京师。有贵胄闻之，聘班侯为师，馆于其家，月馈束修四十金，甚敬礼焉。雄县刘某者，忘其名，练岳氏散手，有数百斤之力气，授徒千余人。有人两面挑拨，班侯志甚傲，闻之不平。遂相约于东城某处比试。一时传遍都城，聚而观者数千人。二人至场，雄县刘即出手擒住班侯之手腕，班侯用截劲抖之，刘跌出，狼狈而去。班侯由是名声大著。班侯归见其父，洋洋得意，眉飞色舞，述打刘之形状。露禅冷笑曰：打得好，袖子已去了半截，这算什么太极劲吗？班侯闻言，自视其袖，果然，乃嗒丧而出。班侯云："当其擒住手腕时，有如狗咬云。"

杨班侯弟子，至今惟有陈秀峰及富二爷二人。秀峰武清县人，于澄甫先生同里，余未见之。富二爷住东城炒面胡同，余闻澄甫先生言，及往访之，年七十余矣，气态若五十。其子年过五旬，不知者以为昆弟行也。余道钦仰之意，富二爷曰："吾虽为班侯先生弟子，未能传先生之技，盖不练者已四十余年。"余问即得班侯先生之传授，何以弃置不练？答曰：吾父不许练也。先是吾兄习摔角功夫极好，每日归必教吾摔角，后应募从军至甘肃，临行，嘱吾曰："摔角功夫不许间断。"别数年归，一见即问功夫如何。吾答曰："久不练习矣。"兄闻之，意是不悦，吾乃告以从班侯学太极拳，如何不用气力，如何能化人之劲，兄不信，以拳击吾。吾用搬拦捶还击，不意兄由堂屋跌出院中，仰卧于地竟不能起。吾大惊扶之起，已跌伤矣。卧养数日始愈，父大责斥。由是不许练习太极，殊为可惜，亦由年幼太冒失故也。

富二爷又曰："吾露禅师祖喜吾勤瑾，吾尝在旁伺候为装旱烟。年八十余尚练功夫不息，偶至吾家坐谈。一日天雨，泥泞栽道，师祖忽至，而所着双履粉底尚洁白如新，无点污，此即踏雪无痕之功夫也。盖太极清灵，能将全身提起，练到极处实能腾空而行。班侯亦有此功夫，知者极少，吾曾亲见一次。"

师祖函招弟子，于某曰齐到其家，谓欲出门一游，有话吩咐。至期俱来，而门外并未套车，众颇异之。是日师坐堂屋正中，弟子拜见毕，各装旱烟一袋。肃立左右。师各呼至前勉励数语，并传授太极拳大意。顷之，师祖忽拂其袖，端坐而逝。

露禅师祖逝世后，停灵于齐化门外某寺内。方丈某，亦娴武术。寺为向南正殿五楹，东西各有厢房数间。灵榇停于西厢内，吾师及健侯师叔，宿西厢套间内，予亦随侍焉。而东厢旋来一南省人，指甲甚修，语啁唽不可辨，不知为何许人。一日，吾师等外出，嘱予曰："不可出此门并不许与东厢之南人接谈。"予诺而异之。时予年十九，童心未改。师去后，闷坐无聊，静极思动，勿忘前戒。启关而出，至正殿游戏，时右手托一茶碗，于殿上旋转而舞，一跃而登方桌之上，水不外溢，意得甚。适为东厢之南人所见，遽来问讯。予顿忆师言，惶惶不敢对，逸归卧室。次日方丈来，与吾师窃窃私语，吾师初有难色，继似首肯。方丈出，旋偕南人来，吾师对之，其谦抑逾平时，相将出门，久之始归。吾师有得意之色，南人即整装去矣。又曰："吾师有一女，年十七八，聪慧绝伦。师甚钟爱之，忽急病而死。时吾师他往，闻讯驰回，已盖棺矣。不觉踊跃痛哭，忽腾起七八尺之高，如悬之空际者，然旁观者，咸舌挢而不能下，予亦亲见之也。此无他，盖吾师本有飞腾功夫，今痛极踊跃，遽于不知不觉间流露其绝技也。"

杨氏昆仲，虽以精拳术闻于世，然深沉不露，尤善养气，绝无争雄竞长之心。平居谦抑异常，不知者以为无能之辈，大智若愚。大勇若怯，诚哉不可以貌衡人也。某年有一南人来访，时班侯年届六旬。南人极致倾慕之意，谓曰："闻君太极拳粘劲，如胶如漆，有使人不能脱离之妙，愿承明教。"班侯曰："鄙人以先人所习，仅粗知此中门径，何曾有此功夫？"坚持不允。南人再三请，乃曰："谅君必精于此，如老朽何足以相颉颃？无已，请示试之之法，不知能勉力追随否？"南人曰："试用砖数十块，每块距离二尺余，匀列院中，如太极式。吾在前，君在后，以右手粘吾之背于砖上，作磨旋行。足不许落地，手不许离背，足落地，手离背者为负。"班侯曰："磨旋行则头脑易昏，恐非老朽所能，然即承教，敢不唯命。"即于院中如法布置毕，南人先上，缓步徐行，班侯敛气凝神，亦步亦趋，不离南人之背。绕行数匝，南人身轻如燕，渐走渐速，迅如飞轮。班侯亦运其飞腾之术，追风逐点而行，依然不离分寸。南人无法摆脱，忽飞身一跃，跃上屋面，回顾院中，不见班侯踪迹，深为骇异，而不知班侯仍在其后，抚其背曰："君恶作剧，累煞老朽，且下一息何如？"南人不禁愕然，乃大拜服，订交而去。

健侯为神武营教练时，年已七十余矣。一日自外归，有莽汉持棍，出其不意自后击来。健侯忽转身以手接棍，略送之，莽汉已跌出寻丈。健侯能停燕子于手掌心，燕子不能飞去，盖能听其两爪之劲，随之下松。燕子两足不得力、不得势，而不能飞也。

露禅之弟子王兰亭，功夫极深，惜其早死。有李宾甫者，闻系从兰亭学，艺亦甚高。访之者极众，而未尝负于人。一日有少年来访，口操南音，手离几椅数寸许，扬起手，几椅随其腾起，悬于空中，宾甫见之骇然。少年欲与比试，宾甫逊谢不获，少年遽进，时宾甫左手抱一小狗，仅右手与之招架。数转之后少年已跌于地，乃痛哭而去。

有习顶功者欲与宾甫角，宾甫谢之不肯。宾甫以手按其腹，未一月即死于逆旅之中。

余从澄甫先生学习数年。澄甫先生曰："世间练太极拳者已不在少数，宜知分别纯杂，以其味不同也。纯粹太极其臂如棉裹铁，柔软沉重，推手之时可以分辨（太极有两人推手之功夫）。其拿人之时，手极轻而人不能过；其放人之时，如托弹丸，迅疾干脆毫不费力。被跌出者但觉一动，而并不觉痛，已跌丈余外矣。其粘人之时，并不抓擒，轻轻粘住即如胶而不能脱，使人两臂酸麻不可耐，此乃真太极也。若以大力按人、推人，虽亦可以制人，将人打出，然自己终未免吃力，受者亦觉得甚痛，虽打出亦不能干脆。反之，吾欲以力擒制太极拳能手，则如扑风捉影，处处落空。又如水上踩葫芦，终不得力，此乃真太极意也。"其言之精如此，余试之诚然，不能不令人佩服矣。

先王父廉泉府君行略

——武莱绪

先王父讳河清，姓武氏，字禹襄，号廉泉，永年人，性孝友，尚侠义，廪贡生，候选训导，兄弟三人。长澄清，咸丰壬子进士，河南舞阳县知县；次汝清，道光庚子进士，刑部员外郎，瞻材亮迹，并声于时；先王父其季也。

先王父博览书史，有文炳然，晃晃埒伯仲；而独摈绝于有司，未能以科名显。然以才干志行，为当道所器重。咸丰间，吕文节公贤基，肃书币邀赞戎机，以母老辞；尚书毛公昶熙、巡府郑公元善，又皆礼辟不就。惟日以上事慈闱，下课子孙，究心太极拳术为事。

初道光间，河南温县陈家沟陈姓，有精斯术者，急欲往学，惟时设帐京师，往返不便，使里人杨福先往学焉。嗣先王父因事赴豫，便道过陈家沟，又访赵堡镇陈清萍。清萍亦精是术者，研究月余，奥妙尽得。返里后，精益求精，遂神乎其技矣！尝持一杆舞之，多人围绕以水泼之，而身无湿迹。

太极拳自武当张三丰后，虽善者代不乏人，然除山右王宗岳著有论说外，其余率皆口传，鲜有著作。先王父著有《太极拳解》《十三总势说略》；复本心得，阐出《四字诀》；使其中奥妙，不难推求，诚是技之圣者也！

有子五人：用康，郡庠生，候选府经历；用怿，同治壬戌举人；用咸，县学生，候选鸿胪寺序班；用昭，县学生；用极，国学生；孙十五人。次孙延绪，光绪壬辰翰林，出宰湖北，多攻文学，未深习是术。得其术者，惟李王姑之子经纶、承纶兄弟也。

孙 莱绪谨述

李公兄弟家传

——武延绪

李公亦畲者，直之永年人也；讳经纶，亦畲其字。考贻斋先生，讳世馨，廪贡生，候选训导。同治元年举孝廉方正，不仕；卒于里第。妣武儒人，为予王姑。生子四：公居长；次二承纶，光绪乙亥举人；次三曾纶；次四兆纶。均有声痒序。次四公前卒。

友白先生，公世父也。无子，以公为嗣。公事世父母，生意承志，一如事其所生父母者。而于所生父母之晨昏安膳，又必省必定，必问必视，未尝一委诸群季。以故两家之父母，一几不知子之非己出，一并忘其子之为人后也。

公承欢之暇，尤嗜读书，文学畡备，名噪一时。弱冠补博士弟子员。

应京兆试，一荐不售，遂绝意进取，闭户课子侄读，约束綦严，非有故不得踰阈。尝述其教弟子之旨于先王父禹襄公曰：“孔子曰‘惟上知与下愚不移’。孟子曰‘自暴者，不可与有言也。自弃者，不可与有为也’。窃惟孔子之意，二者之质不数觏，大抵皆中人可与入道，顾视力行何如耳！觏今世之人，童蒙入塾，垂老无成，其自暴弃，诚有如孔子所云，抑亦为之父兄者，中也弃不中，才也弃不才之过也，不则诲之而倦，一曝而十寒也。譬之治田，粪种弗勤，灌溉弗力，耕耨弗深，至苗不实，曰，是苗之咎，吾见老农过而笑之。孟子不云乎‘五谷者，种之美者也，苟为不熟，不如荑稗’。荀子曰‘蹞步不休，跛鳖千里；累土不辍，邱山崇成’。杨子曰‘有刀者礲诸，有玉者错诸，不礲不错焉攸用’。韩子曰‘业精于勤，荒于嬉’。之数子者，皆先师大儒，予不敏，窃佩其言，故予课儿辈，一以勤且熟为本。”时先王父亦以诗礼训不肖兄弟，闻之深韪其说。

王父府君，公所从学拳法者也。先是河南陈某，善是术，得宋张三丰之传。先王父好之，习焉而精；顾未尝轻以授人，恐不善用滋之弊也。惟公来，则有无弗传，传无弗尽；口诏之，颐指之，身形容之，手足提引之，神授而气予之。公亦步亦步，趋亦趋，以目听，以心抚，以力追，以意会。凡或向或背，或进或退，或伸或缩，或萦或拂，无不穷极幼眇，而受命也如响。倘所谓用志不分，乃疑于神者邪？

已而，郑中丞元善，督师河南，闻公名，延请入幕。公参赞军务，咸中机要。中丞上吏功于朝，公名列焉，得旨以巡检用矣。公澹泊无仕宦情，闲关归去。归里后，益不自暇逸，遇有义举，任之罔有缩朒，故当事咸敬爱公，服公有卓识，数以事问策于公。公必统筹全局，谓若何而利，若何而弊，尽达其胸臆所欲语，以期有裨于乡闾而止。如障滏河，修道路，扑蝗蝻，皆公身亲之，啧啧在人口，兹不缕述。述其有功德于民之远且大者，莫如种牛痘一事，盖省三公尤善其术云。

省三公，贻斋先生之弟三子，讳曾伦者也。生而沈敏，有志略，家故贫，鬻鬻几不继，公忧甚。补诸生后，即从事会稽，得计然术，深明而笃行之，尝先鸡鸣而兴，后斗转而寝，督率曹偶，尽有訾程，事律繇是滋蕃衍，家赖以康。自奉极约，衣不帛，食不兼味，至遇人有缓急，则赒䘏无所吝。若夙负而偿之者，盖深鉴于古昔专利之子，违天理，竭地力，坏人心，僭越礼法，以自放其亡等之欲，致亡家败产相随属，而慨然独有意乎范蠡之为人也。

光绪四年，岁大饥，粮价倍平昔五六。邑之匮乏家，或昨生而今死，或朝存而暮亡，妇哭孺号，接于道路；又其甚者，贫儿攫食市上，手屏之即颠；饿夫行乞途中肩摩之，立仆；伤心惨目，不可胜言。

嗣复疠气中人，瘟疫大作，医室少生尘之药，匠肆无待价之棺，公怆然动怀，竭己利物。戚族里中或饔飧不给，必计口授之粟，人死而不能葬，又出资施之。一时芘其所藉者，未可更仆终，公殊弗自德也。尝语于家曰：“人各有能，有不能，择一事而行之足矣。故夫敦乡谊，急公务，以与士大夫相接，此伯兄之事，非吾事也。若夫兴产立业，瞻宗恤族，则吾自能之，吾事也。至力不足博施，财不堪济众，而以一艺一术之惠，利生民于无穷，尤吾与伯兄共事之者也。”

公意盖谓牛痘事，初邑之未得种痘术也，小儿患痘疹，死者亡算。外方人擅是术，公出重资致之；昕夕讲求，家兄亦畬公，尽得其传。公施种在家，亦畬公时游种于外，后来者日众，公不暇给，亦畬公亦归，手以佐公。每及期，公唤名次第入，亦畬公视浆，公点苗；或亦畬公点苗，公属还浆期。亦畬公固乐善，来即不拒；公且备茶汤，恣人饮啜。或馈之金帛，公峻辞之，亦畬公亦笑却之。及以瓜李来，又勿重忍拂焉，颔受而已。

公精烹饪，必躬具鸡黍饷容。亦畬公尤善酒，兼出拇战赌饮，公则代以茶，谈笑佐之；竢客醉饱，始令归。亦畬公嗜饮，顾不以酩酊废事，公无嗜好，事之益勤，亦畬公偶它出，公率儿辈逮其事。公或忧采薪，必召儿辈襄亦畬公；盖公家后进，见之习，闻之稔，又学焉不罢勃，故为之辄当。

长太守启，素重公，兄弟闻之曰：嘻善哉，所好者，道也，进乎技矣。遂捐廉立局，延公兄弟任其事；先后二十余年间，全活婴儿以万计，人不忘公兄弟择术之仁，而尤乐道太守之得人而任也。

壬辰秋，母儒人有疾弗豫。公兄弟侍奉汤药，恒通昔不寐。儒人考终，均哀毁逾礼，时八月二十九日也。至十一月八日，亦畬公继卒。十二月十九日，省三公又卒。亦畬公春秋六十有一。省三公五十三。亦畬公子二：宝廉、宝让。省三公子三：宝极、宝相、宝三。宝极，廪膳生。

武延绪曰：乌呼，自予王姑之殁也，予祖之兄弟，盖无复存焉者矣！

向以见王姑者，见予祖，今并王姑不可见矣！抑犹有幸焉，予父兄弟行，各健在无恙也，各能抚柩哭，为予王姑服也。未几，而表世父亦畲公卒；未几，而表叔父省三公又卒；未几，而予又有季父之丧，年不逮稘公家罹凶者三，予身痛哭者四，未尝不哭王姑者哭予祖，又未尝不以哭诸父者哭予父也。

顾吾以为人苟不足轻重，死则死耳，而如公兄弟及予季父，皆所谓吾乡不可少之人，既不能得一当以大有为于时，又不幸而不永年于世，微独予两家之戚，抑亦吾乡之不造以至斯也。彼苍者天，歼我良人，胡至此极邪？抑又闻之，哀毁过情，致足殒生，似仁人孝子之死亡，天容不职其咨，然以谓公兄弟则有之，而如予季父者，当丧予王父时，其哀毁未有以异予二公之为也，而顾未尝死，直至今而卒然以死，其谓之何哉?其谓之何哉，乌呼!

赐进士出身翰林院庶吉士里人武延绪撰并书

注：武延绪（1857—1917），字次彭，号亦暖，武禹襄之孙。父用怿，字悦民，同治壬戌举人，早卒。延绪光绪壬辰科进士，授翰林院庶吉士。三年散馆，授湖北京山县知县，有政声。宣统元年署归州知州。辛亥鼎革，归里侍母，精书法，擅考据，著《所好斋札记》及《所好斋集》。亦习太极拳，但未精研。

历代太极拳名家珍闻录

王宗岳

——金一明

王宗岳，清乾隆时山西人。少习经史，兼攻黄帝、老子之书及兵家言，通击刺之术，枪法尤精。先生从事拳技数十年，尝作《太极拳论》数篇，文长不过千字，而太极拳之精微所在，已包蕴无余。百余年来，太极拳之架式，几经变更，独其真意犹未绝传者，端赖先生著论之功也。

乾隆五十六年，岁辛亥，先生将枪法集成为诀，而明其进退变化之法，名曰“阴符枪”。盖先生精通三教之书，深观于盈虚消息之机，熟悉于止齐步伐之节，简练揣摩，自成一家者也。书成，谓其友曰：“予本不欲谱，但悉心于此中数十年，而始少有所得；不以公之天下，恐此道将与吾身而俱没也。”

枪谱分：“阴符枪总诀六则，上平势七则，中平势十三则，下平势十一则，川袖，挑手，穿指，搭外、搭里十三则，阴符枪七绝四首。”

其枪练法，亦是以意会气，积柔成刚，粘随不脱，疾若风云；与太极拳同其功用。

留馨氏曰：“宗岳先生实为太极拳门之马鸣、龙树也，惜其生卒年月已不可考，《阴符枪谱叙》仅记其当乾隆乙卯年（乾隆六十年公元一七九五年）曾馆于汴云。”

宗岳先生去今才百二三十年，其行谊年月，已不可考。近人许禹生误以山西人王宗岳即为关中人之王宗（见许著《太极拳势图解》十九页）；陈微明则臆测宗岳先生为清初时人（见陈著《太极拳答问》第一页）。传说纷纭，莫衷一是。

先生为有清一代拳宗，今之习太极拳者，莫不奉其遗论为圭臬。然其名不见于史乘，遂令后人不知先生究为何许时人，良可慨也！

近唐范生君在北平厂肆购得旧抄本《阴符枪》一册，为前此所未见。枪法理论，不离太极拳之原则；有叙一篇，因以略见先生之为人，而得断定先生为乾隆时人，实为太极拳门授受源流上之一大发现也。

枪谱后附有太极论等，如今世所传者，因疑《太极拳论》亦为先生作品，假托张三丰所著，以坚世人之信仰焉。

民国二十五年

中央国术馆《国术周刊》第一百五十二期

杨陆禅

——杨明漪《近今北方健者传》

杨陆禅，广平府人也。初与武禹襄，同精长拳。至河南，遇陈清平弟子，败焉！旁观者曰："此陈先生之劣弟子耳，君且不敌耶?"杨百计求学，不得遂。

越数年，陈清平门外，有哑丐宿，晨起辄为陈洁扫门前地；久之，陈先生觉为丐所为，怜而畜（编者按：疑为"蓄"）之者三年。

一夜，清平方教子弟枪法，乐道间，闻屋上行太息深赞者曰："真好!"子弟将枪之，陈先生目止子弟，呼之下，则哑丐也。讶询之，陆禅因历诉求学不得入门，侨装哑丐，以効殷勤，祈谅苦衷而终教之。

陈使试拳，则升堂矣！后详教之，尽陈之术云。

后入肃王府，与董老公同时。杨由河南归，述之武禹襄。武至河南，值陈清平病，半身不遂，然亦详细传之。

李载堂述之甚详，载堂闻之陈秀峰；秀峰广平人，班侯弟子也。

明漪曰：

陆禅之事迹，闻之少，惟肃王曾为之结绒绳网，而使人与杨角。杨每掷人于网上，其掷之也，以手擎之，作旋风舞状。视其人，无百斤力焉。

永年杨露禅

——金恩忠《国术名人录》

杨福魁，字露禅，直隶永年人。幼嗜技击，生性慈祥，尚侠好义，知名南北。曾拜河南温县陈沟村陈长兴为师，精习太极拳剑，为近代北方治太极者冠。其子侄辈，亦精技击；如班侯、健侯等，皆能传露禅之衣钵。

今海上习太极者，多为班侯再传弟子；海上武术名家陈微明、许禹生，即其薪传也。杨露禅门弟子亦众，如李瑞东，即江湖人称之“鼻子李”。

杨聪明识书，以格致参入技击，故太极已入于不见不闻之化境，能贴壁悬空，自握其发，而能将自身提起，斯乃炉火纯青之功候也，凡习太极者多知之。杨一生事迹，笔难尽述。

年九十七，一日，命班侯、健侯召集徒子、徒孙辈，聚会一堂。杨高坐堂内，徒众分立两侧，杨一一唤至面前，嘱咐勉励，后将太极拳之大意，一一详解之。徒众正静听之际，杨忽微微一笑，曰：“老夫欲解脱矣。”立即玉筋双垂，端坐而逝。

今北平太极专家杨澄浦，即杨氏嫡嗣，知名全国云。

杨福魁

——金一明

杨福魁，字露蝉，直隶广平府人。喜拳术，得河南怀庆府陈家沟子陈长兴之传授；遂以太极拳，名于京师。

谓太极之用劲作势，均极自然；且运用圆活，如环无端，着着皆含一圆形，完全合于太极之变化，故名“太极”。至其作用，可以阴阳、动静、刚柔、进退喻之，尤深合易经之理。

其源流大别有五：

(一) 唐朝许宣平，传宋远桥者，名三十七式。

（二）唐李道子，传俞清慧者，名先天拳。

（三）韩拱月，传程灵洗。传至程珌，改名小九天，共十四式。

（四）殷利亨所传者，曰后天法。传胡镜子，再传宋仲殊，有十七式。

（五）张三丰所传者，曰武当派。传张松溪、张翠山等，又名内家拳，曰太极十三式。

其后分为二派，甘凤池、张松溪、叶近泉、王征南等为南派。王宗岳、蒋发、陈长兴为北派。

露蝉有二子，长班侯，名钰；次健侯，名鉴。

其弟子甚众，以万春、凌山、全佑为最著名。

一明氏曰：

胡仆安先生在江苏省国术馆全省教员暑假讲习会毕业典礼时，演讲太极真诣曰："太极就是一圆圈，发拳皆用圆手，发劲皆用圆劲；以腹脐为中心，比之如车轴，以四肢比轮辐，活动如圆周。一动无不动，一静无不静。"

如此解说，则习者易于明了，不必因学太极拳而推易理，则学者更易于明矣。

民国二十五年

中央国术馆《国术周刊》第一百五十期

武禹襄传

——《永年县志》

武河清，字禹襄，号廉泉。禀贡生，候选训导。性至孝，尚侠义，精太极拳术。

初闻有善是术者，虽千里必往学。道光间，河南温县陈家沟陈姓，精斯术，急欲往学。维时设帐京师，往返不便，使里人杨福同往学焉。然福同不通文义，所学未入精微。盖太极拳有大小势之别，因人授之，不明小者，奥妙难得也。

嗣后河清应豫抚之聘，便道过陈家沟。又访武涉县赵堡镇陈清平。清平亦精是术者，研究月余，得其奥。返里后，精益求精，遂神乎其技矣。

太极拳，自武当张三丰后，虽善者代不乏人，然除山右王宗岳著有论说外，其余率皆口传，鲜有著作，河清著有《太极拳解》等。

武禹襄

——金一明

武禹襄，直隶广平府人。往河南怀庆府赵堡镇陈清平处，学太极拳。研究数十年，遇敌制胜，事迹最多，惜乎知者其尠。

其练太极，缓时则如轻年少妇剥茧抽丝，绵绵不绝；快时则如蛱蝶翩跹，临风飞舞。余闻诸孙禄堂先生云如此，是以孙师太极，能慢能快。何近之演太极者，仅能慢而不能快。噫！殆非误欤？

民国二十五年

中央国术馆《国术周刊》第一百五十期

杨班侯

——《永年县志》

杨班侯，本名钰，永年广府南关人。杨露禅次子。相貌清矍，富有臂力，自幼得父真传；有宿慧，多心得。善距踊，类猿猴，精太极大杆术，得其拳法之奥，坊间传闻能以空击人。

咸丰时，进京随父传拳。光绪年间，杨在瑞王邸为教师。当时有雄县刘某，精技击，善硬功，体干魁梧，赳赳然武夫也。尝以掌击巨石，立碎；以两指挟制钱十枚，捏之皆碎；两臂之力何止千斤。杨在王府为师，名噪一时，刘某忌之。

一日，杨与友饮于市，友问曰："公孰胜于刘公?"杨笑曰："刘公胜我，弗如也。"适刘之徒过侧闻之，反其语而告其师。刘愤谒杨，不遇。及杨归家，家人语之，杨遂访刘于寓。刘既名震首都，凡技击家，均不敢与较，以其膂力过人，恐有伤亡。而杨特伸一臂于案上，令执之。刘力握杨腕以折之，杨轻举其臂，而刘之足离地者已尺许，杨作“白鹤亮翅”式击之，刘踣仆于丈外。刘不服，更与之约，及期并至，适下阶，杨前刘后，刘乘势握杨额，杨一手按刘手，作“三甬背”式，将刘从其顶上掷于阶前三四丈许。刘惭，更与杨约，较杆术于某戏院。及期杨至，而刘竟失约。当时观者如堵，杨作壁虎功于楼上以谢之。遂访刘于其寓，寓主人谓曰：“昨已携其徒潜归矣。”

返里后，在家设场授徒，庚子后卒。有“皇清诰授武德骑尉赏戴蓝翎”神主牌位。

子一，名兆鹏，务农于家。其徒名著者有凌山、万春、全佑、王茂斋、牛连元、教莲堂、陈秀峰、张信义、李连芳、张印堂、李万成等。

杨班侯

——杨明漪《近今北方健者传》

班侯，陆禅子也，世称之“杨二先生”，陆禅之生也。

王兰亭有言曰：“太极拳为杨家物，师若捐馆舍者，拳其王乎？”班侯忿之。陆禅没，亟与王角败；埋头致力者有年，拳精妙，掩父名焉！

班侯嗜鸦片，无缚鸡之力，而能蹶千钧之士。广平北京，皆其传也。广平著者曰陈秀峰，今七十余矣。

明漪曰：

班侯传广平之拳，刚柔兼有；传北京之拳，则纯柔。其弟子陈某随班侯至都，见京派之异，密请于班侯。班侯曰：彼旗人体质与汉人不同，且旗人非中国人，君弗知耶？亡国之痛，深中于心，有傅青主、王船山风。

则太极有刚柔之分，发之于李瑞东，闻之于阎志高，实则创之于班侯有以哉！

杨班侯轶事

——咋非

杨班侯先生，身体肥胖，晚年久寓北平某小巷。彼每出入时，巷为之塞，他人不得挤过。

某日，先生老态龙钟，正在小巷中蹒跚而行；另有二壮汉呢呢喃喃随后赶来，急语先生曰：“腾开，让我与先走！”先生两肩微耸，脊背一动，二壮汉早被掷去，仰卧于数丈外，然后回首笑曰：“让你们先走！”二壮汉乃赫然相对曰：“原来是先生！”先生仍从容而去。

民国十三年三月二十五日

山西省固城县国术研究会《国术月刊》第一卷第二、三期

杨健侯先生传

——许禹生

余幼体格孱弱，因喜拳术，先祖在鲁治兵时，部下多娴技击，常来导余习斯术。后逢刘师德宽、纪公子修等，从游有年，习八卦、六合、岳氏散手等拳。并由同门张师兄忠元指导拳枪，韩师兄福顺研究八卦刀术，获益匪浅。

清季光绪年，余毕业于京师大学堂，蒙张师文襄公分发学部任职，得识湖北孙厚庵先生。闻知余喜练拳，谈及太极拳术，孙曰：“子资质甚佳，当得名师而指导之，北京太极拳传自杨家，子识杨健侯先生乎？此公精太极拳术，吾愿从而介绍之。”遂得入门墙焉。

健侯先生，弟兄三人，先生其季也，名鉴，原字健侯，嗣改镜湖，河北永年县人。年少时，从父家居，得露禅老先生指点拳术，经年最久，循序渐精，造诣最深。后随露禅老先生晋京，王公大人，多称赞之；以其性情谦和，品行端正，不似其兄班侯之性情高傲孤僻也。

光绪庚子后，因拳匪甫肇事端，贻害国家，民间多畏习拳；杨师郁郁不得志，经济颇感困难。寻由清贝子溥伦常师事先生，荐至京师警察厅消防音乐队授太极拳，每月所得甚微，聊可自给。师常宿队中，余于公余之暇，辄前往受教；每至夜半始归，如是者有年。

师平生泯除门户之见，不喜评判他人优劣。忆余初晤杨师时，曾表演刘师所授之老架子，惟势较简单。杨师见之曰："可，但既入吾门，应自拳之最初步起手，立有基础，始能登峰造极；片段鳞甲，不足以言全体也。行远自迩，登高自卑，子能不惜迂回，不辞辛苦为之乎？庶不致躐等，而可逐渐完成也。"乃为余逐势矫正，继灵敏各动作，使轻灵圆活；次授运劲方法，俾运用自然，刚柔互济。师指导有方，诲人不倦，余亦黾勉为之，盈科而后进，习一步得一步精意。如是者几一年，于布势作式，始一一得其梗概，而完成拳路。

继命其子梦祥师兄、澄甫师弟，陪同研习。复令队兵中习此功最善者田兆麟、尤志学等二人，为余递手作桩，先生从旁随时指点其谬误。暇时并为余讲解太极拳理，无时或辍。余偶谈及他事，先师即曰："尔以吾言为冗赘乎？余亡后，恐再无第二人能为汝详解太极拳精义矣！"子弟辈偶有微言，师即曰："许某资质天赋，似默默中遣其入世昌兴武术者，汝曹后当得其益；余九十老人，尚何秘之有？"余回忆此言，感激之余，不觉泪下，非敢以之自诩，亦足见师之知人善任，鼓励后学，一洗国术界门户之见，且泯秘密不传之习惯，为可钦佩者也。

间尝与其子梦祥论人，偶谈及余先师刘静远先生。梦祥曰："大枪刘，何得称会太极拳？"师曰："子速缄尔口，吾拳习者遍天下；然对于应用方面，试问在京师除尔祖若伯外，以太极拳与人交手较有把握者，能有几人？刘公素精各门拳术，姑不具论；其于吾家拳，亦颇得其精华。每遇敌交手胜人时，则归功于习太极拳术，京外人士因刘公实际宣传，始知此拳应用；设非刘公为之宣扬，尚谁胜此任？其有功于吾门者大矣，钦感之不暇，尔尚敢加以微辞乎？"当其父子相语时，余亲闻之，其不骄傲自满、是己诽人也如此！

师素喜吸旱烟，烟杆长逾三尺，恒烦徒众点火。一日，徒众均不在，仅余一人侍侧，师思吸烟，余辄近前为之点火。师拒曰："余自能之。"乃移烟杆于左臂旁，展左臂自点甚便，并曰："子晓算术中方五斜七之理乎？杆置正前方持之，则臂短，手指不及烟锅；若斜持，则臂伸长，而手达烟锅矣。"亦可见师不特精于拳术，且常识富于常人也。

师教人之法，先令自思其式真合法否。倘答不合，则次询其不合之处安在，令其自行改正。倘习者百思不得，屡经迁改似合，仍复不中肯綮，始亲起为之矫正。学推手亦然，俾知术兼明其理，故无论如何愚蠢生徒，亦必小有心得也。

师喜人和蔼有礼貌，尊师敬道，潜心向学，持之以恒。教人以规矩，常谓：大匠能与人以规矩，不能使人巧；巧生于拙，思久通神。非用功日久，不能豁然贯通焉。故教者仅能示学者以练拳规矩；规矩，方圆之至也。太极拳虽妙，其理不能逾"方圆"二字。古人云，方则止，圆则行，方圆相生，刚柔互济，始云懂劲。王宗岳先师曾云，懂劲后，愈练愈精，渐至从心所欲，学者全赖按规矩用功，招熟懂劲，始能阶及神明，故大巧若拙，孔圣之门得道者，厥为曾子，孔子常称参也鲁（即拙鲁而肯用功也），于兹可见一斑云。

师相貌魁梧，龟背隆准，面若狮形。道家形容有道者之行动，有四状，曰坐如洪钟、站如孤松、行走如风、睡觉如弓，师诚兼而有之。其每一举手一投足，常表现其太极拳之妙意。至表演拳路之际，其动也自然，若行云流水；其静也幽闲，若山岳孤松。动无所动，静无所静；动静互根，刚柔相济。有如初写黄庭，洽到好处。其运劲也，内似钢铁，外似柔棉，人偶以手触抵，毫不觉手中有物，然力已为引去，欲离不得；及增力深入，则如触金刚石弹，屹然莫能动；外柔内刚，有似棉里裹针。其掷人也，若箭离弦，若弹去窝，被掷者竟不觉其劲力之何自来也。虽年至耄耋，功夫犹不少衰。

师除精太极拳术外，并善枪术。其最长之技，名"朝天一炷香"，谓能令敌杆还击敌之鼻端，直竖若一炷香云。其练习法，常以枪杆黏贴青（植物名）身，扯斯其皮，久之遂能以枪贴敌枪而掷之矣。

当中年时，与全佑庭先生出教万字队（即虎神营）团体练习之枪法，并太极十三刀法，不三日而成军，端王等颇异之，以为何神速若是也。

民国五年冬，先母病经年，延至六年秋仙逝。当其弥留之际，余在家侍疾。因不克往师处学拳，师疑余有异志；晤面时，颇责以应及时修学。余以母病对，师曰："侍疾孝行，但余年届耄耋，亦西山日近，薪传为忧，光阴迅速，希趁时精进也。"次岁，民国七年，师即谢世，竟成谶语，呜呼痛哉！

师遗子三人，长名兆熊，字梦祥；次子殇；三子兆清，字澄甫，与余友前后廿余年，均有名于世。

一九三八年《体育月刊》第五卷第四期（北平市国术馆发行）

太极拳前辈李亦畬先生轶事

——力白

河北永年县太极拳之泰斗李亦畬先生，在咸同之际，全国驰名。先生得其精深于武禹襄先生，禹襄先生得之于陈家沟。而太极拳名家郝为真先生，又亦畬之高足也。

李先生有文孙曰李子固，名槐荫；向供职于太原，忠实干练，长于文学，能述其先祖之轶事，极为详实。今录如左。

一、

有苗兰圃者，公之表弟也，武生，有膂力。某日，公与饮酒后，兰圃公曰："兄真能打人乎？"公曰："弟如乐试，请来打我。"当时亦畬公坐椅上，两手扶椅肘，兰圃公用两手扶公肩，竭力按之，曰："能让我动乎？"公一哈曰："你坐于对面凳上吧。"言未终，兰已坐凳上矣。兰圃公曰："双手未动，竟能置我于八尺之外，神乎技矣。"

二、

有葛福来者，清河人，业镖师，精八方捶。某年过永年，托沿村刘洛香绍介来访，要求比试；公再三谦让，未与动手。

翌年复来，坚欲一试。公再让不获，遂曰："有门人郝和（即为郝为真），尚未学得一半，请与他试。"即换郝和至，公曰："不许郝和动，请君打他。"福来起手连打三次，反被打出。福来惭甚曰："我业镖师二十年，奔走四方数千里，闻有名家，辄往领教，终未有能胜余者；不意公技之神妙若是也。”即跪地，请其收为门徒焉。

三、

某日公在家有喜庆事，贺客盈门。有老僧者，相貌魁伟，亦来与贺。饮之酒，不辞；席罢告退，亦畬公同启轩公（先生之弟）送之门外。当老僧来时，亦畬公以其为弟友，启轩以其为兄友，均不介意；及送僧去后，互相询问，则均不识，更不知其因何而来。

次日，门人郝和到温姓茶馆品茗，温姓谓郝和曰：“昨日一老僧，到李府贺喜，席散后来此处饮茶，言李大先生之武技甚精，洵名不虚传。”温某曰：“李大先生向不与人比手，汝何知之？”僧曰：“我练拳一生，云游四方，终未遇有敌手；久闻其名，特来造访，适李府有喜庆事，我即冒然往贺。筵毕，李大先生兄弟送我门外；我以二膊让回，李大先生亦以二膊强送，当两方之膊相接触时，我即站立不稳，惜乎吾老矣，不能投拜门下也。”言毕，犹欷叹不止云。

此郝为真所目睹而详述者。

民国二十四年一月三十日

《山西国术体育旬刊》第一卷第十六号“拳拳丛录”

北京王教师

——金恩忠《国术名人录》

王教师，北京人，欠其名，于清咸丰年间，任乾清门侍卫处武术教师，艺业精纯，海内知名，为人尚义任侠。

某日，有河南嵩山少林寺僧人海川来访。海川，掌少林嫡传宗派，闻王名，欲赴京访之。乃集庙内僧徒弟子于堂前，向众宣称，余今去京访友，大众请问何日返，海川曰：“日期不定，余归，吾派之荣耀；余不归，则勿庸议矣。”语竞，即束装就道。

抵京，与王晤，即较技。交手数合，海川知不敌，于是乘机遁，逃出城外，息于树下。默思己之轻功及纵跳功夫，胜于常人，生平未过敌手，王決难追及。方得意间，仰首而王已立身前，海川惊甚，欲遁。王微笑曰：

"大师知进知退，甚赞高明；且勿走，吾等一家人，有何仇恨？余深佩大师，否则，殆矣。"复使海川观其衣服，有指痕无数，海川感服，投拜于地，愿列门墙；王急挽起惊讶曰："否否，大师乃少林派之嫡宗。少林拳艺，名满全国，大师如拜余，岂非将宗派绝灭耶？余天胆亦不敢受，如不嫌弃，结为金兰可耳。"海川喟然曰："余立志精进，决不再以技炫人。"

后王专门教授善扑营摔跤，并将生平绝技，传授武清县李瑞东，即江湖人称"鼻子李"云。

编者注：上文所谓"王教师"者，当为杨露禅之高徒、太极拳名家王兰亭。

拳师纪德传

——杨季子

师名纪德，字子修，姓吴扎拉氏，满洲正白旗人也。性质直而嗜武技。

少从回教徒王某，受弹腿及花拳，矫捷冠其曹。弱冠入护军营，又从雄县刘仕俊学技，技名岳氏散手。相传，宋岳武穆得之于丽泉山僧。其初仅九手，分为上盘三、中盘四、下盘二。其后每手各变为二十手。更分左右，衍为三百六十手。其站桩用川字地盆，身法用半马式，步伐则以足尖由外向内勾盘。练时，每进一步，辄或半圆形，谓即达摩祖师所创之"勾腿盘旋法"。为技简老精到、朴而不华，习之九年，技乃大成。

更能虎纵及过车诸术。虎纵者，跳跃如虎；过车者，臂能承车。一日，师在北新仓，有米车过市，师卧地以臂当轮，轮过而臂不伤。众大惊诧，曰："此铁臂也。"由是以"铁臂"名。

同治六年，以技擢护军校，又从永年杨露禅受太极十三式。习之既久，豁然会通。乃以散手之刚、太极之柔，合而为一。故推手发劲，坚实缜密，当之者或如箭之离弦，或如鱼之脱网，被掷寻丈以外，如触电然。既不能抗，亦不能避；盖熟极而化，神乎其技者也。

其使器械亦然，而尤神于枪术。每场弄舞，神宇眉间，了不矜持，而圆转如意，见者若忘其持械然。及与敌遇，则制胜于几微之间；因敌之暇，以为己利，枪柄略旋，敌械已落，竟测其劲所自发。识者，谓得水张枪法之髓。水张者，道光时山东人张氏，卖水北京，枪法无敌；都中习枪者，皆其门下，故云。

师继入神机营，为技艺教习。光绪十七年，奉檄为科布多属之玛尼图各图拉翰卡伦侍卫。地边俄疆，广漠荒寒，张慕以居。巡徼之余，辄纵士卒游猎、习枪马。时两国戍幕相望，将校亦间相与接，以材武相矜傲。俄人以华人短小无力，常意轻之。

俄校有以技勇精者，能隔衣数袭，以指伤人。一日，造谒请角，师固辞不获，乃迎以“披肩式”，敌立仆地上。仍揉进，师复迎以“双冲式”，两臂下压，乘其抵抗时击之，敌立飞起，作抛物线坠榻上，头触皮幕有声，于是服师；乞师常持枪为纪念，往还日密。人多服其识略焉。

五年任满回京。宣统元年，赏戴花翎。民国六年，升任参领。年七十矣。然师性谦仰好学，见有胜己，既欲从学。有宋书铭者，年与师相若，而师愿为弟子。宋与师约密不传人，师曰：“余习技即以传人，若秘之，宁勿习耳。”其坦白类如此。

先是与师同习散手，技成者约二十人，皆先师殁。惟师与兄纪绪老寿。兄为正阳门门领，性孤介，不乐授技。师不娶，无室家累，乃以传世自任。自逊政后，旗营事简，时同人等组设体育研究社于京师，以提倡国技，延师担任教席，社中友人，获益匪浅。

寻各学校多增设拳术一科，师任高等师范学校、医学专门学校、经市第一中学校、北京体育学校等教授，善诱不倦，诸生乐之，士大夫亦多与游。

惟都中风气尊太极拳，以散手无拳路、不美观、习者惮其艰苦，鲜卒业者。师以民国十一年春二月殁，年七十有七。

湘潭杨敞从师习拳法数年。见其待人接物，和而有体，闻其终身未尝以与人争。盖平时静坐养气所得者深，技也而进于道矣。世之习拳术者，乌可不以为法哉。

民国二十一年二月

北平市国术馆《体育》第一卷第二期

大枪刘师德宽轶事四则

——杨敞

刘德宽学枪于“金枪徐六”，俗呼为“大枪刘”，于武术博而能精。

尝从雄县刘公（刘仕俊）处问手，公拍其胸略重，后久不至。刘公问曰：“何刘大个子久不来耶。”刘遂复常至问难。每见不能破解之手，即设法激刘公曰：“某人某手，真不可及。”刘公性素亢直，即曰：“汝试比与我看，究竟有何奇处。”一角而刘已明其意，毋庸再问矣。盖刘天性聪颖，洵有过人处也。

刘尝授技关东某军，一日营中获一马贼，营官命刘率人坚守。夜深，刘谓他人曰：“汝辈可去，留吾一人可也。”他人去接，贼谓刘曰：“同是江湖上人，何必相苦过甚，能释吾释消憩否？”刘从之，贼语刘曰：“虚生半世，而末技勿传，殊为憾事。今与子有一夕缘，愿出以相示。”言次摸索腰间出镖三只，随手上掷，皆植立屋梁上，其距离与入木深浅咸相若。刘初不料其藏有暗器，忽睹摸索腰间时，急取弹弓弯满待发，贼见状曰：“子毋虑，吾暗器止此耳。”刘应声曰：“吾为子取此三镖可乎？”弹丸三发，三镖落地，取视则三尖六刃，与寻常标式迥殊。贼因语曰：“此名月牙镖，敢以赠子。”因促膝畅谈。至天明时，贼语刘曰：“吾辈丈夫，决不相累，盍缚吾。”遂处死刑。刘得镖携归，其弟子至今犹习之。

刘在湖北，常单骑四出访友。一日，在宜昌一旅店打尖（途中午餐，谓之打尖），倚枪于门。忽见一十余岁小儿挟书自外入，取枪舞弄，身手娴熟。刘因呼与共语，且约持竿一较。儿竿连着刘身数处，刘思学技半生，乃为小儿所侮，嗒然若丧。牵马徐行，且行且思，忽悟此行本为访友，此儿有此身手，盍不一究原委。欣然返店，询诸店伙，知儿姓上官，为店东之子，店东因以教授武技为业者。刘乃居店中，伺儿下学，即以果饵招儿，询其所学。始知其父长于方天画戟，其路凡六，其诀四十有八。刘居日久，尽得其法。益设法结欢其父，其父闻刘善枪，欲观其舞弄，刘以从儿所习之戟法献；其父惊讶，询悉其故，遂以心传相授，刘乃尽得其秘。计居店四阅月，费去五百余金云。

刘尝护院于北京黑芝麻胡同某宅，一夕出院巡视，入己卧房，见有一贼。刘急持械阻其去路，贼曰："勿尔，我来借路耳。"刘款坐与谈，渐及拳技。贼曰："子艺固佳，惜一手只有一手，尚不能尽随机应变，因应裕如之妙用耳。"因授以十八魁手法，谈论欢洽，自是每夕必相过从焉。

案：刘师敬远先生，讳德宽，原籍河北沧县。自古燕赵多慷慨悲歌之士，而沧（原名沧州，后废州改县）、南（南皮县）、盐（盐山县）、青（青县）四县，为古之东海郡，素产技击名家。昔镖局设立时代，此四县巍然为国术家地理上联合的一大宗派。

刘师产生其间，耳濡目染，因之自幼即精习北派各家拳术。旋应即曼亲王（内蒙部）之聘，供养于其府邸，现（武王侯胡同中间路北空地，院落为其府之旧花园，师即食宿其中）时京师王公贵胄，颇提倡拳术。而最为盛兴之门派为八卦、太极、形意、岳氏散手各门。

王公贵胄，各因阿其所好，或聘拳师入府邸亲从学习，或就所管衙营分聘教授士卒。于是肃王邸则有董先师海川公创八卦拳；端王邸杨老先师露禅公，率其二子班侯、健侯二先师教授太极拳；毓公府则为贯跤、形意拳之试验场，郭永琛（云深）先生常驻焉。

东西两营，东营则有刘仕俊教岳氏散手，西营则由杨氏教以太极拳术，时相水火焉。

刘敬远师志在集各家之长，既精大六合门之枪术，即由六合门徐先师介绍访刘，以习岳氏散手，编为连拳八路。复拜董师肄习八卦拳，于行步穿换各法，颇得其益。因张某之介以识杨老先生露禅公，而研究太极拳；健侯先生在日，与杨君孟祥常称道之。其于形意拳则向未涉猎，尝在毓公府识郭永琛（云深）先生。嗣程廷华师叔与李存义师叔结盟，拟联八卦、形意为友门，因多与之友善云。

余识刘师于甲午年，师正多病，余亦正从事文学，未能专精斯业。庚子后，师寓居舍下，始潜心从学。及民国纪元，师已作古，不得亲见国术中兴之盛。后人倘能师先生无偏无荡，不拘门派之武德，使国术得跻于大同，亦足慰先师，俾瞑目于地下矣！吾侪共勉之！

古燕许禹生谨跋。

民国二十一年二月

北平市国术馆《体育》第一卷第二期

府君为真公事略

——男文桂、文林、文田谨述

府君郝氏，讳和，字为真，河北永年人也。生而颖悟，秉性诚孝，读书数遍，辄不忘，熟师异之。未几，家道中落，乃废学经商，以养二亲；先意承欢，必敬必恭，孝声蜚于乡党。迨先王义没，又遵嘱，于县邑南关近郭，择地为茔，以安窀穸。

府君于奉亲经商之余，酷嗜拳术，好读书。先习外家拳，后以其不轻妙灵活，非技击上乘，改学太极拳，从邑绅李亦畬先生学。潜心致志，朝夕研讨，数十年如一日；知彼知己，迭诣精绝，而犹不自矜。

每有来访者，常谦逊和蔼，无凌人气。偶与之较，辄能随手奏效；心得既多，经验宏富，粤妙莫可言喻。以是访者必拜门下而后去，府君亦必谆谆教导，不遗余力。学拳艺者，无远近、无士农，贤师事焉。以故桃李满门，演为一派，至今流传弗稍替。

府君性敦朴，厌纷华，不慕荣利。清光绪末年，直隶总督袁公，聘府君教其子侄，使使持书来，却之。又托胡太史月舫，就近敦劝，卒以病辞。其守身之严，类如此。

民国初，府君入京访友，适武术学社成立，屡聘为教授不就。完县孙福全，即于是时，执弟子礼。居京因久患腹泻，返里。吾永省立中学及县立高级小学，闻府君归，争来延聘，以情关桑梓，不获辞，乃兼充两校武技教授，时年六十余矣。

颇嗜古书，授课毕，退居斋内，观古人格言之各种史书，寒暑不易，故人咸服其诚。校内学生，有时相聚为戏；见府君自外来，遥相戒曰："郝先生至矣。"率走散。

府君七十二而卒，众弟子来哭曰："吾辈从先生游，敬畏先生之容颜，不敢自暇自逸；今且老，获免于戾，是亦先生之赐也。吾侪所得于先生者，岂独拳艺哉。"即葬，门人李福荫、韩文明、张振宗等，思慕弗忘，三石墓前，以为纪念，并陈俎豆而祝之，此府君之大略也。

民国二十四年三月三十日

《山西国术体育旬刊》第一卷第二十一号"武侠文艺"

郝为真

——杨明漪《近今北方健者传》

郝，广平府人，杨班侯之甥，年与杨相若，固杨之畏友也。年八十余，民国十年殁。

广平为杨之梓里，太极之甚，遍于一府，郝尝为中学校教习，群材辈出焉！惟其意不纯柔，与京津一派稍异耳！

明漪曰：

予遇郝之弟子阎志高于津门，在民国八年。其人讷于言，诚笃君子，论内外家甚详。又以太极十三势、太极棍、打手、太极刀四者之外，无他技相告。亦深以练太极而纯柔者为异，曰不丢不顶，太极意也；如以不丢不顶为极则，而恪守不化，则牵动四两拨千斤之妙用且湮矣！

予以阎言质之程海亭，海亭韪之。

亦畬先生之高足郝为真先生之轶事

——力白

一、

民国三年秋，郝先生应友人之约，至北京游览。抵京后，寓武术学社。该社多系形意名家，先生赋性和蔼，言语谦恭，向无门户之见，与众人处，甚相得，惟总不与人交手。

有孙禄堂者，名福全，河北完县人。长于形意、八卦各拳。因闻先生名，愿拜门墙，先生谦逊不获，略与讲解，禄堂即心悦诚服，侍奉甚殷。

时先生因水土不服，患痢疾，夜半如厕，禄堂常扶之行。先生稍用意沉劲，禄堂即站立不稳。因曰："吾师泻痢多日，日必十数次，尤能玩我若弄婴儿，使我不服其技，乌乎可？"但惜吾师不能常住京城，令弟子朝昔受教也。

先生留京二月余，即归里，就河北省立中学武术教员。

二、

永年城西北，洛阳村，有刘寿者，长于外家硬工拳，手能绝铁链，身能遏猛烈之滚石，每与人斗，辄胜。因思与先生略试其技，及晤面时，先生曰："我不动，请来打我。"寿出手，甫挨其身，即跌出五尺之外，再试再跌。心始诚服，再四恳求，始拜门下。

立伯按：

近代太极拳，共分三派：一曰河南陈家沟。二曰永年杨露禅家（其子班侯，技最精妙，能臻化境）。三曰永年郝派，即为真先生，而师事李亦畬先生者也。

陈家沟为太极拳中兴与发源地，杨郝两家，向来齐名，而郝派尤长于应用。至练习方法，亦较简捷。其所授架式，最为紧凑，如干枝老梅，枝叶全去。圈儿小，路数最简便，而又最经济，洵不负"武、李"两家之教授也。

故今之述郝派者，必追溯及李家与武家，盖"武、李"两先生皆为书香世家，故发挥精义颇多，真太极拳之功臣也。

民国二十四年二月十日

《山西国术体育旬刊》第一卷第十七号"拳拳丛录"

郝为桢

——金一明

郝为桢，名和，直隶广平永年县人。受太极拳术于李亦畬。

亦畬述太极，分心静、身灵、气敛、劲整、神聚，五法颇详。

为桢自云，练太极有三层工夫。

初层工夫，练习时，身体如浸江海，两足几不能踏地，手足回环，如有水之阻力。

第二层工夫，练习时，四肢百骸，如浸在水中，而两足可已浮起，虽不着地，如长泅者，浮游其间，皆自如也。

第三层工夫，练习时，身体动作，已觉轻灵，两足如在水面上行。至此时之景况，心中战战兢兢，如临深渊，如履薄冰，心中若有一毫放肆之意，神气即稍为一散乱，即如身体欲下沉矣。《太极拳经》云“神气四肢，总要完整，一有不整，身必散乱，必至偏倚，而不能有灵活之妙用”，即此意也。

又云：知己工夫，在练十三式。若欲知人，须有伴侣。二人每日打四手（即掤、捋、挤、按也，近名推手），工久即可知人之虚实轻重，随时而能用矣。倘若无人与自己打手，取一悬挂之物（以短发裹布为球为最妙），譬之为人，用两手或身体，与此物相较；视其重心所在，或粘，或走，或靠，手足总要相合，或如粘住他的意思，或如似挨他的意思；身子内外，总要虚空灵活，工久，身体亦可以灵活。此为桢心得之处，所独创者也。

一明氏曰：

十九年秋，余在苏省国术馆训育处时，每日练习太极拳。觉初习者，首宜认势，全不用劲，将势记熟，始能自如，手足活便。然后逐渐练习，而能换浮力为实力，所知如此，未免寡矣。

褚先生民谊，近发明太极球及太极棍，虽与为桢所取悬挂之物不同，而其运动之理则一也。噫！先觉先知，前后如出一辙，益信然矣。

民国二十五年

中央国术馆《国术周刊》第一百五十期

太极拳大师永年郝公之碑

——徐震（哲东）

中华民国二十有一年冬，月如先生命震铭其先生之墓石。震以习太极拳日浅，未烛奥旨，不可遽为。越一载，乃述而铭之。

公讳和，字为真，永年郝氏。为人敦厚强毅，体长而鸿，容貌温伟，出言高朗，其声紘然。有大度，与人交，豁如也。

先是永年武禹襄笃好太极拳，闻其传自河南怀庆府，即往访其尤精者，得赵堡镇之陈清萍，而从学焉。归，传诸其甥李亦畬。

公始从亦畬学，仅得粗迹。越六载，农力不怠（哲东先生眉批："农力"出《左传》。即努力之义），奉事敬谨。亦畬曰："兹可谓诚笃也已。"乃授之真诀，殚极精微。自此发悟，日月有获。能置椅寻丈外，无所依傍，投人安坐其上，屡试不一蹉跌。又能手摄壮士，使臬兀彳亍（彳亍，音chizhu，意为走走停停），不能自主，有如击鞠。

尝观剧，见邻童被挤，啼泣号呼。亟排众人，掖置身前，环两臂翼蔽之。众涌激若潮，屹立不少动；曲终人散，顾视足下，砖悉裂矣。

永年罗建勋者，矫健多力，能超登厦屋。挟其技，踵门请角，公笑许焉。勋作势疾进，公从容如平时，逮其近身，振手触之，勋如飞鸢跕堕。起而谢曰："真神技也，吾不敢再试矣。"

清河葛老泰，精八方捶，授徒千余。闻亦畬名，请师事。亦畬使从公，泰不惬也。亦畬知其意，命相搏。甫合，公遂擎泰膊，泰臂不能脱，足不能移，身不能转。呼曰："释我，释我。"公曰："能动乎？"曰："不能矣。"乃释之。泰自此心服。且命其子顺成（编者按：此说有误，葛顺成应为其侄）来就学。凡公胜人多类是，故负者亦无苦。

夫其能致此者，要以虚灵为体，以因循为用。其功在动以习静，而静不挠于动；静以处动，而动不离乎静。其法始于守中，中于行气，归于凝神致虚。其道合于庄子之依乎天理，乘物游心，故遣物而无弗顺，官知止而神欲行也。

民国初载，公游北平。北平时为国都，名拳师咸萃。蒲阳孙福全习形意、八卦数十年，年余五十，久负盛誉。闻公至，亟迎致于家，自列为弟子。都中有愿委贽而不得者，乃至归怨孙氏曰：“胡独擅其便，令人不易进见耶!”其为人也，向慕如此。

常语弟子曰：“亦畬先生短小而弱，吾终不能敌。知此术之妙，不在禀质强弱也。”亦畬先生卒未几时，吾即追及之，知有生之日，固有进无止也。

又曰：自始悟暨于有成，走架之境凡三变。初若植立水中，与波推移尔；功稍进，如善游者之忘于水，足不履地，任意浮沉尔；又进，则如行水面，飘然若凌云焉。”

又曰：“方走架，必精神专壹，若有敌当前也。及遇敌，又当行所无事，如未尝有人也。”然弟子承指授举不能久，故莫能竟其术。卒赖月如先生绍述家学。

“武”、“李”为永年世族，禹襄、亦畬皆儒生，不轻以拳技授人。公弟子虽多，犹恃贸迁谷物自给，终不取人贽币。

中华民国九年十一月卒，实生于有清道光二十九年，年七十有二。

祖讳某，父讳永安。

妻苏氏。生子曰文勤、文桂。继室王氏，生子曰文田、文兴。

孙三，曰慎修，曰孟修，曰承修。

武禹襄，名河清。李亦畬，名经纶。文桂即月如先生也。

铭曰：

弃术之奥，通乎摄心，实契于道，渊兮其深。
粤有大师，懿兹郝公，乾乾六祼，明而未融。
不易其初，仰钻靡替，师用攸嘉，爰告真谛。
有闻斯行，程功蝉蜕，一洗底滞，洞然大澈。
绵绵穆穆，反虚入神，万变一贯，阴阳互根。
动静俱定，志一不兮，应机必得，用之不勤。
孰承公传，公之仲子，克究克宣，载缵光美。
念昔先人，思弘嘉迹，我闻有命，荐文贞石。

吊拳师郝君（郝月如）文

——徐震

今日习拳者多尚太极。太极之理，以柔静为本；柔以舒其肌腱，静以定其心宅。肌腱舒，则动静随意，发力劲锐；心气定，则中能自主，遣物而不慑，顾此非易至也。

其始必藉良师善为指授，拨正体势，矫指违失，慎察几微，求协于中。久而习与性成，则动而时中。故习者虽众，达者盖寡然。

太极之名既盛，世俗拳师辄假以牟利，中无所有，大言欺人，而名利交至。其身处高位自任倡率者，又不肯虚心研索，搜求真才，徒蔽于先入，自以为足。遂使身怀绝技之士，不得一耀其长，颠沛困穷，以终其身。若郝师月如者，为可哀也。

师，讳文桂，河北永年县人。父讳和，字为真，予尝为撰墓碑者也。师早承家学，洞达渊微。见今世言太极拳者，每以伪乱真，精粹日昧没，急欲发抉究奥，传之其人。奔走南北三十余年，而知者难得，或知之矣又不肯竟学。

民国二十年，至京中，始至人莫能识，惟江苏张士一，陕西冯卓叹为绝伦。既寓居五载，先后从学者且三百人，然大都月余即去，或数月去。惟张士一相从最久，其次为余，其次冯卓，又其次湖南吴知深也。

师尝语余曰："少时体至孱，三岁首犹倾欹，赖习太极拳得以自保。年逾五十，已出望外，生死无所容心，独惜此技至精至妙，惧其斩焉遂绝。今子与少如已有所得，吾愿毕矣。"少如者，师之子，孟修字也。

然独居京中久，生事日迫，见售伪者，颇能致多金，亦不能无愤慨。二十四年春，士一为揄扬，得授拳于中央大学。其年十一月有疾，竟以三十日卒于都中，年五十有九。呜呼！藉令其术大显，心安体适，尽意讲授，年岂遽止于斯？

余始闻张士一言，即往受学，初亦不深信也。历三月，则大服。自二十一年五月至去岁九月，师方许为庶几焉。未几，余往湖北，相离且一载。

今年秋见诸京中，因演拳请正，师称善者再。余谓此时若常承指授，获益可胜前十倍也。师亦欢笑。别逾三月而凶闻至，伤哉！张士一，冯卓既经纪其丧，孟修将奉柩北归，以明年某月某日葬诸某乡之原。

余惟耽乐此技，十有余年，曾无隙之明，幸而遇师始得发悟。及师疾逝，而余羁身军旅，不获东行与执丧纪。追惟话言，宛然心目，乃为文以抒哀，执笔泫然，悲不自胜焉！

其文曰：

超超者艺兮，忽忽者身。
身终必亡兮，艺不可论。
世有得丧兮，有约有丰。
委骨归土兮，孰为穷通？
呜呼！
夫子艺之传兮，志既偿，
流未广兮，哀年命之不长。
眙都门兮，惟余怀之，
依依思授受兮，涕淫溢而沾裳。

李瑞东

——杨明漪《近今北方健者传》

李，京兆之武清人，幼病鼻而缺，拳家多称之为“鼻子李”。以其精太极拳也，又称曰“太极李”。

家富而好拳，少年好客，有水浒传柴大官人风，故其所取也博，末遇王兰亭。王故杨陆禅（杨班侯之父）之弟子也，遂专心太极；其教后进，先以太极八式。

民国元年，以门人之互相构煽，与李存义约，角术于天津青年会。瑞东逾时不赴，其识体崇让如此。

瑞东曾躬至河南陈家沟（太极拳之源地），旋京微言京派太极之稍异，其门人争以京拳皆错，太极有真喧。京派太极拳者，群觐瑞东，迫与之角；

瑞东卒袖手，以无听细言为释，其谦冲和蔼如此。

家备场所及碑帖笔砚之属，邑人之习拳临帖者，随时教之，其博爱及人又如此，而称之者多逾量之言。

有谓村牛疯，吾师掊之而牛死，骨且无寸完者；有谓猫形墙上，吾师戟指之而猫毙云云。

民国五年（此年记忆不清）阴历十二月二十八日晚，突有一军人谒李于京寓（李在京某宅教拳），佯请教而卑视太极。瑞东为婉言太极之体用，军人故不信。瑞东与之揉手，军人两掌依瑞东揽雀尾式而进及肋际，骤变双撞掌，瑞东未防，坐地上，军人揶揄数语而去。瑞东病，于次年正月初一日殁，闻军人隶模范团云。

明漪曰：

闻之龚少将治初云，其族人龚雨苍内史令武清时，宴邑绅，询瑞东曰：闻君拳勇精，可得见乎？瑞东请灭烛而伸掌，暗中见其五指之端皆明焉。

又以掊牛毙猫问诸周祥，祥曰：予与瑞东居最迩，又周旋久，掊牛牛仆属实，碎骨毙猫传者之妄耳。

然瑞东尝使予闭目坐石板上，以其掌离予首数寸际，曰："祥乎，予将尔提起矣"！便悬悬然觉身在空中；须臾曰："予坠尔矣。"便觉身由数仞落地焉！身实未离石，而气血随其掌上下其潮若斯，此则瑞东独到之处，未见他人有是。

夫以瑞东之学、之技、之礼让，而卒撄某军人之撞以死，则徒党之妄喧招之也，可以鉴矣！

国术名家李富东传

——不肖生[①]

李富东，武清人也。少强有力，习技颇精。至保定，与诸相扑者角，

①不肖生：即民国时期著名国术家、近代武侠小说奠基人向恺然，其笔名曰："平江不肖生"，亦曰"不肖生"。

莫之与京。诸相扑者曰："京师多能者，盍一往睹。"富东遂至京。

角伤相扑者数人，皆王老师之弟子也。王老师自至，富东与校，应手而跌。富东逃，王老师不之逐也。

翌日，王老师至富东寓，谓富东曰："子伤我弟子，奈何？"富东曰："子不亦跌我乎，已相偿矣，尚复何辞。"王老师曰："子归后，尚习技乎？"富东曰："不能胜人，习将何补。"王老师喟然曰："我正以是故来耳！以子之美材，何患不独步海内，暱而就我何如？"富东遽拜之，尽得其技。

王老师殁，富东继为侍术教师。未几，归武清，授弟子。

富东饶于赀，客时盈其座。一日有柳某者来访，负木署曰"天王第一"，自云能胜我者上之（得怎么理解），漫游十余年，行南北几遍，无与敌者。至富东家，居数日，与校二百余手，柳稍懈，富东疾进，以足踢之，柳腾而上，破承尘堕立炕上，炕为崩，柳遂以木上富东。

生时为天津武德会之长。其貌甚恶，鼻朊，江湖人咸称之为"鼻之李"云。

民国二十三年十月三十日

《山西国术体育旬刊》第一卷第七/八号合刊"武侠文艺"

李香远先生

——立伯

李香远先生，河北邢台人也。簪缨奕世，河岳钟灵，早悟道真，竺嗜武术。探三丰之秘奥，左右逢源；撷五乳之精华，歙张合度。

志惟求博，少从李而长从刘（瀛洲）；学不厌精，先师杨（老凤）而后师郝（为真）。寒暑无间，朝夕潜研；用能贯彻诸家，归于一是，既内外之兼备，自动静而俱神。

益以赋性端凝，自甘淡泊，宅心磊落，最厌浮夸。遂使四方健儿，咸争御李；三岛武士，亦羡登龙。遒先生抱发挥光大之怀，审义利公之辩，非我族类，虽重币而弗传；偶接同心，辄片言而相契。品端学萃，实至名归；抱璞守真，乐天知命。是以大朽如拙，扬无敌之威名；深藏若虚，守撝谦之今德。

际此老成凋谢，谬种流传，泾渭难分，紫朱易混。咸挟术而乞好爵，或籍名而攫箧金。求其重义轻财，尊师卫道，拾松溪之坠绪，振武当之宗风。如先生者，盖未易睹也。

甲鼎（编者注：即此文作者马立伯）心仪矩镬，载历岁时；道阻关山，情深怅惘。风生空谷，惊开海外之谣；天相吉人，喜获江南之会。遽承青眼，实获初心；欲列门墙，实深恧悚。勉为俚句，聊抒寸衷云尔！

时庚午初冬同客白下

沉述世网欲安之，苦恨中年悟道迟，
国术纷纷传异派，天涯何处有良师。
武当嫡派推杨郝，坠绪微言久渺茫，
继起中原夫子李，薪传一派又重光。
昔日并州交臂失，今朝狂喜蓦相逢，
秣陵客舍留佳话，九死声中起卧龙。
侠骨豪情自有真，勤翻贝叶证天人，
朱家肝胆岳家阵，沧海横流此问津。

民国二十三年九月十日

《山西国术体育旬刊》第一卷第四号—“武侠文艺”

刘武师彩臣行状

——许禹生

刘彩臣，讳凤山，河北宁津县人。精深拳术。初从张师兄名秀者习形意拳，曾拜耿继善为师，后由张君秀介绍，复拜刘老师敬远门下学艺。刘先师授以枪、剑、戟术及岳氏连拳。嗣与吴鉴泉结盟，随通太极拳术；复得宋氏硕亭三世七派太极拳术之传。

余与其相识，盖在庚子以前。及庚子年义和拳匪起，假托“神拳”之名，以伪乱真。国术界受其影响，因之中辍。北京人几不敢复言拳术。刘师同门，均多星散，肯继续研究者，仅余与彩臣师兄数人而已。

余等在民国纪元，于北京创立体育研究社，即邀刘君赞助。时各大学均添国术科目，乃介绍刘君于北京大学、交通大学、铁路大学等校为教授，终朝忙碌。然每日必抽暇到社授课，未尝或辍，三十年如一日，足证其热心之一斑。

民十一年，马子贞将军在沪发起全国第一次武术大会，体育社出席参加者十人，公即在内。各省市暨全国运动会，均邀刘先生参与。遂于南京、上海等地，均存硕望。

民十七年，北京国术馆成立，刘先生更具热心，朝夕专意，指导一切。其对社会人士，均接之以诚，如蔼可亲，向不夸张，毫无武术界是己非人、恃艺凌人、好勇斗狠之恶习。

其传道授业，循循善诱，后之学者，受益匪浅。北京市国术市考第一名杜沂滨，即其门徒也。

予之推重刘公，不仅以其技精年高，实以其武德高尚，堪为后人及予侪模范也。

刘君于去年夏初，感觉积劳，乞假休养家中，初不过精神失常而已，身体尚为健康。近时国术界老成凋谢，刘君硕果仅存，方冀期颐可达，不料其于本年五月中，竟无疾而终！

刘玄德云：“古人五十不称夭殇。”昔人有“人生七十古来稀”之诗句。刘君殁时，得年七十七岁，而耳目聪明，尚如少年。苟非练习功深，修养得法，曷能至此！是以馆社同人，于六月廿四日，开会追悼，以志哀悼景慕之意云尔。

“体育研究社”“北京特别市国术馆”同仁撰文曰：

天生贤哲，诞降畿辅，蚤岁峥嵘，器宇英武。
学艺求道，师训式遵，技击超卓，迈绝群伦。
庠序设教，弥尽辛劳，及门济济，誉满京曹。
馆社授业，矢敬持恒，历久弗辍，勤恳著称。
处世接物，修养功深，有容德大，侪辈同钦。

受福延龄，必登大耄，胡不憖遗，遽尔殂谢。

化雨失施，凡属友朋，孰不伤吊，虔诚奉祀。

神其凭临，维以永鉴，来格来歆。尚飨！

民国二十八年八月一日

北京特别市国术馆《体育月刊》第6卷第2期

王恭甫

——杨明漪《近今北方健者传》

王恭甫，山东东阿人也，自其父母奉耶稣教。恭甫幼，即好拳术，习醉八仙、长拳等。十五入京都米市胡同某教会学校，因得从李彬浦授太极，沉潜致志者八年。

辛亥武昌事起，十月间回山东，从友人走兖徐丰沛，说匪首蔡武贵、李扒子等投戈受降，坠匪中者三越月。

遁归北京，赴南洋爪哇之比卢，值有英力士以重金招能打之者，藉自矜诩。华侨愤，请恭甫与角。恭甫谒力士曰："予力薄，欲与力士试较，幸勿相害。"力士以右手握恭甫腰带（皮为之者），擎之起，离地尺馀，谓之曰："尔太不量力，予右手持子，左手打之，不几坏乎？退休，宜安分也。"恭甫曰："且放下，姑试之。请轻用力，可乎"？力士不悦，奋力进，恭甫以"玉女穿梭"击之，力士十步外仆，声如巨大之棉包，由高处落地者然。力士疑恭甫力不至此，复进，又蹶，始惭予金。恭甫不受曰："予岂为金来也者。"

恭甫于民国六年携巨金回国。值东阿县令宋世男贪婪，又以医见宠于某要人也，诡计鱼肉之。乃构匪类，攫恭甫金去，反不直恭甫，且诬之。恭甫于是赴欧充华工，在法与运输攻战之役。

欧战平，自西比利亚归，近在东阿办赈务及筑坝等事，得人民欢。群拟树碑颂恭甫，县令弗之许，植没字碑焉。是于徜徉于游猎，不复与人间事矣。

年未四十也。其弟某精八卦掌。

明漪曰：

予初遇之拳术家，即恭甫也。与之游，盛称李瑞东，辄以“揽雀尾”戏击予，予仆，每觉体重逾二倍焉。恭甫不知法律，不知人情，并不知世事之艰阻，视中外人士，皆父兄子弟之亲也。

其信仰之心一如主，其拳术精，其言行直，其心性坦率，而所受之颠仆险巇，遂层出不穷。于是热心浸冷，厌世习成，于龌龊政治之下，葆纯正之人品、学术以自放，而得之负才尚气之士，不诚难乎！

观力士手擎恭甫不蓊狗若，而恭甫仆之如土木偶然，吾华武术之不以力胜，先民之言益信。

孙禄堂先生行状

——许霏厚

孙君禄堂，讳福全，号涵斋，河北蒲阳人也。前清府选用知县、知州等职。民国历充法政学校武术教授、国务院卫队总教习、总统府校尉承宣官、中央国术馆武当门门长、江苏省国术馆副馆长兼教务主任等职。

民国十八年，浙省举办国术游艺大会，孙君为副评判委员长。嗣后沪上举办国术大赛，孙君又为评判主任。

孙君十二岁从李奎垣先生习形意拳，十五岁复从郭云深先生学，相随八年。后从程廷华先生习八卦拳，并得郝维桢（为真）太极之传。孙君天禀气质超迈绝人，又虚怀若谷，专心潜学，于形意、八卦、太极拳，皆能穷其理而绝其术焉。谓之形意拳钢球也，八卦拳弹簧球也，太极拳皮球也，三劲一理，皆为中和真一之气一以贯之，纯以神行之道也。

孙君习拳不分派别，融会三家拳术，独能贯通为一，其艺之精微，功之绝纯，南北拳家无出其右矣。孙君弱冠时，即游历南北，凡闻有艺者，必访至，切磋、较艺五十余年，未遇其匹。又尝屡挫日俄等国力士，海内武术家，无不称道，从之者甚众。今之国术名流金一明、曹晏海、马承智、胡凤山、李润如、童文华等皆为其门人也。

孙君生平负气节，清室肃王意公，慕其名，折节下交。孙君除论拳外，从无一事请托。以是缙绅孙君益重焉。孙君为人重然诺，有古风，粹然之气见于面背，其仁义之心、肝胆相照，非常人可比。

乡有夫，外出数年，其妻贫不能守，孙君故托其夫之信，予以金。其夫后果归，得免仳离。孙君之隐德类如此。

晚年归平，道骨仙风，气象绝好。岁癸酉十月，以无病卒于里第。享年七十有五。

生平著有《形意拳学》《八卦拳学》《太极拳学》《拳意述真》及《八卦剑学》。其子存周、女剑云能继其传。

余与孙君相识有年，受益良多，略知其行状，谨为之录。

1934 年 5 月载于《体育月刊》

孙禄堂先生传

——陈微明

孙禄堂先生，讳福全，直隶完县人也。幼从李奎垣先生读，兼学形意拳；又从奎垣之师郭云深先生学，所至必随。郭骑而驰，先生步行，手揽马尾，日常行百数十里。

至京师，又从程廷华先生学八卦拳。后遇郝维桢（为真）先生，得太极之传。故先生精三家之技，而能融合为一。至若外家拳械，通者数百种。盖先生于武术，殆有天授焉。

徐世昌督奉天，尝居其幕下。保知县，后为总统府校尉承宣官。南京国术馆成立，聘为武当门门长。以嫉之者重，不合辞去。后江苏国术馆聘为副馆长兼教务主任。成就武术人才甚众。

先生通易理及算数、奇门遁甲、道家修养之术。道德极高，与人较艺未尝负，而不自矜。喜虚心研究，老而不倦，所诣之精微，虽同门有不知者。盖先生于武术，好之笃；功之纯，出神入化，随机应变，而无一定法。不轻炫于广众，故能知其深者绝少。

完县尝大旱，贷钱利半于本，先生怜焉；散钱于乡农，而不取其息，乐善好施，莫不感德。

任江苏国术馆副馆长三年，倭人入寇，先生遂归北平。壬申九月，忽欲回乡里，家人留之不可，既归。每日书字练拳无间，惟不食者二旬。预知殁之日，临终见佛至接引，嘱家人诵佛号，勿哀哭，安坐而逝，曰："吾视生死，如游戏耳。"其所养至此，岂偶然哉？

先生著有《形意》《八卦》《太极拳学》《八卦剑学》《拳意述真》传于世。余承先生教诲二十余年，略知先生生平，谨为之传。

1934 年 8 月载于《国术统一月刊》

孙禄堂

——金一明

孙福全，字禄堂，晚号涵斋，河北完县人。幼嗜技击，曾拜郝为祯练太极，李奎元习形意，复拜程廷华、李忠元二师学艺。悉心研究，日以继夜；程李二师，复详加教诲，孙遂能批大郤，导大窾，神乎其刃矣。于是驰名燕赵，无人不知"活猴孙禄"矣。

清军机大臣鹿传霖之季子，性嗜武，喜驰马，延孙师之。一日，鹿季子新得骏骑，乞孙同至郊外试马。季子首先骑骋一匝，霜蹄逐风，诚良骥也。季子复恳孙策马一试，孙曰："余勉强行之，未有所长。待子放驶数趟，余再效颦可耳。"于是季子整鞍跃马，扬鞭驰去，孙俟马行数弓，乃尾蹑其后，纵身若飞燕之穿帘，附于马上，如蜻蜓之点水，以两手轻按季子之肩；斯时马行若飞，人捷如猿，季子不之觉。观者咸彩声雷动，叹孙体之矫捷轻灵，得未曾有。

孙技虽精绝，遇同道中人，罔不谦逊，如无所能者；而忠义之心，则肝胆照人，尤非常人可相与比也。

清光绪年间，徐世昌任奉天大吏，征为内巡捕。既而保举县缺，未莅任，既随徐入京。鼎革后，七年入总统府，充校尉副官，寻更承宣官，晋任陆军少校实官。

民十七年，钮永建主席江苏创办苏省国术馆，延聘南下膺任馆长，所授水陆公安人员甚众。

尝语人曰："饭一日不可不吃，拳一日不可不练。余七十老翁，健如少壮者，由于朝斯夕斯，从未间断故也。"

先生于二十三年遁归道山，其著述传世者，有《太极拳学》《八卦掌学》《形意拳学》《三才剑学》等书。

孙客奉时，曾击走俄大力士及屈伏地方恶道，其事迹均为武术家所乐称道。

晚年美丰髯，道貌清癯，神情鹤立，与戎装肖影，前后判若两人。

其门弟子如龚剑堂、张玉峰、马德川、童文华等，均一时知名之士。

其男女公子曰存周、曰贵男，均能传其衣钵。

一明氏曰：

戴季陶先生尝云："练习国术，是强健身体唯一方法。身体强健，才能够练成好智识，才能养成好道德。有了好智识，好道德，才算是智、仁、勇兼备的人才，能够担当国家大事，人人都是如此，中国还有不强吗?"

禄堂先生之为人、其技击因已炉火纯青，其道德之高尚，尤非沽名作伪者所可同日而语。术与道通，若先生者，可谓合道、术二字而一炉共冶者也。世有挟技凌人者，应以先生为千秋金鉴。

民国二十五年

中央国术馆《国术周刊》第一百五十二期

孙禄堂先生墓志铭

先生讳福全，字禄堂，晚号涵斋，河北完县东任家疃村人，今属望都县。

生于一八六一年，卒于一九三三年。自幼聪颖勤奋，喜读书，过目成诵。通经史、天文、数学。善书法，嗜武学。

师承郭云深、李奎元习形意拳，师程廷华习八卦掌，师郝为真习太极拳，精各派拳械百余种，功臻冠绝时辈。

先生几十年专心潜学，苦练磋磨，融会贯通，冶太极、形意、八卦于一炉，创立"孙式太极拳"，卓然自成一家。生平著有《太极拳学》

《形意拳学》《八卦掌学》《拳意述真》《八卦剑》行于世，对中华武术贡献卓越。

先生曾任南京国术馆武当门门长、江苏省国术馆馆长。曾设教于定兴、北京、天津、上海，桃李遍天下，驰名国内外。

先生精技击，恒以道义为先，武德高尚，服人以德而不恃力，与人较技未尝有败。

先生忧国忧民，急公好义。完县大旱，散钱与村民而不取其息，慈善喜施，莫不感德。村上有夫，久出不归，妻欲改嫁，先生假托其夫书，仗义疏金；不久其夫果归，得免仳离。

先生为抵外辱，扬国光，振兴中华民族之精神，力挫日俄大力士。为雪东亚病夫之国耻，以花甲之年，奋神威，降服日本大正天皇钦命来华比武的武士道大力士板垣，拒日本大正天皇重金之聘，高风亮节，爱国仁人志士，为之扬眉。

先生毕生献身于中华武术事业，虚心研究，至老不倦。终前嘱家人勿哀哭，曰："吾视生死犹游戏耳。"无疾安坐而逝。

先生次子存周、女剑云及弟子等得其神髓，喜先生毕生所创孙式拳，后继有人也。

河北省望都县周庄公社东任家疃村
蒲阳孙门同学会全体同学　　敬立
女孙剑云
公元一九八三年岁次癸亥秋日

吴志青

——金恩忠《国术名人录》

吴志青，安徽歙县人也。幼习技击，兼攻翰墨，曾拜名拳师于金声、马锦标为师。盖于、马二师，曾充马良部教官，知名于时。

吴精习查拳及教门弹腿，曾充沪上女青年会体育师范学校教授。

民八，创中华武术会于海上；并参加远东运动大会，表演各式拳械，甚得中外好评，为国争光非浅。

民十二，创体育学校，自任校长。

民十三，浙江战起，市面紧振，会务学校俱因之停顿。时适革命军正欲从事北伐，即束装北上，加入国民军，转战河南、直隶、察哈尔、绥远、陕西、甘肃、湖北、江西，奔驰数万里，锋镝余生。

后任国民革命军第一集团第四军团总指挥部军械处长，兼全军武术总教练。后经张之江、李景林二公，聘为中央国术馆董事。继任上海国术馆长，暨中央国术馆编审处长。其著作散见于沪上各大书局，且为人豪爽知礼，无习武恶习。

往年从事中华武术会时，有四川技士某甲（特隐其名），欲与吴君较技。吴则晓以大义，曰："吾辈治技者，于国弱民贫之际，咸应各尽提倡国粹，发扬民族精神之责任，何故彼此倾轧，妄事较技。况二虎相争，必有一伤，大可以不必。"某以吴为怯，坚欲一较，吴不得已，乃下场与较。交手未几，某上进以拳，下则暗进腿以取阴囊；吴则上挂其臂，急合掌用金龙合口（查拳着法）挟其足而跌之，梁倒地痛呼不已，盖足面已青肿矣。于是欵待而去。

余于民十七参与中央国术馆之全国考试，得瞻仰其丰采，则斯文静雅，非若拧眉瞪目之武士者流。由是观之，更知吴君深沉镇重之功夫，确非俗人可与伦比者。

其得意之著作，为中国新体操，盖为科学化理法并论之创作也；出版于沪上书局，现已不胫而走云。

平江向恺然

——金恩忠《国术名人录》

向逵，湖南平江人，字恺然，别署"不肖生"，即《江湖奇侠传》诸书之著者。幼嗜武技，兼攻翰墨，嗜习各派拳械，尤精八拳之技。曾于湖南创设国技会，延请武术名家数十人，杰出者如欧阳月厂、蒋焕棠、黄其昌等，皆具非常绝技。

月厂年已七十余岁，辛亥革命时，有湘潭杨氏者，饶于资财，与月厂有旧，坚请护院，月厂辞以老，杨氏礼愈恭，月厂乃往。杨氏有火壁高约二丈，月厂一跃而上，脱履于地，缘壁行数步，复腾身下，立履中无伤毫发，卒荐湘潭掌教，至湘与向逵同起居者十数日，月厂健啖好弈，未尝言技。日中必寐，辄鼾声齁齁然，恺然潜前欲捋其须，甫即，月厂张目笑谢，恺然于是不敢扰，遂乞授技。月厂辞曰："某习技未成，何敢以传子耶。"临行谓恺然曰："子亦知夫剑乎，可珍者利也，才韬且钝矣。"恺然顿悟，于是进技以道，操之以恒，而恃之以时，精心研习，技乃大进，名闻南北焉。

后与黄其昌、蒋焕棠等，日饮酒洗忧。其生平事迹甚多。去岁向曾随湘主席何健，参筹国术省考，惟未见其登台一显身手耳。

清苑汤士林

——金恩忠《国术名人录》

汤文魁，字士林，河北清苑人。幼失怙，母寡居。士林年十一，为太白山道士携往山中，传授太极拳及太上道诀。居山中八年，技乃大成，始返籍省亲。

士林为独生子，故其母自幼为其订婚于大家。回家后，习武修道不辍。年二十一，其母欲为之完婚，士执不可，始终以道术及武艺为重，戚友讽劝，亦不之听。其母无奈，乃鸣于官，谓其忤逆。官廉，得其情，劝其遵母训完婚，始成礼。

后拜许占鳌为师，学形意拳及八卦掌，艺乃益精。其所习太极十三势，与今南北所传者，亦大同小异；惟太极长拳，与今之治太极者，不惟名称各异，其用法及进步之速，尤非十三势所能及也。

汤身体与常人等，惟行路较常人为速，日行逾三百里，能两头见日。后客北京时，有某机关武术卫士十余人，未识汤，蔑视之，故触其怒，与之斗，为汤所败。其同伴八九辈，群出响应，汤约证人集于大堂，为首之卫士，勇力绝伦，拳艺亦冠一时，出而与汤交手，以搓脚踢汤之右踝骨；

汤不惟不避，反进左足，斜侧右足，左手拍卫士之右肘，右手直撒其腋，卫士立足不走，仰跌于大堂之下。众恼羞成怒，定欲决斗。汤曰："兵器任尔等所取，或齐进，余则一竹刀可耳。"另一卫士，持长枪进，汤以竹刀斜截其前腕，卫士脱手枪落，不敢再进。众欲齐攻，有人出为排解，事乃寝。

后不知其何往，或云人山修道去矣，未知确否。

湖南王灿芝

——金恩忠《国术名人录》

王灿芝女士，又名桂芳，湖南人，女革命先烈秋瑾女士之爱女也。曾充海上竞雄女校校长，缘"竞雄"二字，为秋瑾之别号。竞雄女校，系孙总理亲自创办者，所以称"竞雄"者，纪念先烈之意也。

灿芝幼嗜武技，慷慨尚义，有女侠风度，尤喜济人之急，千金不吝。然亦看人而施之，尝自谓不及其母为恨。

屡拜名师，习拳、剑等术，颇有根基。每闻有武术会集或个人教授拳术者，不拘远近，必亲往访之，遇内家有学理者即行求教。而技击家寓沪者，多因生活问题，于经济上不免困难，灿芝即慨然周济之。

其所习拳械，皆精熟；尤精太极拳、太极剑、形意拳、八卦掌、青萍剑等。

灿芝明大义，不轻然诺，有秋瑾之风。

后游美国，旅华盛顿时，由我国携往武术器械多种，如单刀、双刀、宝剑等物，当众表演，深得美人好评，与国人争光非浅。

噫！以一弱女子，尚能习技击，我辈男子能无愧死。

图书在版编目(CIP)数据

微言大义：太极拳解秘谱汇宗 / 何欣委编著．-北京：
人民体育出版社，2014（2016.4.重印）
ISBN 978-7-5009-4644-1

Ⅰ.①微… Ⅱ.①何… Ⅲ.①太极拳-基本知识
Ⅳ.①G852.11

中国版本图书馆 CIP 数据核字（2014）第 058282 号

*

人民体育出版社出版发行
三河兴达印务有限公司印刷
新　华　书　店　经　销

*

787×960　16 开本　15.75 印张　236 千字
2014 年 8 月第 1 版　2016 年 4 月第 2 次印刷
印数：5,001—8,000 册

*

ISBN 978-7-5009-4644-1
定价：39.00 元

社址：北京市东城区体育馆路 8 号（天坛公园东门）
电话：67151482（发行部）　　邮编：100061
传真：67151483　　邮购：67118491
网址：www.sportspublish.com
（购买本社图书，如遇有缺损页可与邮购部联系）